朱维铮作品

# 帝制中国初期的儒术

朱维铮——著

浙江大学出版社
ZHEJIANG UNIVERSITY PRESS

**图书在版编目（CIP）数据**

帝制中国初期的儒术／朱维铮著．－－杭州：浙江大学出版社，2019.9
ISBN 978-7-308-19508-9

Ⅰ．①帝… Ⅱ．①朱… Ⅲ．①中国历史－秦汉时代－文集 Ⅳ．①K232.07-53

中国版本图书馆 CIP 数据核字（2019）第 180310 号

## 帝制中国初期的儒术

朱维铮著　李天纲编

| | |
|---|---|
| 责任编辑 | 宋旭华 |
| 文字编辑 | 袁　方 |
| 责任校对 | 王荣鑫 |
| 封面设计 | 谢就宇 |
| 出版发行 | 浙江大学出版社 |
| | （杭州市天目山路 148 号　邮政编码 310007） |
| | （网址:http://www.zjupress.com） |
| 排　　版 | 杭州立飞图文制作有限公司 |
| 印　　刷 | 浙江印刷集团有限公司 |
| 开　　本 | 880mm×1230mm　1/32 |
| 印　　张 | 10.125 |
| 字　　数 | 242 千 |
| 版 印 次 | 2019 年 9 月第 1 版　2019 年 9 月第 1 次印刷 |
| 书　　号 | ISBN 978-7-308-19508-9 |
| 定　　价 | 45.00 元 |

7

中国的人文传统之一章

俗到中国初期的儒术

朱维铮

"封建"制改的预言
给布衣将相定礼仪
不是有术而"阳汉儒家"
怎样使"天下无异意"
董仲舒"以《春秋》决狱"
所谓"通经致用"
汉藏官和公孙弘
孔门门徒与汉代皇富
六经致应都有应面

离奇的 富天下呢，还是家天下？   "变礼行，如临变"
汉武帝晚年引出周公辅弼
在布答定的古代周公幽灵挥之不去
重读

# 目　录

## 秦汉之际

## 史汉论衡

秦汉之际

# 重考商鞅变法

商鞅于公元前四世纪在秦国主持的变法，结局似乎是人亡政举。他本人惨死，但他的事业直到秦始皇还延续，甚至被说成"百代都行秦政法"（见毛泽东《七律·读〈封建论〉》）。这与十三世纪以后已成"孔门传心之法"的《中庸》所说"其人亡，则其政息"的哲理相悖。因而从战国晚期到清末民初，每逢历史面临变革，关于商鞅其人其政，总会旧话重提，所谓"评价"的对立也越发突显。如此轮回，最近的世纪更替时期，又有几度。马克思说过："真理是通过争论确立的，历史的事实是从矛盾的陈述中间清理出来的。"（见《马克思恩格斯通信集》第一卷）我以为，任何历史问题，不争论是不可能的，价值判断的差异总会存在，可是不问历史"是什么"，就急于追究"为什么"，至少相信历史并非纯观念者都难以苟同。本篇即我清理商鞅变法史的一个陈述，就正于方家。

## "孤秦"要图强

古典中国在公元前五世纪进入战国时代。顾名思义，这个时代的表征，便是诸侯国之间攻城略地的战争不断。假如按照司马光主编的编年史名著《资治通鉴》，将公元前四〇三年东周"天子"承认三晋即韩、赵、魏三国君主为诸侯作为战国的开端，那么不过三四十年，当时的黄河中下游地区，经过列强兼并战争，已形成七雄并立的局面。

七雄即齐、楚、燕、赵、韩、魏、秦七国诸侯，其中唯有秦国在黄河与崤山以西，文明程度较河东和山东六国要低得多。公元前三六一年，二十一岁的秦孝公即位，就面对这样的列强态势："周室微，诸侯力政，争相并。秦僻在雍州，不与中国诸侯之会盟，夷翟遇之。"[1]清初王夫之曾说秦国为"孤秦"，看来有历史理由。

相传孔子晚年删订的《尚书》，以《秦誓》终篇。《秦誓》的作者秦穆公（公元前六五九年至前六二一年在位）曾列名"春秋五霸"[2]。岂料穆公以后，秦国声价一路下跌，乃至被"中国"诸侯，包括在前曾自居南蛮的楚王，排斥在"中国"以外，被当作夷狄，年轻的秦孝公，愤慨可知，因而即位当年，就公开宣称志在恢复穆公霸业，"宾客群臣有能出奇计强秦者，吾且尊官，与之分土"[3]。

## 应召入秦的外国"奇才"

尊官分土，就是给以高官和封邑。这在春秋时代的霸国已实行，而秦孝公特别声明要给来自外国的宾客以这类待遇，当然对山东六国的智者，很有吸引力。

果然，秦孝公的通令，引来了一位杰士。他原是卫国公族的远支，名鞅。成年后跑到魏国，成为执政公叔痤的家臣，自称卫国公孙，因而称公孙鞅，又称卫鞅。相传公叔痤称他为"奇才"，临终曾向魏惠王推荐卫鞅继其执政，且说如不用就应将卫鞅杀掉。卫鞅逆料魏惠王必谓公叔痤临死乱命，从容离魏赴秦。

卫鞅入秦，年方"而立"，却已洞悉宫廷钻营术。他首先结交秦孝公宠信的宦官，走后门得以见王，然后依次拿出称帝、称王、称霸三种政治设计，逆料孝公必对霸道感兴趣。果不其然，秦孝公特别钟情于他的"强国之术"，"卒用鞅法"[4]。

## 在秦变法二十年

据司马迁《秦本纪》，秦自开国，到孝公立，已逾五百年。如此古国，法度传统早已凝固，"变法"谈何容易！

好在从秦穆公起，秦国内乱十余世，乱之焦点在于争夺君位，而君位的吸引力就在于权力独断。秦孝公既已掌控独断权力，于是以下记载便不奇怪："卫鞅说孝公变法修刑，内务耕稼，外劝战死之赏罚，孝公善之。甘龙、杜挚等弗然，相与争之。卒用鞅法，百姓苦之。居三年，百姓便之，乃拜鞅为左庶长。"[5]

需要说明，第一，"百姓"非指庶民，而指"群臣之父子兄弟"[6]。第二，"居三年"，当为秦孝公六年（公元前三五六年），这年秦孝公才拜卫鞅为左庶长，赋予他将军权力，反证此前秦国变法由孝公出面，卫鞅尚居幕后，因而近人以为商鞅变法始于秦孝公六年，乃不明秦国权力运作实情。

揆诸历史，商鞅在秦国变法，始于秦孝公三年，至秦孝公二十四年（公元前三三八年）秦君死而商君亦死，凡二十余年。

据司马迁《商君列传》，卫鞅在秦变法，"行之十年，秦民大说"，于是秦孝公升他为大良造[7]。以后《史记》称卫鞅二度率军破魏，还被封于、商洛十五邑，"号为商君"，从此卫鞅被称作商鞅。但仅过两年，秦孝公死了，商鞅还能继续执政吗？

# 析商鞅的变法初令

商鞅在秦国执政期间，曾经两度颁布变法令。

初令是商鞅任左庶长以后所定，时间在秦孝公六年，当公元前三五六年：

> 令民为什伍，而相牧司连坐：不告奸者腰斩，告奸者与斩敌首同赏，匿奸者与降敌同罚。
>
> 民有二男以上不分异者，倍其赋；有军功者，各以率受上爵；为私斗者，各以轻重被刑大小；僇力本业，耕织致粟帛多者复其身；事末利及怠而贫者，举以为收孥。
>
> 宗室非有军功论，不得为属籍。
>
> 明尊卑爵秩等级，各以差次名田宅，臣妾衣服以家次。
>
> 有功者显荣，无功者虽富无所芬华。[8]

这道新法令的内涵，显然是将秦国变成一个军事化的社会。底层的民，当指对国家承担纳税服役任务的生产者，都按五口或十口一组重新编制，同一什伍的人口必须互相监视和防范，依照军纪赏功罚罪。为了保证国家的财源和兵员，强制民间家族拆分为单丁家庭，谁不分家就按男丁数目倍征军赋。凡从军杀敌有功的，按照立功大小给予相应的最高爵级，但禁止民间私自械斗，否则依照违反军纪的程度判刑。新法令特别重视农工对国家的贡献，谁纳粮交帛超过国家标准，便可免除个人徭役，但谁靠投机取利或懒惰致贫，一旦被检举，就要"收孥"即将其妻子没收充当官奴婢。那么秦国原有的贵族呢？照样得从军，即使是公族，没有军功，便开除其作为国君亲属的身份，降为平民。

当然，商鞅变法的目的，绝非在一般意义上取消身份、等级及相应特权，而是要将秦国的血统贵族体制，改造成早在秦孝公父祖辈已在局部实施的军功贵族体制。所以，他取消的贵族特权，只是秦国传统那种凭借"龙生龙、凤生凤"的血亲关系就生而富贵的寄生性世袭特权，而代之以军功"明尊卑爵秩等级"的特权体制。

商鞅这套变法初令，似属创新，实为复古。还是司马迁，在《史记》中，不辞辛苦地追寻了秦始皇祖先的发迹史。撇开《秦本纪》开篇的神话，单看两周之际秦人立国的过程，便可知秦公室鼻祖非子，原是替周天子养马的家臣，靠牲畜繁殖，而且其后代对付西戎有军功，于是拜爵封侯。商鞅无非要以严刑峻法和重武赏功相结合的手段，帮助秦孝公实现重振秦穆公霸业的光荣。

## 怎样突破行法的双重阻力？

问题在于商鞅所处的"国际"环境变了。他的图霸对手，已非仍处于野蛮状态的西戎，而是文明较诸秦国超胜的"中国"，也就是河东山东的三晋，齐、楚诸侯。更糟的是秦国的宗室权贵，早已被寄生性世袭特权所腐蚀，除了不择手段地争权夺利，还极端憎恶变革。当秦孝公被商鞅说服，同意变法，甘龙首先宣称"知者不变法而治"，杜挚更说："利不百，不变法；功不十，不易器；法古无过，循礼无邪。"（见《史记·商君列传》）照这样的逻辑，变法好比做生意，如果不能赢利百倍，就宁可守住老店里的陈年旧货，以免蚀掉老本。这是古今中外所有既得利益者守护特权的共同口实。

因而，秦孝公怀着年轻独裁者常有的"及其身显名天下"的冲动[9]，支持商鞅的"强国之术"，却不能阻止自己的储君，在宫廷权贵教唆下故意犯法。商鞅明知"法之不行，自上犯之"，却不敢直接依法处罚太子，"刑其傅公子虔，黥其师公孙贾"。效应看来很好，"明日，秦人皆趋令"[10]。然而，犯法的是太子，商鞅却不敢对太子行刑，而向他反对的"六虱"之一儒家所谓"教不严，师之过"的荒唐逻辑求助，让太子的师傅充当替罪羊。谚云"王子犯法，庶民同罪"，道出了民间对法治的理解，所谓在法律面前人人平等。商鞅初令就宣称罪与罚必以军法从事，但逢到太子向他的法度挑战，就显得手软，同样宣称支持他行法的太子之父秦孝公，竟示以左庶长执法有例外的处置得当。这不都表明秦孝公用商鞅变法，还是人治高于法治吗？

商鞅准备变法，最大忧虑，在于预设的变法方案，将受"愚民"的反对。他自居是指导"汤、武不循古而王"的医国圣手，因而在秦孝公的御前会议上，大发议论，说是"民不可与虑始而可与乐成，论至德者不和于俗，成大功者不谋于众"[11]。假如这类言论可称主张"开民智"，那么"愚民政策"一词，应从古今中外词典中删去。

## 并非例外的成功

商鞅有没有读过《老子》？不详。但商鞅的确懂得"民之难治，以其智多"，因而他在秦国变法，只许秦民盲目服从，所谓习非成是。当然禁锢民众头脑，绝非易事。据司马迁说，商鞅变法初令颁行，仅秦国都城内谓其不便的公开反对言论，就有上千通。

待商鞅拿太子的师傅当作犯法的教唆犯处置，秦都民众的确被唬住了，于是被迫守法。如前已述，商鞅的变法初令，追求的效应是在秦国以严刑峻法为手段，强制建立一种等级森严的社会秩序。人人生而属于某一等级，但允许通过个人从军杀敌晋爵加级。秦爵的计功原则很简单，就是"尚首功"，每在战场上割来一颗敌军头颅，便可晋爵一级。虽然将领和士兵的功绩计算差异颇大，但社会政治地位的计量尺度为"军功"，则在秦国已成规矩。

这规矩在秦国自上而下说到做到。

相传商鞅变法初令，"行之十年，秦民大说，道不拾遗，山无盗贼，家给人足。民勇于公战，怯于私斗，乡邑大治"〔12〕。

《史记》的这一描述，被研究古典中国改革史的中外学者引了又引。较诸古希腊的梭伦变法，商鞅变法显得更为成功。以致如今的改革史论者，历数由王莽改制，到王安石、张居正变法，乃至晚清戊戌变法，认为失败是改革的宿命，唯有商鞅变法是例外。

我以为以上说法，只是小说家言。小说家值得重视，不仅由于《汉书》已将他列为九流十家的殿军，而且因为中世纪众多小说描述的社会实相，经常映现历史一枝一节。但倘说时过两千多年，某部闭门造车的历史小说，已经复原消逝了的那个帝国全貌，便令人只能目笑存之。

比如商鞅变法，史阙有间，因此成为从汉代司马迁、宋代司马光，到清代那一批考史学家，再到清末康有为、谭嗣同、夏曾佑和章太炎等争论的一个重要课题。至今在中国古史研究中间，仍有争论。所以要从矛盾的历史陈述中间清理出历史事实。

# 迁都的多重谋虑

说到矛盾的历史陈述，不妨再引《商君列传》的续记。

秦孝公十五年，当公元前三四七年，卫鞅在秦执政七年了，"于是（孝公）以鞅为大良造。将兵围安邑，降之"[13]。

然而商鞅却迅速撤军，表明他这回出击魏国，眼光主要在内不在外。从军事上击败强邻，除了展现秦国已由变法转弱为强，更可鼓舞秦国民气，慑服人心，为下一步变法措施减少阻力。证明即破魏以后，他又出"奇计"，就是迁都。

秦人"始国"，被周平王封为诸侯，时当公元前七七〇年。那时秦国已从游牧生活转向定居农耕生活，于公元前八世纪末，在今陕西宝鸡东南的平阳筑起都城。不过三十年，便迁都于雍，故址在今陕西凤翔东南。又过了近三百年，秦献公二年（公元前三八三年），才将国都迁到今陕西富平东南方的栎阳。不想这座都城筑成仅三十二三年，秦孝公十二年（公元前三五〇年），商鞅又在渭水北岸的咸阳构筑新都。

迁都在任何时代都是大事，因为意味着一国的政权、神权连同军政财政中心大搬家，单是新筑高城深池、宫殿府库、道路邸宅之类工程，所耗人力、物力、财力便很巨大。秦国居雍已历十八君三百年，土木朽坏，水源积污。秦献公弃此旧都，东迁栎阳，也便于向东扩展，合乎情理。但移都栎阳不及二世，商鞅就得秦孝公首肯，在咸阳另筑新都，这出于怎样的需要？

前揭《商君列传》，记载商鞅攻破魏都安邑而撤军返秦之后，说：

居三年，作为筑冀阙宫庭于咸阳，秦自雍徙都之。而令民父子兄弟同室内息者为禁。而集小乡邑聚为县，置令、丞，凡三十一县。为田开阡陌封疆，而赋税平。平斗桶权衡丈尺。行之四年，公子虔复犯约，劓之。居五年，秦人富强，天子致胙于孝公，诸侯毕贺。

这里所述，与《秦本纪》有出入。后者仅说徙都咸阳，没说自雍徙之，又谓置大县四十一，却漏记禁民父子兄弟同居一室，唯纪年较详。综合看来，可知商鞅迁都，主要出于多重的政治考量。

秦孝公不是渴望及身"显名天下"吗？"都者国君所居"〔14〕，商鞅无疑要满足主公心愿，首先在新都起造宏伟的宫殿。宫外迎面便是巍峨相对的两座楼观，中间大道两旁有君主教令。这即所谓冀阙，又称象魏或魏阙〔15〕。宫内又是格式齐整的堂寝正室。君主居此，岂不威名远扬！

李悝《法经》不是告诫需要改变旧染污俗吗？秦人与西戎杂居，显然还保留游牧生活那种全家男女老幼共居帐幕的积习。定居后父母兄弟妯娌同室寝处，难免出现聚麀乱伦。既迁都而建新居，商鞅下令禁止一家各对夫妇"同室内息"，应说促进文明教化。

用不着再说废"封建"而立郡县的历史意义。商鞅将小乡邑合并为大县，由国家直接派官治理，等于取消了宗室贵族对采邑的等级统治特权。因而以往贵族领地的边界"草莱"，就变成官府控制的空荒地，允许农民开垦，纳粮服役都交付国家。这不仅使赋税有章可循，也减少了领主的中间盘剥。

还有统一度量衡，同样使农民工匠感到负担平均，减少因赋税不均而引发的社会冲突。传世文物有商鞅量，又名商鞅方升，上刻秦孝公十八年（公元前三四四年）铭文，证明它是商鞅迁都咸阳后铸造的标准容器。量上还刻有秦始皇二十六年即秦帝国建立第一年（公元前二二一年）的诏书，足证秦始皇统一度量衡，遵循的是一百二十余年前商鞅创设的制度。

所以，历史效应表明，商鞅迁都是有深谋的。他首先满足秦孝公对生前赢得霸主权威的欲望，当然意在借权变法。他接着借迁都迫使秦国宗室贵族脱离权力基地，乘后者在新都立足未稳，取缔他们"有土子民"的传统特权，当然还保证他们只要拥护新体制，仍可衣租食税。他同时企图借迁都使庶民营造新家的机会，改变底层社会的戎俗，但直到两千年后，陕甘宁贫民依然因饥寒而全家挤睡一室热炕，证明他这一禁令很难实现。他所谓"开阡陌封疆"，固然使垦田和赋税的数字增加，但国富民穷适成反比。由一个半世纪后，强权较诸商鞅更有力的秦始皇甫死，被驱迫为国家服劳役的陈涉一伙农民，便扯起反旗，即可知商鞅急法的真正效应。

## 赵良不幸而言中

前揭《商君列传》，不是说商鞅迁都咸阳以后，"公子虔复犯约，劓之"么？劓刑，即割掉鼻子，相传为虞舜想改却改不掉的五刑之一[16]，在肉刑中算是较轻的。不过没了鼻子，谁看见便知此人是罪犯。公子虔既是秦国宗室，又做过秦太子傅，即训导官，在前已代太子受黥刑，脸上刺了字，这时又触犯商鞅某种约束，失去了鼻子，更见不得人。时间大概在秦孝公十六年（公元前三四六年）。

这表明，商鞅尽管将秦国贵族迁到咸阳，但彼辈身在魏阙，心在故都。作为老权贵的领袖，公子虔再度以身试法。这递送的反面信息，不消说是他们的群体仍在抵制这个外来人在本国搞乱固有的秩序。

商鞅不知他面对的秦国宗室贵族抵制变法么？不然。前揭《商君列传》说到"商君相秦十年，宗室贵戚多怨望者"之后，就追述赵良见商君的对话。

这个赵良，显然也是异国入秦的游士，却对商鞅被封商君（秦孝公二十二年，公元前三四〇年）以前，在秦国旧都初变法，迁都再变法的过程颇为熟悉。他指出商鞅在秦得意，只依赖秦孝公以独断权力支撑，却在相秦以来，"不以百姓为事"，又不断得罪秦国贵公子，其实危若朝露，因此如不急流勇退，"秦王一旦捐宾客而不立朝"，"亡可翘足而待"（见《史记·商君列传》）。

且不说赵良是否尊儒反法，只看他预言的商鞅命运，仅过一年，便不幸言中。

公元前三三八年，秦孝公死了：

> 太子立。公子虔之徒告商君欲反，发吏捕商君。商君亡至关下，欲舍客舍。客舍人不知其是商君也，曰："商君之法，舍人无验者坐之。"商君喟然叹曰："嗟乎！为法之敝一至此哉。"[17]

那以后，商君在魏秦间逃亡，找不到归宿，于是跑回商邑，发兵准备北赴郑国，却被秦兵越境杀死。"秦惠王车裂商君以徇，曰：'莫如商君反者！'遂灭商君之家。"[18]

假如司马迁所记商鞅的末路属实，那么只能说这是正言若反。第一，证明商鞅法令已贯彻到秦国边境，因而旅舍主人见商鞅拿不出通行证，便拒绝他投宿。第二，证明商鞅到自己的封邑发兵，无非借以保护自己流亡郑国，而秦惠王派兵越境追杀，恰好反证商鞅没有反秦。第三，证明秦军杀害商鞅后，才将他五马分尸，因而作为"公子虔之徒"的秦惠王宣称商鞅因造反才被车裂，可谓事后追加罪名。

## 《荀子》较诸《商君书》可信

商鞅生前死后，都是争论的对象。如今传世的《商君书》二十四篇，内有多少篇章是商鞅遗著？自东汉至明清的学者，都没有搞清楚。我比较相信司马迁《史记》诸篇的记载，并非因为司马迁"去古未远"，而是从司马迁关于商鞅变法过程的矛盾陈述中间，可以清理出来的历史实相，较诸《商君书》可信。

怎么见得？我的参照系，首先是《荀子》。据十八世纪的清代扬州学者汪中（一七四四年生，一七九四年卒）《荀卿子通论》及所附《荀卿子年表》的考证，荀况晚年曾入秦访问，与秦昭王和时相范雎，都有对话。今本《荀子》内的《儒效》《强国》，便是他与昭王、范雎对话的实录。尔后在公元前二六五年，荀况自秦至赵，又与赵孝成王和临武君，就秦国与山东六国的战争引出的问题做过讨论。那对话见于今本《荀子》的《议兵》。

荀况是战国的儒家大师，西汉列于学官的儒家经传，大半出于他的传授。但荀况的学说已在修正孔学，尤其指责子思、孟轲制造伪孔学。因此，荀况虽然号称儒家，虽然惋惜秦国"无儒"，但对秦相范雎陈述入秦所见，认为秦国从百姓、官吏、士大夫到朝廷，都合乎古之治世的类型，"故四世有胜，非幸也，数也"[19]。就是说，从秦孝公、惠文王、武王到在位的昭王，四代国君对外战争无不取胜，并非侥幸，而是定数使然。这个判断，做于商鞅死后七十二年，可证商鞅变法将秦国变成一个军事化的社会，没有因他被杀而颠覆。

商鞅不是古典中国变法的第一人。即使说因变法丧生而本人开创的改革事业仍在延续，在商鞅以前也已有先例，如郑国的邓析，楚国的吴起。

当然，从历史效应来看，商鞅变法二十年，不仅带领秦国由弱变强，成为战国七雄中头等军事大国，而且如以前有史家形容的，开始把整个秦国改造成一台"战争机器"[20]。

这台"战争机器"，经过商鞅的遗嘱执行人，包括一代又一代跑到秦国寻求致身将相机会的"客卿"，不断修整，到秦王嬴政即位后已变得非常可怕，很快吞并六国，"竟成始皇"[21]。于是，作为"机器"的设计者，商鞅似乎比同时代的改革家更成功，因而人们对他何以成功的秘密，议论纷纷，也很正常。

## 司马光说商鞅成功在重"信"

早在公元前二世纪中叶或稍晚，《史记》作者司马迁给商鞅立传，便写了一个故事：

> 令既具，未布，(鞅)恐民之不信，已乃立三丈之木于国都市南门，募民有能徙置北门者，予十金。民怪之，莫敢徙。复曰"能徙者予五十金"。有一人徙之，辄予五十金，以明不欺。卒下令。[22]

据《史记》司马贞索隐，"秦以一镒为一金"[23]。秦衡以二十四两为一镒，五十金合秦制黄金一千二百两。如此重赏，表明商鞅颁布变法初令，认定取信于民是令行禁止的首要条件。

时过千余年，与司马迁并称中世纪中国史学巨匠"两司马"的司马光，是北宋王朝反对王安石变法的旧党领袖，但他在献给宋神宗的编年史巨著《资治通鉴》开卷第二篇中，照录了《史记》关于商鞅"树木立信"的故事，然后大发议论，不妨录以备考：

> 臣光曰：夫信者，人君之大宝也。国保于民，民保于信，非信无以使民，非民无以守国。是故古之王者不欺四海，霸者不欺四邻，善为国者不欺其民，善为家者不欺其亲。不善者反之，欺其邻国，欺其百姓，甚者欺其兄弟，欺其父子。上不信下，下不信上，上下离心，以至于败。所利不能药其所伤，所获不能补其所亡，岂不哀哉！
>
> 昔齐桓公不背曹沫之盟，晋文公不贪伐原之利，魏文侯不弃虞人之期，秦孝公不废徙木之赏。此四君者，道非纯白，而商君尤称"刻薄"，又处战攻之世，天下趋于诈力，犹且不敢忘信以畜其民，况为四海治平之政者哉！〔24〕

司马光以史论为政论，借古史教训北宋六世青年皇帝，重申孔子所谓治国三原则，即宁可去食去兵，也要说话算话，"民无信不立"〔25〕。那政论的是非属于另一问题。这两段引语至少表明，自秦汉到唐宋列朝统治者达成一个共识，就是内政外交都依赖一个"信"字。信者，诚也。《论语》开篇记载孔子及其弟子的语录，便出现了六个"信"字，特别强调"信近于义"，足证在商鞅以前许多年，无论人际关系还是国际关系，相互信任已是交友结盟、治民睦邻的第一要义。

商鞅不是法治理论的首倡者，却是法治实践的表率。他在秦行法，逢到太子犯法，也曾困惑过，却在向人情让步的同时，还是力求护法。倘注意他归罪于太子教唆犯公子虔，是秦孝公的庶兄，便可知对此人施以黥刑，在秦国特权贵族中引发的恐惧。

商鞅变法成功的诀窍，如清末章太炎哀悼戊戌变法失败所著《商鞅》一文所论证的，是商鞅已意识到法是制度的总称，变法就是变革传统政治体制，因而法立就不容动摇退缩，"虽乘舆亦不得违法而任喜怒"[26]。在这里，应说秦孝公值得称道。因为他任用商鞅变法以后，在秦史上便似乎销声匿迹，令人感到商鞅已成僭主，视国君如傀儡。只有当他英年早逝，秦国政局陡变，权势显赫的国相商君竟然弃职潜逃，人们才得知这位秦孝公是商鞅变法的权力推手，没有孝公就没有商君。

所以，商鞅变法，首重取信于民，体现秦孝公赋予商鞅信任为先决条件。中国史家常常悲叹"人亡政息"，从商鞅在秦孝公死后，立即由叱咤风云的权相化作自己炮制体制的最大牺牲品，或可对这个体制的可"信"度，有深一度的了解。

## 商鞅为何非死不可

商鞅死了，商鞅在秦国两度变法的效应，仍在发酵。这就引出另一个问题，商鞅为何非死不可？

没有了秦孝公的权力支持，固然使商鞅顿失怙恃，但商鞅不是已将秦国变成一个大兵营吗？秦孝公当然是统帅，但商鞅是久已实权在握的总参谋长。孝公死，太子立，统帅易人，意味着统帅的侍从大换班，但正式相秦已逾十年的商鞅，权势怎会顷刻瓦解？唯一解释，只能是商鞅没有掌握实权。他将秦国军事化，自上而下灌输"以力兼人"的理念，所实行的一切变革，都以树立君主权威为鹄的。秦孝公很乐意享受君主权威节节高的尊荣。因而商鞅的实权，是将君权绝对化为资源，说穿了便是狐假虎威。一旦虎威易主，新狐代替旧狐，商鞅不落荒而逃，才是怪事。

前引赵良痛说商鞅投机史，说他巴结宦官起家，相秦后又"不以百姓为事"，极力讨好秦王，与秦国贵公子为敌，"是积怨畜祸也"。所谓"恃德者昌，恃力者亡"，"秦王一旦捐宾客而不立朝"，你商君还不立即被"收"？那时秦孝公才年逾不惑，商鞅有理由不信赵良警告。

岂知商鞅才获封于、商洛十五邑，"南面而称寡人"〔27〕，未及两年，秦孝公便死了，他立即成为公子虔团伙的缉捕对象。

在商鞅被五马分尸以后七十二年，荀况自秦返赵，与赵孝成王及临武君"议兵"，陈述在秦观感，便说出了对秦昭王及其相范雎没有直说的话，以为秦国不足畏。理由呢？据荀况说，秦国由孝公到昭王四世，君臣唯知"以力兼人"，受害的首先是秦国士民。他们普遍畏惧权威，尽管人人都有"离心"，却听从当局驱使，充当对外攻城略地的工具，"是故得地而权弥轻，兼人而兵愈弱"。

因而荀况便说出那段千古传诵并引发不绝争议的名言：

> 故曰：以德兼人者王，以力兼人者弱，以富兼人者贫，古今一也。〔28〕

## 从司马迁到章太炎的商鞅批评史

很难用几句话来描述商鞅的为人。

他原是卫国公族的贱支子孙，跑到魏国充当贵族家臣，得知魏王无意用他，又投奔秦国，靠与阉宦拉关系而叩开宫门，这在当时已属"小人"行为。然而获得秦孝公信用，他要求法令必行，强调"以刑止刑"，却以制造恐怖作为"止刑"代价，"步过六尺者有罪，弃灰于道者被刑，一日临渭而论囚七百余人，渭水尽赤，号哭之声动于天地"〔29〕，甚至民众改变态度称赞法令，也被他斥作"乱化之民"，一概流放边城〔30〕。他的确打击了心怀怨望的宗室贵戚，但显示法无例外的同时，也如前述对带头犯法的太子曲为庇护。

按说执法应该无所畏惧，但论者往往忽视司马迁复述的一个情节，即赵良对商鞅说的："君之出也，后车十数，从车载甲，多力而骈胁者为骖乘，持矛而操闟戟者旁车而趋。此一物不具，君固不出。"〔31〕没有重兵保护，便不敢出门，可见商鞅对自己打造的铁幕也缺乏信任，如赵良所说"危若朝露"。

因而商鞅在秦行法的主客观矛盾，便成为后人争议的历史问题。司马迁肯定商鞅变法导致秦人富强，却否认商鞅为人，说他"少恩"，"其天资刻薄人也"〔32〕。

那以后，关于商鞅的争论一度变得很激烈。例如，汉昭帝始元六年（公元前八一年）著名的盐铁会议。武帝晚年实行的盐铁酒类专卖政策，将国民生产和消费的主要资源归政府垄断经营，导致农工商业都发生危机，人心浮动，政权不稳。被汉武帝临终时仿效周公辅成王故事而指定为首席执政的大将军霍光，被迫召集郡国贤良文学与朝廷主管理财的桑弘羊等权贵对话。结果变成对商鞅变法以来秦汉中央集权体制的历史清算。来自民间的郡国文学从指控盐铁专卖危害国计民生，到谴责商鞅是祸首，而代表官商结合体制的桑大夫，则全盘肯定商鞅变法导致国富民强，"功如丘山"。[33] 于是商鞅的变法效应和个人品格，变成是一非二的问题，由此出现的"评价"二元对立，主要体现帝国政权与郡国的利益纠葛。用所谓儒法斗争作为判断这二元对立的是非基准，是反历史的。

历史提供的续例，便是击败霍光家族的汉宣帝，说是"汉家自有制度，本以霸王道杂之"，但在意识形态上仍利用而非否定儒学。他亲手培养的一名汉家新"儒宗"刘向，便回到司马迁，宣称商鞅虽私德有亏而公德可嘉，甚至称道商鞅自任秦相，便"极身无二虑，尽公不顾私"，所以秦孝公得成战国霸君，秦历六世得以兼并诸侯，"亦皆商君之谋也"。[34]

尔后很长时间，商鞅又成治国图强的一个楷模。三国蜀汉诸葛亮便教训后主刘禅，要他读《商君书》。

商鞅的法术和人品再度受非议，是在北宋王安石称道商鞅变法而"百代遵其制"之后。但非商鞅的司马光，也曾对商鞅信赏必罚作了高度赞扬，而苏轼否定商鞅的权术，也并非为了"尊儒反法"，相反倒是影射王安石的"尊孟"口是心非。古怪的是，时至南宋，朱熹、陆九渊两派，都自命"孔孟之道"的原教旨主义者，但都很少提及商鞅其人其法。回避也是一种态度。我曾指出，从程颐到朱熹一派道学家，在政治上都反对王安石变法，在经学上却属于王安石新学的"遗嘱执行人"。[35] 由他们回避对商鞅历史是非表态，似可为拙说一证。

这里不必再提清乾隆间成书的《四库全书总目》。其于子部法家类小序，只说刑名之学已为"圣世所不取"，"关于商鞅、韩非诸家，可以知刻薄寡恩之非"，而正文《商子》提要，仅考世传《商君书》，"殆法家者流掇鞅余论，以成是编"，暗示内容不可信。

当然，关于商鞅的争议必将延续。百年前发生戊戌变法，康有为、谭嗣同等痛斥商鞅，表明这回变法并非追求君主专制，却引发章炳麟力求复原商鞅历史实相的谏诤[36]。

如今时过境迁，再来讨论商鞅变法和他的为人，理当走出忽褒忽贬的传统循环怪圈。倘能坚持从历史本身说明商鞅的历史实相，也许更有利于对这段变法史的认知吧。

二〇〇九年十二月二十六日夜

## 附注：

〔1〕《史记·秦本纪》孝公元年，引文据北京中华书局 1959 年标点本，下同，但以后引文标点分段或依拙意改动。需要说明，这里的"中国"，在战国时代仍属区别夷夏的文化差异的概念。翟，同"狄"。

〔2〕春秋五霸有歧说。战国荀况所指春秋称霸的五诸侯（见《王霸》篇），便无秦穆公。此据东汉赵岐的《孟子·告子》注。

〔3〕前揭《秦本纪》孝公元年"下令国中曰"。

〔4〕前揭《秦本纪》孝公三年（公元前三五九年）。同书《商君列传》，记卫鞅入秦，"因孝公宠臣景监以求见孝公"，及三见孝公，始以"强国之术"说孝公，而使孝公"欢甚"。景监，据《秦本纪》张守节正义谓"阉人也"，即景姓宦官。

〔5〕前揭《秦本纪》。卫鞅与甘龙、杜挚在秦孝公前争辩的详情，见《商君列传》，然而纪年当据《本纪》。据《商君书·更法》（《诸子集成》本），称甘龙、杜挚与公孙鞅，当时均为秦国大夫。左庶长，秦爵名。《汉书·百官公卿表》谓秦爵分二十级，左庶长为第十级。又据《续汉书·百官志》刘昭注，谓秦制自左庶长以上至十八级大庶长，都是军将，大庶长即大将军，左、右庶长

即左、右偏裨将军。但秦爵的等级次序是商鞅变法以后所定，此前秦官仅见庶长，有统军权，屡在秦国政变中充当主角，见《秦本纪》怀公四年、出子二年等。秦变法前仍存戎俗，尚左。因而秦孝公六年，以卫鞅变法初见成效，拜他为左庶长，便意味着任命他为掌握军权的大臣。这是我的推断，书此备考。

〔6〕说见《尚书·尧典》郑玄注。清代阎若璩《四书释地又续》，谓百姓有二义，或指百官，或指小民，但孙星衍《尚书今古文注疏》，则两引《国语》证明郑玄注有古典依据，今从郑注。

〔7〕前揭《汉书·百官公卿表》，秦爵有大上造，列第十六级，而无大良造。唐代司马贞《史记索隐》，注《商君列传》"大良造"，谓即大上造，称良造"或后变其名耳"。这是臆测。考《史记·六国年表》，于秦孝公十年（公元前三五二年）记"卫公孙鞅为大良造，伐安邑，降之"，二十二年（公元前三四〇年）又记"封大良造商鞅"，就是说这中间十三年，卫鞅由秦军统帅而相秦，直到封列侯称商君，即到达秦爵最高的二十级前，他的官爵都是大良造。《资治通鉴·周纪二》载显王十七年（即秦孝公十年）"秦大良造伐魏"，胡三省注引司马贞说以后，显然觉得不妥，因作别解："余谓大良造，大上造之良者也。"这更属牵强附会，无法说明商鞅相秦十多年，爵止十六级，怎会突然来个三级跳，分土封侯？合理的解释，只可能是秦国正式称王置相之前，相国就称大良造。这由秦太子即位杀商鞅未称王前，拜犀首为相，而《六国年表》于秦惠文王五年（公元前三三三年）记曰"阴晋人犀首为大良造"，可证。

〔8〕前揭《商君列传》，于引文前谓"以卫鞅为左庶长，卒定变法之令"，核以前揭《秦本纪》，可知初令颁于秦孝公六年。其中，"相牧司"，《通鉴·周纪二》，"牧"作"收"，清王引之谓当作"牧"（《读书杂志》），"凡相禁察谓之牧司"。属籍，公族同宗人口的名册，以区别国君同族亲属的宗支、行辈、嫡庶等血缘联系，据以确定各人应享的身份、等级、礼仪、财产等特权。无军功即除属籍，表明商鞅借恢复秦国嬴姓公族得以起家的部落兵制传统为名，减少依仗血统享受世袭特权的公族人数，迫使大量公子公孙子弟从事征战，否则就降为平民承担租赋力役。这是战国改革家用以削弱寄生贵族实力的通行手段。"明尊卑爵秩等级"，当指商鞅制定以军功论赏罚来重

组社会的权力和财产结构的措置。所谓"臣妾衣服以家次"，家即指依丁男重分的人户，而户主可依军功大小所获爵级，占有土地奴婢，可知商鞅"壹法"，没有取消家庭奴隶，相反鼓励国民通过投身战争，提升占有土地奴婢的特权等级，并用规定各等级之"家"的男女奴隶的服饰式样色彩，来刺激将士好战善战加官晋爵。令末重申"无功者虽富无所芬华"，即谓富人不在战场上拼命，就禁止僭用唯军功爵级才能享有的不同礼仪服色。以往学者诠释商鞅此令，多误解。

〔9〕前揭《商君列传》："卫鞅复见孝公。公与语，不自知膝之前于席也。语数日不厌。景监曰：'子何以中吾君？吾君之欢甚也。'鞅曰：'吾说君，以帝王之道比三代，而君曰："久远！吾不能待，且贤君者，各及其身，显名天下，安能邑邑待数十百年以成帝王乎！"故吾以强国之术说君，君大说（悦）之耳。然亦难以比德于殷周矣。'"据《秦本纪》，卫鞅说孝公，时在孝公三年（公元前三五九年），这年孝公二十四岁。

〔10〕卫鞅处置秦太子犯法事，《商君列传》谓时在"令行于民期年"，即秦孝公拜鞅为左庶长"卒定变法之令"此年，当孝公七年（公元前三五五年），公二十八岁。《秦本纪》于孝公二十四年（公元前三三八年）记："孝公卒，子惠文君立，是岁诛卫鞅。"接着追述"鞅之初为秦施法，法不行，太子犯禁"，而鞅要求秦君"黥其傅师"云云，未明言事在何年。按同《纪》谓惠文君"三年（公元前三三五年），王冠"，可知他追杀商鞅时，年十七岁，上推可知孝公七年，这位太子才出生，婴儿岂能犯法？因而司马迁于惠文君即位那年追述其事，只得含糊其辞，将太子犯禁时间说成"鞅之初为秦施法"期间，也可反证本传所谓"令行于民期年"，"于是太子犯法"，必非孝公七年事，更非如司马光《通鉴》系于孝公三年（公元前三五九年）。然而太子犯法，必有其事，唯时间未见前人有确考，姑置于变法初令与迁都后次令颁行之间，并存疑。

〔11〕说见前揭《商君列传》。《通鉴·周纪二》于秦孝公三年也节引此说，但仅略引甘龙"缘法而治"二语，将杜挚所谓"利不百，不变法"云云全部删去。传世本《商君书》首篇《更法》全为公孙鞅与甘龙、杜挚在秦孝公御前会议的辩词，但较诸司马迁所记更详，未知何据。

〔12〕前揭《商君列传》。日本泷川资言《史记会注考证》卷六八本传此段下引中井积德，谓"行之十年"，当作"七年"，"是变法七岁，孝公即位之十年，而以鞅为大良造也"。

〔13〕这次战争发生于秦孝公十年（公元前三五二年），商鞅率秦军围困魏都安邑，逼迫该城守军投降。《史记》凡三见其事，《秦本纪》《六国年表》所记，均与《商君列传》一致。但《通鉴》仅记此年"秦大良造伐魏"，胡三省注力辩是时魏国犹强，其都城安邑不可能遽降，因而司马光删略商鞅逼降安邑一事是对的。清代梁玉绳《史记志疑》更说前揭《史记》三篇都错了，当据《魏世家》纠正"安邑"乃"固阳"之误。但固阳被秦军围降在次年，与安邑降秦同列于《六国年表》，没有证据表明司马迁将两次战役混作一谈。

〔14〕刘熙《释名》"释州国"。

〔15〕同上《释名》"释宫室"。参看王先谦《释名疏证补》的引证。

〔16〕《尚书·舜典》谓舜曾拟"象以典刑"，改用某种体罚，象征性代替肉刑，但晚年又命皋陶作法官，"五刑有服"，至战国仍在沿用。伪孔安国传："五刑，墨、劓、剕、宫、大辟。"即黥面、削鼻、断足、阉割、处死。

〔17〕前揭《商君列传》。客舍人，中华标点本无"舍"字，据《史记会注考证》校补。验，《战国策》高诱注："信也。"指官方给予的通行证明。敝，坏，意为恶劣。

〔18〕同上注。徇，示众。

〔19〕《荀子·强国》载荀况在秦答应侯范雎语。数，定数，非人为的既定秩序。

〔20〕多年前读中国史某论著所见，印象中似为张荫麟所云，但近日索检张著《中国史纲》，未见此语。记以待查，兼免掠美。

〔21〕参看《史记·秦始皇本纪》太史公曰。司马迁在此《纪》和《陈涉世家》两篇后论中分引的贾谊《过秦论》，乃公元前二世纪中叶世界政论史中的奇葩。

〔22〕前揭《商君列传》。"恐民之不信，已乃立"云云，《史记会注考证》改"已"为"己"，并连上读为"恐民之不信己"，非。此"已"表示过去，作"既"解，意谓变法令颁布前，商鞅唯恐民众怀疑法令的诚信度，"已"即在法令制定完成以后，乃树木立信。当时卫鞅只是入秦碰运气的外国落魄士人，虽取得国君赏识，却只是代秦孝公草拟变法令，在秦尚无位无权无名，就

怕秦国人民大众"不信己",岂非妄想狂？因此，泷川氏臆改字读，谬甚，可为当下国学狂热症患者不通故训又胆敢臆说经史典籍者，充当覆辙之师。

〔23〕《史记·平准书》："一黄金一斤。"司马贞索隐："秦以一镒为一金，汉以一斤为一金。"清代焦循《孟子正义》引《国语》，"二十四两为镒"；又东汉赵岐注《孟子》，亦谓"古者以一镒为一金，一镒者二十四两也"（《公孙丑》章注）。因此，卫鞅代秦孝公制定的徙木示信的赏格，相当于秦衡的黄金一千二百两，堪称巨赏。

〔24〕《资治通鉴·周纪二》显王十年（公元前三五九年），当秦孝公三年。

〔25〕《论语·颜渊》子贡问政章。

〔26〕《訄书》重订本《商鞅》，朱维铮编校《章太炎全集》第三卷，页259—262，上海人民出版社1984年版。又朱维铮编校《訄书（初刻本、重订本）》，页265—268，《中国近代学术名著丛书》本，生活·读书·新知三联书店1998年版。

〔27〕前揭赵良对商鞅语。据《六国年表》，秦孝公二十二年（公元前三四〇年），封大良造商鞅，即鞅由大良造封列侯，以封地称商君。《商君列传》谓封于、商洛十五邑，在今陕西丹凤、洛南之间，商君在封邑中"南面而称寡人"。本传又称他在秦惠文君即位后，"走商邑与其徒属发邑兵北出击郑"，就是说其封邑拥有封君可驱使的武装，表明商鞅变法没有在秦国完全"废封建、改郡县"，他本人甚至成为新建的"国中之国"的领主。

〔28〕引文均见《荀子·议兵》。

〔29〕《史记》本传裴骃集解引刘向《新序》。秦度以六尺为一步，如测量长度超过这标准，就要受罚。秦法弃灰于道有刑，又见刘向《说苑》，按此刑相传殷代已有。古代筑舍于邑道边，多茅草屋，如将灰烬弃道中，而燃烧未尽，极易引发火灾，所以弃灰于道必判刑，并非小题大做或轻过重判。临渭而论囚，论指判罪。据《汉书·刑法志》，商鞅在秦，"连相坐之法，造参夷（夷三族）之诛，增加肉刑、大辟，有凿颠、抽胁、镬亨（烹）之刑"。商鞅于咸阳南的渭水边论囚，未必全判死刑，但滥施肉刑，也可血染渭水。

〔30〕前揭《商君列传》。传又谓"其后民莫敢议令"。或据《商君书》，以为商鞅行法治，"欲使人人皆知法令"，可使"万民皆知所避就"，达到"无刑"的目的（见《吕思勉读史札记》，页378—380）。但《商君书》多数篇章

乃后世作品，看《史记》这则记录，当知商鞅旨在要求秦民盲从法令，说是说非都受惩办。

〔31〕赵良事见前。语见《史记》卷六十八《商君列传》。后车，侍从所乘副车，形制与主车同。从车，即路车，武装的大车。骈胁，胸肌发达如肋骨并合为一。骖乘，同车的陪乘。阘戟，或说是戎服插有四戟，或说插有短矛短戟各二。

〔32〕前揭《商君列传》太史公曰。

〔33〕汉宣帝时桓宽《盐铁论》，便是这次盐铁会议的详尽描述，无须重说。桓宽是同情郡国文学，而否定桑弘羊等坚持的盐铁酒类专卖政策的。其中《非鞅》篇，突显关于商鞅其人其法，在公元前夜的西汉朝野，就已形成截然相反的两种见解。争论的焦点是治国之术。从历史角度评论这一争论，已属另一问题。

〔34〕前揭刘向《新序》。

〔35〕参看拙作《中国经学与中国文化》等篇，见《中国经学史十讲》，复旦大学出版社 2002 年版。

〔36〕章炳麟（太炎）于戊戌七月，即清光绪二十四年（公元一八九八年）百日维新期间，便著《商鞅》一文，说："凡非议法家者，自谓近于维新，而实八百年来帖括之见也。"此文收入《訄书》初刻本。以后章氏重订《訄书》，至民国初又修改，更名《检论》，均收入此篇，内容文字也都有增删，基调则未变。三篇均收入朱维铮编校《章太炎全集》第三卷，前揭本。

## 编者附言：

本文于"二〇〇九年十二月二十六日夜"改定，曾发表在《中国社会科学辑刊》（邓正来主编）2010 年春季卷上。这次结集，据朱师手订的打印稿排定。文稿由夫人王桂芬用电脑输入后，打印在 A4 纸上面，朱师做了一些文字校订。1996 年，上海话剧艺术中心创作新编话剧《商鞅》，赴京公演后引起对"商鞅之死"的纷纷议论，朱师当时发愿要写一稿，回顾历代对于商鞅变法的评说。迁延多年，朱师在罹病前不久完成了此稿，交付好友邓正来发表。

# 秦汉时期统治学说的变迁 *

一

公元前二二一年，秦国攻灭了山东六国的仅存者齐国。从此结束了诸侯割据称雄 ** ……

本质上都是封建主义的观念形态，但在现象上，却仿佛是战国时代各种主要学说轮流登台重演：法家学说独霸过了，黄老学说起来，而后又是"独尊儒术"，孔子学派的经书被封建统治者奉为圣经。

但现象究竟是现象，况且它还有真有假。把假相当作真相，就会把历史写歪。即使抓到了若干真相，也仍然要做由表及里，探寻本质的工作。以往有的解说，将秦汉时期统治学说在理论形式上的变化，看成战国时代诸子对立的简单重复，因而将这种变化描写成由一个极端跳到另一个极端。它们的缺点在于把现象看成本质。"四人帮"出于借古诬今的需要，……各种学说之间辩论的是哪一种统治方法比较聪明的问题，因而当封建统治者没有确定思想统治形式的时候，自然可以容忍。

但问题终究存在。就在公元前二二一年，秦朝内部就出现了争论。

---

\* "秦汉时期的政治思想史，曾大受'四人帮'歪曲。所谓儒法斗争论，伪证多拾于此，流毒亟待清算。故草此篇，试探真源，兼驳'四人帮'，亦以就正于方家。作者谨识，一九七八年中秋。"编者按：此段为作者原稿中的第一段，现移至当页注中，以便与作者其他论文体例一致。
\*\* 原稿"称雄"后文字已佚。

丞相王绾"请立诸子",理由是怕镇压不住燕、齐、楚等地的反秦势力。廷尉李斯反对,认为西周"封子弟同姓甚众,然后属疏远,相攻击如仇雠,诸侯更相诛伐,周天子弗能禁止",因而主张"一统皆为郡县"[1]。这个争论,表面上是置诸侯好还是置郡县好的问题,似乎前者主张复辟奴隶制的分封制,其实只涉及政体即中央集权还是地方分权的问题。因为前者的出发点也是维护秦始皇的家天下,并非要恢复六国诸侯的权力,更非要改变封建专制主义的国体。然而李斯为什么反对呢? 这里有一个地主阶级长远利益的问题。分封制虽然只是统治形式,奴隶主阶级可以用,地主阶级也可以用,例如欧洲中世纪便始终把它当作封建统治的主要形式。但这种形式是以严格的血统关系为内容的,因而第一,把中央到地方的权力,垄断在极少数世袭贵族手里,限制了地主阶级多数人参加政权的机会。第二,当血统关系按照自然法则淡薄下去的时候,统治阶级便不得不为维持这种统治形式而付出国家分裂的代价,分裂必定招致内战,而内战不仅总会导致封建王权的倾覆,并且总是给地主阶级多数人的利益带来损失,这是秦朝君臣有切身经验而且力图避免的[2]。因此秦始皇采纳李斯的主张,正是为了替地主阶级寻求"安宁之术"。安宁的结果当然是把农民牢牢地束缚在地主阶级控制的土地上。李斯的建议中有"诸子功臣,以公赋税重赏赐之"一条,说明他们丝毫没有因为封建统治的长远利益而牺牲统治集团的眼前利益。

地主阶级越安宁,农民阶级就越痛苦。事情很明白,农民阶级当然希望结束分裂、内战和混乱,但这种希望绝非"宁为太平犬",而是要求获得政治经济上的解放。而秦朝的统一带来的直接后果是什么呢? 除了"黔首"的空名而外,就是强迫收缴一切防身武器,被迫拖儿带女大搬家,村村户户出人当兵服劳役,以及接受由郡守、尉、监到狱吏、亭长的催租科税，敲诈勒索。这怎么能不逼迫农民起而反抗呢？同时，加强中央集权的措施，也没有使地主阶级内部矛盾如秦始皇估计的那样"宁息"。统一的结果，使关东六国地主阶级的政治代表，骤然由地区统治者降为闾巷平民，丧失了剥削压迫农民的权力，还被迫举族西迁，断绝了重振祖业的指望，他们怎么能甘心呢？所以，秦朝统一的头十年里，只有一年"无事"。而从公元前二一八年起，秦始皇不是"为盗所惊"，"夜出逢盗"，便是被"亡秦者胡也"一类舆论所困扰。这表明阶级斗争和地主阶级内部矛盾都在激化，而后者必然是前者的伴生现象。

专制易使人民愚昧。秦始皇统一后，议帝号，改历法，易服色，行封禅，祭山川，刻石颂功，炼丹求仙，都围绕着一个主题，即制造"君权神授"的迷信，也为加强中央集权的措施进行宣传和辩护。但实际的效果不如所期，这就必定引起统治集团内部的意见分歧。公元前二一三年，秦始皇召集御前会议讨论帝位世袭制度。他说商周搞"家天下"而亡，想实行帝位传贤的"官天下"。博士鲍白令之当面指出他说话不真诚，"行桀纣之道，欲为五帝之禅，非陛下所能行也"[3]。紧接着，在一次宫廷宴会上，博士官领班周青臣颂扬秦始皇"以诸侯为郡县，人人自安乐，无战争之患，传之万世。自上古不及陛下威德"，博士淳于越又当面顶撞，说周青臣颂扬的是秦始皇的错误，"今陛下有海内，而子弟为匹夫，卒有田常、六卿之臣，无辅拂，何以相救哉"[4]，重新提出了政体问题。他们的出发点还是巩固秦的家天下，但他们的理论依据，"事不师古而能长久者非所闻也"，却因为社会矛盾没有"宁息"而得到加强。这当然使秦朝君臣感到刺痛，觉得继续实行允许百家争鸣的政策，不利于封建专制主义的统治，相反收到了"惑乱黔首"的苦果，因而就导致了著名的"焚书"令。至于"坑儒"，坑的其实不是儒家学派的人物，而是替秦始皇炼丹求仙的方士，并且是秦始皇发现受愚弄而要掩饰的一个案件，不能夸大它的意义。

"焚书"的直接目的是统一思想。但它却是封建专制主义合乎逻辑的发展。政治上的专制主义一定要导致文化专制主义，也一定要借助文化专制主义来巩固自己。所以，它的作用也有两个方面，好处是思想统一，坏处是思想统死。随着封建制度走向自己的反面，思想统死的恶果就越来越明显。

秦朝占统治地位的思想是法家学说。秦朝统治者相信的是韩非的理论。这种理论，综合了商鞅的法、申不害的术、慎到的势，而突出法即国家机器作为镇压农民反抗的工具的作用，同时强调阴谋诡计是君主驾驭臣僚的唯一手段，抓住实权是保持统治地位的根本大计。这就是李斯说的"安宁之术"，即"帝王之术"[5]。它在李斯提出的禁锢"私学"的"焚书"议中表现得非常充分。

然而事实表明，韩非的理论付诸实行的结果，"收去《诗》《书》百家之语以愚百姓，使天下无以古非今"[6]，固然愚了民，同时也愚了君。本来秦始皇耳边还可以听到一点不同声音。"焚书"之后，下面便鸦雀无声，耳根是清静了，睁眼不见矛盾的自欺力也发展了。他死后，秦二世和他的法家教习赵高就如法炮制，用阴谋诡计夺取了权力，更厉行钳制舆论的政策。如果说秦二世改变了秦始皇的法家路线，那纯系胡扯。秦二世言不离韩子，赵高恪守法家重势讲术的教训，诸侯王一个不封，原来的政策丝毫未变，哪有一点"复辟"的痕迹呢？因此，秦二世而亡，根本问题是对农民的残酷压迫和剥削，同时也表明纯用法家说愚民并不成功。

经过秦末农民战争，地主阶级的力量受到严重打击。司马迁形容汉初统治者的生活："自天子不能具钧驷，而将相或乘牛车，齐民无藏盖。"[7]同秦始皇的奢华，适成相反的两极。政治力量是经济力量的表现。在这种情况下，再采取赤裸裸的镇压政策，当然只能激起革命的重新爆发。因此地主阶级不得不收敛凶相，换上笑脸。[8]法家学说不行时了，黄老学说代之而起。

黄老学说的创始人老子，对中国封建社会统治思想的影响，依我看不在孔子之下。《吕氏春秋》说他的基本思想是"贵柔"[9]，应该说是对的。他的原则是"善为道者，非以明民，将以愚之"[10]，"弱之胜强，柔之胜刚，天下莫不知"[11]。他的手段是"将欲歙之，必因张之；将欲弱之，必因强之；将欲废之，必因兴之；将欲夺之，必因与之。"[12]也就是去力任智，以诈取人。这对于大多出身卑贱者，没有世袭权力可凭借的刘邦集团来说，都是需要的。刘邦先尊项羽而打败他，先封异姓诸侯王而消灭他们，都用的是这类策略。在西汉王朝建立后，对付农民阶级更是用这类办法。所谓"清静"，所谓"无为"，首先是安抚和放任地主阶级发展经济实力以稳定统治基础的政策。刘邦鼓励萧何贱价强置民田宅而害怕他"得百姓心"[13]，曹参鼓励属吏酗酒放荡而惩罚他们"言文刻深"[14]，汉初实行"轻徭薄赋"而不限制豪强"分田劫假"[15]，均为它的表现。如果以为这是"与民休息"，对农民让步的政策，那就完全不懂所谓黄老之经的真意所在。这种所谓"无为而治"，其实是"有为而治"。它没有法家那么剑拔弩张，收到的效果却不比秦朝小。长沙马王堆汉墓发掘证明，小小的一个轪侯利苍的后裔，死后的殉葬物就那样奢侈无比，可以想见农民所受的经济剥削是何等严酷。

但黄老学说在封建统治者力量尚弱的时候合适，到他们自以为宝座稳定的时候就不适应了。因为老子要求统治者事事以卑弱自持，而封建专制主义的本性，却要求皇帝及其各级代表者，成为"天意"的化身，也就是兼作教主。神权的力量在于使人对支配自然界和社会的盲目势力感到恐惧，老子则不然，他对自然界和社会都进行过分析，发现了一系列朴素的辩证法则。分析就不会盲从，辩证法只能教人聪明，而处处以弱者自居更不合要收紧君权加神权的封建统治者的胃口，同时一味放任也加强了地主阶级内部的离心倾向，同姓诸侯王在文景时重新成为危害中央集权的势力便是证明。

还在战国末，荀况已致力于改造孔子学说，使之适合封建统治者的理论需要。他是韩非、李斯的老师，授给他们"帝王之术"，这是人所共知的。但除了经学家外，却很少有人知道，西汉的经学，包括绝大部分古文经说和相当大一部分今文经说，与其称为孔学，不如叫作荀学更符合事实。这一点，清朝学者有颇令人信服的考证[16]。因此，把荀况说成法家，或说成儒家，都是只知其一不知其二。郭沫若说，"他实在可以成为杂家的祖宗"，"是集了百家的大成的"[17]，我以为很有见地。荀况强调"法后王"，主要指"周道"："彼后王者，天下之君也。舍后王而通上古，譬之犹舍己之君而事人之君也。故曰欲观千岁则数今日，欲知亿万则数一二，欲知上世则审周道，欲知周道则审其人所贵君子。"[18]他重视的君子，就是孔子，就是孔子崇拜的管仲等人。因此这个命题也不是什么要法秦始皇。孔子是讲"礼"的，荀子也把"隆礼"作为王道的最高标准，但荀子反对孟子对礼的解释。孟子把礼说成"仁政"，荀子则以为礼主要是尊法听制。因此他实际上吸收了法家学说改造孔学，"人君者，隆礼尊贤而王，重法爱民而霸"[19]，"粹而王，驳而霸，无一焉而亡"[20]。他批评秦国既不能粹又不能驳，就是说既不会用软的一手来欺骗，又不善于软硬兼施来统治，长久不了。所以，虽然在秦统一后他还活着，弟子李斯又做了秦朝大臣，但他却拒绝同秦朝合作，大约用"佯狂"来掩护自己[21]。他的主张自然没能在秦朝完整地实行。

使儒法学说的混合物进入封建政治实践的，第一人要算叔孙通。我们不知道这位先生学的是哪一派儒学，只知道他是鲁国薛人，秦始皇时待诏博士，二世时拜为博士，秦末农民战争中从项梁，从楚怀王，从项羽，降汉后又被刘邦拜为博士，号稷嗣君（说明他可能跟荀况学习过），后来扶摇直上，做到汉惠帝的老师，地位在张良之上，得到吕后的信用。高祖时鲁地两名儒生就当面斥责他："公所事者且十主，皆面谀以得亲贵。"他不以为耻，还反唇相讥："若真鄙儒也，不知时变。"他的弟子靠他引进做了侍卫官后，也开心地赞道："叔孙生诚圣人也，知当世之要务。"[22]看来此人堪称古典风派的"圣人"。这当然不是他个人的罪过，而是在诸侯割据称雄的春秋战国时代形成的风气。儒家讲"趋时"，法家讲"权变"，道家讲"守雌"，纵横家讲取富贵不要任何原则，都是提倡骨头要软。叔孙通不过集毫无节操之大成罢了，但他对汉朝统治方式的影响却不可忽视。刘邦做了皇帝，"悉去秦苛仪法，为简易"，结果朝廷成了市井，"群臣饮酒争功，醉或妄呼，拔剑击柱。高帝患之"[23]。伤脑筋的原因，在于君权象征着封建专制主义的顶尖，没有严格的尊卑名分制度作护符，"君权神授"的迷信观念无法确立，封建统治的秩序也无法维持。而刘邦身边的谋臣武将，不是浑身"道"气，便是满身"侠"气，崇拜秦法的萧何等又忙于重建基层的封建秩序，都没有想到或不愿意自上而下地整治封建名教。因此，以"溺儒冠"出名的汉高祖，就不得不同意试一试叔孙通用儒者制礼作乐的建议。叔孙通既然"知时变"，当然懂得汉朝统治者是把秦始皇的统治当作样板的[24]，但又想避免用凌厉的面孔激怒地主阶级的多数，特别怕重新激起农民的革命情绪。就是说，愚民政策是要实行的，但可以那样做，不可以那样说，这正是汉朝初期统治者爱好黄老学说的原因之一。因此，叔孙通提出："礼者，因时世人情为之节文者也。故夏、殷、周之礼所因损益可知者，谓不相复也。臣愿颇采古礼与秦仪杂就之。"〔25〕前几年高谈"汉承秦制"的某些人，对这段话都视而不见。其实它十分重要。第一，说明地主阶级已向传统的"古礼"妥协。第二，说明自称"难与进取，可与守成"〔26〕的儒家学派，已转而把"秦仪"当作"守成"所需要的东西，主动拿来为封建统治者服务。这样，从"礼"的形式开始，儒、法、道诸家就结束了长期冲突的历史。因此，西汉学者非常推重叔孙通，司马迁说："叔孙通希世度务，制礼进退，与时变化，卒为汉家儒宗。'大直若诎，道固委蛇'，盖谓是乎？"（见《史记·刘敬叔孙通列传》）末了引用《老子》的话来概括叔孙通的行为，尤为有趣。

于是我们看到汉初的统治思想，处在非道非法非儒，亦道亦法亦儒的演变过程中。从理论上说，有理由判断它是荀子学说的具体化。如果说，杂家从来不杂，那么这只有在承认诸子学说开始统一于封建专制主义的需要上，才说得通。承认其杂而又硬要从路线不能调和的角度说其不杂，硬要指其为折中主义面目出现的孔学，则是毫无事实根据的诡辩。

尽管如此，秦朝禁止诸子争鸣的"挟书"律（"非博士官所职，天下敢有藏诗书百家语者，悉诣守尉杂烧之"〔27〕），到汉惠帝时才被明令取消〔28〕。而各家学说重新公开研究，并得到封建王朝支持，则是汉文帝时的事情〔29〕。本来，处在不合法的地位时，各派学说都力图互相接近，但获得公开生存的权利之后，门户之见又重新出现。这回的对立主要在自称孔子徒和老子徒之间进行。

汉文帝时属于儒家的仅有《诗经》博士，分鲁（申公）、韩（韩婴）

二家。景帝时齐《诗》（辕固生）也立为博士，又增《春秋》（胡毋生、董仲舒，皆公羊家）博士。[30]值得注意的是《诗》今文三家均传自荀子[31]。公羊学传自齐，据说可上推到子夏[32]，但似乎也同当过稷下学宫祭酒的荀子有关。至于当时尚在民间而武帝后陆续立为博士的《易》、《礼》（大、小戴）、《穀梁传》、《左传》等，则均系荀子所传，唯一与荀子无关的是今文《尚书》。因此，说汉朝的经学主要是荀子改造过的孔学，大约没有什么毛病。荀学者与老学者的对立，在景帝时辕固生与黄生的争论中表现得很清楚。争论的问题是汤灭夏、周灭殷是受命还是篡夺。黄生以为是"弑"，理由是君臣上下之分不可变，商汤周武均为臣子，见主子有错不去劝告纠正，反而乘乱取代，不是篡夺吗？辕固生反对，说汤武因民心而诛乱君，是不得已，怎么不是受命呢？显然，按照传统观念，即严分尊卑等级的家法观念，黄生是有理的。但辕固生辞穷之余，突然搬出一个法宝："必若所云，是高帝代秦即天子之位，非邪？"这使景帝大为尴尬，解决的办法便是宣布它为禁区，"食肉不食马肝，不为不知味；言学者无言汤武受命，不为愚"（见《史记·儒林列传》）。但辕固生虽然不合传统之理，却是用迷信为汉朝统治者辩护，所以景帝其实赞同他的见解，当辕固生再次在窦太后前公开攻击《老子》是"家人言"而触怒窦太后时，便设法援救他[33]。这表明景帝在和他父祖辈的冲突中，实际上已倾向荀子传授的经学更能作为统治思想的主干。

经学为什么在汉中叶后成为封建统治的理论基础，是个需要用马列主义观点作指导重新研究的问题。前几年论者从所谓儒法斗争的定义出发，于汉朝的经学内容没有丝毫研究，就断言它是"复辟奴隶制的舆论"，这乃荒谬之言。经学的发达，既非汉武帝好大喜功，过不惯道家的淡泊生活[34]，也非某几人意在复辟，对儒家学说有特别的兴趣[35]，根本原因在于西汉中叶阶级矛盾与地主阶级内部矛盾的激化。自吕后到文景时，皇室与外戚之争，皇帝与诸侯王之争，都非常激烈。争的焦点自然是抓取最高统治权力，然而它的实质却是封建统治集团内部不同派别对于土地和劳动力的控制，吴楚七国之乱起于"削藩"议是著名的例子，外戚当政就瓜分本来属于皇族的封国，又何尝不是证明？老子把"小国寡民"称作"至治之极"，主张"治大国若烹小鲜"，"以无事取天下"，这都利于地方割据势力，利于既得利益集团。老子又主张"道法自然"，"以道莅天下，其鬼不神"，要求人与鬼"两不相伤"，这都不利于统治者利用神权，不利于制定统一的家法教条。由于地主阶级内部纷争即将由隐伏到爆发，对农民的压迫剥削更严重而引起农民阶级的反抗，汉朝统治者感到黄老学说的欺骗力不够了，需要既有维护封建专制主义的效力，又有迷信作伪装的学说来代替它。窦太后称经学为"司空城旦书"，倒是从另一方面证实它确已吸收了法家的刑名之言为内容而以仁义道德的说教为形式，适合封建统治者新的需要。所以窦太后尽管强迫家室外戚都读《老子》，但景帝却教未来的汉武帝读经书，指定作为太子保护人的窦婴、田蚡也喜欢经书。形势比人强，一种学说代替另一种学说作为统治思想，同样不以个人意志为转移。

因此董仲舒就应运而生。他号称公羊家，其实却更致力于替严刑峻法披上仁义的伪装。所谓"春秋决狱"，十分典型地道出了他的封建国家学说的表里二面。我们要了解汉朝的史学，就不能不了解秦汉统治思想的变迁，否则就会把史学说成脱离现实而自我发展的东西，越学越糊涂。

## 二 司马迁和历史编纂学的创新

中国封建时代的历史编纂学，真正的开创者要算司马迁。

司马迁诞生在西汉左冯翊夏阳（今陕西韩城南）一个破落世家，时间大约是汉武帝建元六年（公元前一三五年）[36]。这个家庭的祖先，周朝时曾世袭太史，春秋后没落了，其中一支跑到秦国，世代为武将，后又任秦铁官、汉市长，到司马迁的祖父只剩了一个五大夫的空爵号。汉武帝初，司马谈才重续祖业，任太史令。这是掌宗庙礼仪的太常的属官，主管天文历法、卜筮祭祀，还兼管记载史事，秩仅六百石[37]，还不如一个大县的县令，比起他那显赫的远祖卑微多了。尽管如此，这位新任太史令对新生的儿子还是寄予莫大希望，根据《诗经》"出自幽谷，迁于乔木"[38]的意思，取名为迁，字子长。他没想到，等待自己事业继承人的，并不是缘乔木直登青云的前途。

司马迁青少年时代是这样度过的。幼年"耕牧河山之阳"（见《史记·太史公自序》），不久便跟着父亲迁居茂陵（今陕西兴平），十岁开始诵读古书，二十岁外出游历，南下江淮流域，登会稽山，考察禹穴，而后探索山上白云飞的九嶷，寻找舜的遗迹，再乘舟于沅水、湘江之上，历览屈原称道的史迹，又向北渡过汶水、泗水，先后到齐、鲁旧都学习，观察孔夫子故乡的风尚，并在孟子的故乡邹县峄山演习过乡射礼。可能是盘缠用尽或道路不宁的缘故，在项羽的王都，也是楚汉相争的古战场彭城遭到"启困"，然后经过梁楚故地回长安。这时大约是武帝元鼎五六年（公元前一一二年或公元前一一一年）。他即任郎中，虽是皇帝的末等侍卫官，秩仅三百石，却接受了一个荣耀而辛苦的差使，到巴蜀以南的少数民族地区视察，元封元年（公元前一一〇年）归。这段经历，对研究历史多么重要，当然不言而喻。

就在元封元年，汉武帝举行封禅，却不准担任御前天文官（太史）的司马谈随行（我想这是学派冲突的结果，司马谈曾讥儒者之礼而推崇道家，司马迁记述其遗言却大捧儒者之礼，似乎是为尊者讳），他一气之下就死了，死时对司马迁说："余死，汝必为太史。为太史，无忘吾所欲论著矣。……自获麟以来四百有余岁，而诸侯相兼，史记放绝。今汉兴，海内一统，明主贤君忠臣死义之士，余为太史而弗论载，废天下之史文，余甚惧焉，汝其念哉！"[39]这说明，司马谈早想……*

## 附注：

[1]《史记·秦始皇本纪》。

[2]《史记·秦始皇本纪》记载李斯强调"置诸侯不便"，不便就在不能使"天下无异意"。秦始皇赞成，说："天下共苦战斗不休，以有侯王。赖宗庙，天下初定，又复立国，是树兵也，而求其宁息，岂不难哉！廷尉议是。"如果把"天下"换成"封建统治"，那么就明白了。

[3]《说苑·至公》。

[4]《史记·秦始皇本纪》。

[5]《史记·李斯列传》。

[6]《史记·李斯列传》。

[7]《史记·平准书》。

[8]《史记·萧相国世家》太史公曰："萧相国何于秦时为刀笔吏，录录未有奇节。及汉兴，依日月之末光，何谨守管籥，因民之疾秦法，顺流与之更始。""秦法"，各本作"奉法"，据《史记会注考证》改。

[9]《吕氏春秋·不二》。

---

* 编者按：此文属作者未完稿，文末缀以省略号。

〔10〕《老子》六十五章。

〔11〕《老子》七十八章。

〔12〕《老子》三十六章。

〔13〕《史记·萧相国世家》：高祖十二年，"客有说相国曰：'君灭族不久矣。夫
君位为相国，功第一，可复加哉？然君初入关中，得百姓心，十余年矣，
皆附君，常复孳孳得民和。上所为数问君者，畏君倾动关中。今君胡不多
买田地，贱贳贷以自污？上心乃安。'于是相国从其计，上乃大说。"

〔14〕《史记·曹相国世家》。

〔15〕《汉书·食货志》。

〔16〕汪中《述学·荀卿子通论》。参考皮锡瑞《经学历史》，周予同注释本页
55，又胡元仪《荀卿别收入其传》及《考异》反对汪的考证。

〔17〕郭沫若《荀子的批判》，《十批判书》。

〔18〕《荀子·非相》。

〔19〕《荀子·强国》。

〔20〕《荀子·强国》。

〔21〕《荀子·尧问》，参《盐铁论·毁学》："方李斯之相秦也，始皇任之，人臣
无二，然而荀卿谓之不食，睹其罹不测之祸也。"

〔22〕《史记·刘敬叔孙通列传》。

〔23〕《史记·刘敬叔孙通列转》

〔24〕《史记·高祖本纪》："高祖常繇咸阳，纵观，观秦皇帝，喟然太息曰：'嗟乎，
大丈夫当如此也！'"繇，《集解》引应劭曰："徭役也。"

〔25〕《史记·刘敬叔孙通列传》。

〔26〕《史记·刘敬叔孙通列传》。

〔27〕《史记·秦始皇本纪》载李斯请"焚书"议，实行后就成了"挟书"律。

〔28〕刘歆《移让太常博士书》："汉兴，去圣帝明王遐远，仲尼之道又绝，法度
无所因袭。时独有一叔孙通，略订礼仪。天下唯有《易》卜，未有它书。
至孝惠之世，乃除挟书之律。然公卿大臣绛、灌之属咸介胄武夫，莫以为意。
至孝文皇帝，始使掌故朝错从伏生受《尚书》。……《诗》始萌牙。天下
众书往往颇出，皆诸子传说，犹广立于学官，为置博士。在汉朝之儒，唯
贾生而已。"见《汉书·刘歆传》。

〔29〕同上〔28〕。

〔30〕皮锡瑞《经学历史》周予同注释本，页73。

〔31〕皮锡瑞《经学历史》周予同注释本，页55。

〔32〕徐彦《春秋公羊传注疏》何休序下："戴宏《序》云：子夏传与公羊高，高传与其子平，平传与其子地，地传与其子敢，敢传与其子寿。至汉景帝时，寿乃其弟子齐人胡毋子都著于竹帛。"

〔33〕《史记·儒林列传》辕固生传。

〔34〕顾颉刚《汉代学术史略》，上海东方书社1948年版，页69。

〔35〕翟青《论西汉初期的政治与黄老之学》，《学习与批判》1974年第11期。

〔36〕据王国维《太史公行年考》（《观堂集林》卷十一），司马迁生于汉景帝中元五年丙申，当公元前一四五年。此据郭沫若《〈太史公行年考〉有问题》（《历史研究》1955年第6期，又郭著《文史论集》，人民出版社1961年版，页168—172）。

〔37〕《汉书·百官公卿表》载太史令，未记品秩。《续汉书·百官志》："太史令一人，六百石，掌天时星历，凡岁将终，奏新年历；凡国祭祀丧娶之事，掌奏良日及时节禁忌；凡国有瑞应灾异，掌记之。"司马迁《报任安书》："乡者仆亦尝厕下大夫之列。"下大夫秩即六百石。

〔38〕见《诗·小雅·伐木》。《说文》："迁，登也。"

〔39〕《史记·太史公自序》。

**编者附言：**

本文作于"一九七八年中秋"，写于500格大稿纸上，生前未有发表。其时，大学恢复招生，学科建设重启。朱师恢复工作后，即从事《中国历史文选》的修订和《周予同经学史论著选集》的编辑，并参与复旦大学中国思想文化史研究室的筹建。本文以"儒法斗争论"为议题，为恢复历史的本来面目，"试探真源"。原稿未完全，但已成系统。唯因年代较久，存稿有了一些缺页。这次据原稿排印，附录于此。相关缺损内容以页下注形式注明。

# 帝制中国初期的儒术

## "封建"将逝的预言

"王侯将相，宁有种乎！"

当公元前二〇九年陈胜如此鼓动他的伙伴起来举行反秦暴动的时候，这位青年农民没有料到，他这句话竟成了五年后一个新起的帝国特别的预言。

那个继秦而起的帝国，国号称"汉"。它与秦帝国的一个很大区别，就是创业的领袖人物，从皇帝刘邦到将相大臣，大多数出身于底层的平民或小吏，所谓"布衣"。

汉帝国的建立，也不同于秦帝国。它不是一个诸侯国征服其他诸侯国，而是通过平民起义，自下而上推翻统治的政府，然后互相兼并的方式，重建所谓大一统的权力中心。汉代儒者已将这种政权更迭方式，附会为《周易》说的"汤武革命"。

问题在于，刘邦和他的对手西楚霸王项羽一样，"革命"的目的，无非要"取而代之"，即推翻秦朝皇帝，自己"受命"（接受"天命"）做皇帝。既然如此，"汉承秦制"，同时也像秦始皇征服六国之后一样，立即面对统一后的帝国怎样实现"安宁"的难题，都是顺理成章的。

所谓汉承秦制，意味着刘邦和他的布衣将相集团建立的权力机制，对秦朝的中央集权的君主体制，"因循而不革"，但起初他们对秦制做了精简，即所谓"随时宜"。一个引人注目的改变，就是分封同姓诸侯王。这是秦始皇一再拒绝的措置，而死谥汉高祖的刘邦，却以为将自己的子侄派到重要地区建国称王，国家便像人体有股肱，朝廷有危难，可以群起救助。不料刘家的那班无赖儿郎，做了诸侯国王，多半就成了割据势力，甚至想造反做皇帝，反而表明当初秦始皇赞同李斯反对封皇子们为诸侯王的意见时说的不错，"天下共苦战斗不休，以有侯王"（见《史记·秦始皇本纪》），所以立自己的儿子们做诸侯王，也等于"树兵"。

## 给布衣将相定礼仪

人们都知道秦始皇"焚书坑儒"。还在清末，著名学者章炳麟（太炎）便已考证（见章太炎《秦献记》），秦统一前很久，便推行反智论的文化政策，禁毁私人图书就是表征，而秦始皇晚年在咸阳坑杀反对他的诸生四百六十余人，主要是术士，因为古称术士为儒，所以也称"坑儒"。事实上秦朝设置的博士即皇帝的顾问官，涵泳各派学者，其中包括孔子以后的儒家，例如在秦二世即位后仍为博士的叔孙通。

或许受到秦朝反智论的熏陶，出身布衣的汉高祖刘邦，"革命"尚未成功，便憎恶儒生，留下一串行为艺术式的故事。最出名的一则，就是"溺儒冠"，见了儒生，就摘下其人帽子往里撒尿（见《史记·高祖本纪》）。他在楚汉战争中渐居上风，也使"良禽择木而栖"的各派文士投奔汉营。善于投机的秦博士叔孙通，即在换了将近十个主人之后，向汉王投降。

据《史记》，叔孙通带了"儒生弟子百余人"跑到汉营，一见刘邦对他的儒服表示厌恶，再见就换上楚国平民常穿的短衣，赢得新主喜欢。他又专向汉王推荐"故群盗壮士"，使刘邦更赏识，于是官拜博士，成为汉开国初的首位文化顾问（见《史记·刘敬叔孙通列传》）。但他最大的成就，要属替大汉帝国"起朝仪"。

原来，汉高祖五年（公元前二〇二年），一贯坚持"斗智不斗力"的刘邦，利用韩信指挥的大军攻杀西楚霸王项羽，转身又乘韩信不备而夺其军权，于是成为秦楚之际群雄逐鹿的最后赢家，迫不及待地在军中登极称大汉皇帝。

史称汉高祖的这位沛县布衣，没有想到同为无赖出身的昔日兄弟那样不懂规矩，"群臣饮酒争功，醉或妄呼，拔剑击柱，高帝患之"（见《史记·刘敬叔孙通列传》）。最使新任皇帝怵然的，或许还是他的主要谋臣张良评论群臣争功的一句话："此谋反耳。"就是说皇帝起自布衣，却对追随起兵的群臣封赏不公，当然会相聚再度谋反。这使皇帝吓得不轻，赶紧当众将平生最憎恨的一名同乡封侯，总算压服口声。

不过朝廷的秩序混乱如故。早在揣摩君心的叔孙通，以为机不可失，向皇帝进说："夫儒者难与进取，可与守成。臣愿征鲁诸生，与臣弟子共起朝仪。"针对皇帝憎恶儒家之礼烦琐的心态，他保证决不复古，"臣愿颇采古礼与秦仪杂就之"。于是皇帝指示"令易知，度吾所能行，为之"（见《史记·刘敬叔孙通列传》）。

难为了叔孙通。他用一年多时间，东赴鲁国物色礼乐专家，遭鲁两儒生奚落，西返长安又以儒生弟子不断实习。最后汇聚诸侯群臣做首场朝仪表演，效果甚佳，"竟朝置酒，无敢欢哗失礼者"。皇帝龙心大悦："吾乃今日知皇帝之贵也！"叔孙通的儒生弟子们都加官蒙赏，歌颂说："叔孙生诚圣人也，知当世之要务！"（见《史记·刘敬叔孙通列传》）

这是秦亡后儒家在汉朝宫廷政治中首次崭露头角。近百年后，司马迁回顾汉高祖七年（公元前二〇〇年）这段制礼作乐史，叹曰："叔孙通希世度务，制礼进退，与时变化，卒为汉家儒宗。'大直若诎，道固委蛇'，盖谓是乎？"（见《史记·刘敬叔孙通列传》）

汉高祖死，接着相国萧何死（公元前一九三年），萧何的政敌曹参继位，却标榜恪守《老子》的"无为"学说，所谓"治大国若烹小鲜"，因为"民不畏死，奈何以死惧之"，最好的办法就是消除民众因饥寒而难治以致轻死的根源。中世纪中国列朝的政论，每说治国楷模为"萧规曹随"，就是说本朝的政军财文体制，合理与否可不问，只要属于开创，便墨守其规，"遵而勿失"。

## 不学有术而"为汉儒宗"

叔孙通得到汉高祖的赏识，先晋升太常，主管帝国的宗教文化事务，继拜太子太傅，即储君的首席教师。相传汉高祖晚年要废太子，首先以死相争而使汉惠帝保全储君地位的，便是叔孙通。

汉初比秦朝更重武轻文，按照军功配置政府大臣位次，成为习惯。但正如辩士陆贾批评刘邦的反智论时所说："居马上得之，宁可以马上治之乎？"（见《史记·郦生陆贾列传》）要使帝国得到治理，需要各种专业人员，于是后称太常的奉常，一个在秦朝设置主管宗庙礼仪的部门，到汉初便成为文职专家最为集中的部门，宗教祭祀、音乐舞蹈、宫廷饮膳、天文历算、占星卜筮、医药卫生、土木建筑、采铜铸钱，乃至集市管理、水道疏通等，无不包揽，当然它的首长也非资深文士不可。

显然，曾任两朝博士的叔孙通，官拜奉常，必定设法增立作为属官的博士。他大约死于惠帝末（公元前一八八年）。据《汉书》，汉初博士已经"员多至数十人"（见《汉书·百官公卿列表》），可以推知其中必有再任奉常并与惠帝保持密切关系的叔孙通的作用。不待说，他不会改变博士官"掌通古今"的顾问职能，更不会改变博士官由道、墨、儒、法、名、阴阳各派学人并存的现状，否则就称不上"知当世之要务"。

## 怎样使"天下无异意"？

汉高祖赞赏叔孙通制礼而使他尝到了做皇帝的尊贵滋味，这已泄露这个帝国需要怎样的文化体制的"天机"，那就是这个体制必须保障"天子"以君主兼教主的权威，需要学习秦始皇的"君人南面之术"。

秦始皇的思想很混杂，凡是司马谈《论六家要旨》所概括的秦汉间的流行思潮，在这位始皇帝的言行中都可找到踪影。他性格多变，唯独接受李斯的一句话，终身力行。这句话见于司马迁的《秦始皇本纪》："天下无异意，则安宁之术也。"

所谓"安宁"，原是古人给冬天起的别号，形容严冬呈现的万物宁静氛围，这很合乎秦始皇自命水德而代天司杀的期望。李斯将符合他期望的实践手段，即法家申不害、韩非所论统治术，归结成"天下无异意"一语，也就是不许臣民有个人意志，一切想法都与皇帝保持一致，犹如寒冬出现的万物和谐不争的氛围一样。始皇帝于是"急法"，烧书愚民，神道设教，想方设法禁绝"异意"的萌芽。他失败了，正如民间假托神谕所说，"始皇帝死而地分"。

按照逻辑，汉初将相布衣起家，应该以史为鉴。但汉高祖才登极，便为没有得到秦始皇那种半神待遇而苦恼。他曾通过吕后散布神话，说他是他母亲与黑龙交配所生的龙种，又说他未发迹时避罪逃亡，所至之处便有祥云护顶云云。叔孙通懂得造神必先造圣，及时给皇帝设计彰显"天子"的威仪。当然，新权威得以树立，还是由于皇帝已通过擒韩信、囚萧何，对那帮布衣将相示威，暗示谁反对今上谁就没有好下场。刘邦是否得知秦亡由于始皇帝幼子与赵高、李斯内外勾结，矫诏杀害太子和元帅而篡夺帝位，尚不清楚。但他死前要更换太子，表明他已知帝国继统最大威胁来自家族内部，来自他的皇后吕雉的外戚集团。他死了，结果如他所料，政权落入吕后之手。但吕后继其先例，排斥异己，反而导致随刘邦起兵，致身汉相的周勃、陈平等，乘吕后老死即发动军事政变，实现"安刘"。

类似故事在中世纪中国多次重演。我曾这样描述："从秦帝国建立到清帝国灭亡，朝代更迭虽多，政权分合虽频，共同的统治形式都是君主专制，因而在意识形态领域内共同的关注焦点，便是如何保证这个专制体制稳固与扩展的'君人南面之术'，在西汉中叶后即司马迁首先揭示的'以经术缘饰吏治'。"（见朱维铮《中国经学史十讲》，复旦大学出版社 2002 年版，页 82）

这里不拟重述我对西汉武帝宣布"罢黜百家，独尊儒术"过程的历史考证，只拟略陈拙著《儒术独尊的转折过程》的五点结论。第一，所谓"罢黜百家"的范围，起初限于作为皇帝文学顾问的博士官。第二，涉及皇帝顾问的这项人事变动，针对的是汉初在统治文化领域内居主流地位的黄老学派，后者其实是"汉承秦制"的所谓刑名即法术的变相延续。第三，司马迁描述"世之学老子者则绌儒学，儒学亦绌老子"，表明在著《史记》的司马谈、司马迁父子生活的汉景帝、汉武帝交迭时代，政教领域内黄老和儒者两派互相贬斥已公开化。第四，汉武帝于建元元年（公元前一四〇年）登极，年方十五岁，急于控制朝政的皇太后之弟田蚡，首次借"隆推儒术，贬道家言"为题，打击以太皇太后窦氏为首的老外戚集团，被窦氏反击而失败，表明儒术独尊无非是新老两个外戚集团争夺权力的体现。第五，建元六年（公元前一三五年）窦太后死，汉武帝用田蚡做丞相，也是报复祖母窦太后的压制，"绌黄老刑名百家之言"，并广招"文学儒者"，而董仲舒的"天人三策"，便上于窦太后死的次年即元光元年（公元前一三四年）五月，那性质只可说是对既定方针即博士官专用"在六艺之科、孔子之术者"的必要性论证。因而我们的传统说法，所谓汉武帝接受董仲舒的建议而"罢黜百家，独尊儒术"，倒果为因，不合历史实相。

## 董仲舒"以《春秋》决狱"

董仲舒的学术由来也疑未能明。《史记》作者司马迁做过他的学生，却只在《儒林列传》中给他写一短传，仅说他是广川（今河北枣强东）人，"以治《春秋》孝景时为博士"，"其传公羊氏也"。百年后《汉书》给他立传，除全录"举贤良对策"，于他的生平和师承等没有提供更多资料。仅在同书《刘向传》内，提及他于汉元帝初被某些儒者说成"为世儒宗"。时隔千年，北宋出现署名董仲舒的《春秋繁露》，当时已有人疑为伪作。

有一点似无疑义，即董仲舒开了"以《春秋》决狱"的先例。狱指重大的刑事案件，特别是所谓犯上作乱的罪案。汉初萧何依秦法制定汉律，到汉武帝时代罢黜黄老刑名学派，便意味着判决刑狱，也不能公然引用商鞅、韩非的法术理论，辩护定罪的道德与法的合理性。董仲舒率先从"儒术"的角度作出解困的诠释。他说"孔子之术"体现于《春秋》，而孔子晚年创作的这部编年史，文字形式虽讲"三世"，即孔子所见、所闻、所传闻的鲁国三个时代，内容却蕴含着无数"大义"，也就是处理天地人一切关系应该遵行的根本道理，但孔子以为不便说明，于是将那些大义私下口授给晚年的心腹弟子。这样的悄悄话称作"微言"，它起先在孔子再传弟子公羊高的家族内部代代相传，辗转口授至汉景帝时代的公羊寿，便与弟子齐人胡毋生著于竹帛，就是《公羊春秋》。董仲舒自称"传公羊氏"，深知传中"微言大义"如何体现法典意义并古为今用。

例如《春秋》记"弑君"三十六起，有的非事实，像昭公十九年先记"许世子止弑其君买"，继记"葬许悼公"。既说"弑"，则肯定许君为臣所杀，又说"葬"，则明白否定许君死因是吃了其子所进的药。《春秋》三传都注意到孔子的措辞矛盾。唯有董仲舒，坚称一个"弑"字表明孔子作《春秋》的最高原则在于"诛心"，由此引申出只要臣子对君父有二心，哪怕没有明言，仅仅在聆听君主指示时嗫嚅不表态，也可原心定罪。这给汉武帝重要的酷吏张汤很大启示，重用董仲舒一派儒生，在汉律中增入"诛意""反唇"的可怕条例。继起的酷吏杜周，更露骨地宣称皇帝的旨意便是法律："前主所是著为律，后主所是疏为令，当时为是，何古之法乎！"（见《汉书·杜周传》）

这表明当时标榜"独尊儒术"，其实是自称"明于《春秋》"的董仲舒一派儒生，假借伸张孔子作《春秋》的"微言大义"，迎合君主务使意识形态一体化的取向，与权力运作相配合，也就是"通经致用"。

## 所谓"通经致用"

至迟在战国，道、儒、墨、法各学派，都借用纺织工艺中称贯串织物的纵线为"经"的术语，将体现本派宗旨的言论著作唤作"经"，而将利用经说指导政教实践，比作城邑的通衢大道，称为"术"。各派都标榜自己的经术具有普世价值，只要因时制宜，赢得寻求安宁术的君主付诸施行，便可实现"天下无异意"，体现"通经致用"。

所以，秦汉间统治术凡三变，由法术、黄老术到儒术，共同取向都在肯定与时俱变的君主统治意识形态的合法性，论证的重心由秦始皇的"急法"，"汉承秦制"的"无为"，而到汉武帝构建"内多欲而外施仁义"的逻辑变异，都具有合理性。就是说，"通经致用"本来是秦汉间相继占领统治思想舞台中心位置的法、道、儒三家所有的同一基调。

可疑的是董仲舒。迄今的经学史家，仍未证实其是否与胡毋生同习《春秋公羊传》，但汉建元六年（公元前一三五年）宣布"独尊儒术"，董仲舒却拔得贤良对策的魁首，留下汉武帝此举与董仲舒《天人三策》相关度的疑案。

同样，今本《春秋繁露》是否董仲舒遗著？《四库全书》编者已不敢肯定，只有清末章炳麟（太炎）谓"董仲舒以阴阳定法令，垂则博士，教皇也"（见章炳麟《訄书·学变》）。史称董仲舒晚年解答酷吏首领张汤的司法疑难，"作《春秋绝狱》二百三十二事"（见《后汉书·应劭传》）。令人吃惊的是他穿凿历史，找出孔子作《春秋》恐吓乱臣贼子的"微言大义"，核心在于"诛心"，就是说对于汉武帝的独断，非但公开谏诤属于"犯上"，连内心有话不敢明说，只是嘴唇动一动，即所谓"反唇"，也判死罪，称之为"诛意"。据董仲舒的"《春秋》决事比"，说是孔子作《春秋》，写到许国世子向病重的许君进药，没有亲尝，而后许君死了，于是大书"许世子止弑其君买"，列为《春秋》所记"弑君"三十六起的一例，定罪依据即"诛心"。这一理论制造大量冤狱，也救了大批贪官污吏。难怪董仲舒死后身价日增，"为汉儒宗"。

可惜董仲舒学孔子不到家。据《论语》，孔子不谈"性与天道"，"敬鬼神而远之"，但晚年作《春秋》，对于天变，大如日食，小如蝗灾，都逐一详记，似乎又表明他笃信天人交感，却不明说，真是"圣之时者"，于当代人事无所不通。董仲舒迷信孔圣句句是真理，总在穿凿经文的"微言大义"。比如《春秋》记日食三十六次，弑君也三十六起，两个数字重合，是偶然吗？董仲舒猜测必为孔子的隐喻，暗示天人感应原理，凡人事出现偏差，天文就出现反常现象，所谓灾异，表示"谴告"。由于孔子本人没有留下天人交感的说教，秦汉法儒共同尊崇的宗师荀况更明言天人相分，因而董仲舒只能乞灵于秦始皇提倡的阴阳五行学说，于是儒学转化为官方神学。由程树德《九朝律考》辑录的董仲舒《春秋决事比》的佚文，可知此人至今被某些人奉作"儒宗"，绝非偶然。

## 汉武帝和公孙弘

自秦汉到明清的帝制中国，皇帝身兼君主和教主，权力可能被僭夺，但自身亦缺乏有效的制衡，因而总带着强烈的个人色彩，所谓人治。

汉武帝就是显例。他在位五十四年（公元前一四〇年—公元前八七年），专权四十八年。他的专制权威受到的最大挑战，来自他本人嗜欲多变的品格。有人说他爱好儒学，那是混淆"学"与"术"的概念。他同意博士官变成五经家的专利，儒学也改称经学，可是在以后四十多年里，表明他对经学有兴趣的事件，只有两则，一是向"以古法义决疑狱"知名的经学家兒宽，"问《尚书》一篇"（见《汉书·兒宽传》），一是他主持了一场辩论，《公羊春秋》《穀梁春秋》两家，谁对孔子《春秋》的微言大义解释更有精义。

他真感兴趣的，是儒术，即经术。

由《史记》可知，《公羊春秋》已成汉武帝推尊"儒术"的首要经典，有"宪法"效力。依靠它致位公侯的一个名人，就是公孙弘。

这个菑川国(今山东昌乐东)的养猪贫民，四十多岁才学了点《春秋》杂说"，却获得"曲学阿世"的名声。汉武帝元光五年（公元前一三〇年）年过七十的他再次"举贤良文学"，对策吁请皇帝重"术"，被拜为博士。他本人生活节俭，却宣扬"人主病不广大"，穷奢极欲才算君主，而且每逢朝廷会议，只提不同的可行性意见供皇帝选择，"于是天子察其行敦厚，辩论有余，习文法吏事，而又缘饰以儒术"，因而皇帝不顾大臣们说他"多诈"，将他由御史大夫（副丞相）提升为丞相，封平津侯。（见《史记·平津侯主父列传》）

除了善于揣摩皇帝心思，公孙弘又很会利用皇帝信用来给依附他的儒者谋取权力。他建议"为博士官置弟子五十人"，并设计一套选拔、受教、考试和按成绩授予官职的方案，得到武帝认可，"著为功令"。那以前五经博士已成儒家禁脔，但职能仍为待诏金马门以备咨询的文化顾问。自从公孙弘新定法令，增设博士弟子员，作为候补文官，授业、考试、分等乃至罢黜的权力都由五经博士控制，这就意味着博士的职能扩展到文官教育。"自此以来，则公卿大夫士吏，斌斌多文学之士矣。"（见《史记·儒林列传》）

公孙弘"不学有术"，搞阴谋诡计陷害的学问才干都胜过董仲舒、主父偃、汲黯等大臣，因而生前死后都很少有人说他好话。但他迎合汉武帝好大喜功的心态，设计用"禄利之路"招诱全国优秀青年趋向"儒术"，乘机将五经博士由顾问官变成教育官，导致"儒术独尊"体制化，出现所谓明经术便"取青紫如俯拾地芥耳"的悠远效应（见《汉书·夏侯胜传》)。汉武帝宣布自己也不真信的由六经体现的孔子儒术，作为衡量意识形态是非的准绳，随即又不断以尚武、封禅和重用方士求长生等行为，自我否定。他批准公孙弘的建议，把候补文官的教育权和选拔权交给五经博士，可能也没有预想到它对文官体制带来怎样的"更化"效应。但历史表明，这效应不限于两汉，一直到清末才被迫废止的科举取士体制，都以它为滥觞。

恰在清朝废科举的光绪三十一年（一九〇五年），曾因拥护戊戌维新而被清廷交地方官管制的经学史家皮锡瑞，却为公孙弘辩护，说是在汉武帝时代，既不尊师，也不重儒家之道，"欲兴经学，非导以利禄不可"（见皮锡瑞《经学历史》，中华书局 1959 年版，页 73）。这无疑认定欲达目的，可以不择手段。百年来此说犹如幽灵，时时闪现，岂不值得反思？

## 孔子门徒和汉代皇商

西汉帝国延续了二百十四年。它在汉武帝时代臻于极盛，也如登山，到达顶峰便是下坡的开端。

作为帝国的第六个君主，汉武帝继承的政治遗产是丰厚的，国库里堆满了粮食和钱币，郡县和诸侯国大致平静，首都长安已成当时世界上最繁华的城市。

登极六年才摆脱祖母控制的汉武帝，年轻气盛，决定北征匈奴，南讨闽越，同时收拾西南夷。他在军事上节节胜利，将帝国疆域扩展到秦帝国的一倍以上，代价也是沉重的，非但耗尽国库资源，还激怒了底层民众，迫使他在临终前两年下诏承认穷兵黩武错了。"当今务在禁苛暴，止擅赋，力本农，修马复令，以补缺，毋乏武备而已。"（见《汉书·西域传下》）这就是著名的《轮台罪己诏》。从秦始皇以后，到这时已历两朝八君一百三十二年，而作为皇帝下诏罪己，公开承认自己推行数十年的一项基本政策，效应是祸国殃民，这要算破题第一遭。

其实，汉武帝不断为开疆拓土而发动战争，也如同时代稍后的恺撒及其继承者以军事征服建立起巨大的罗马帝国一样，把中国相互隔绝并总在争斗的不同族群，统一到文明先进的中央政权的管理体系之中，历史作用并非只是负面的。这也正像汉武帝根据公孙弘的建议，做出由五经博士实施候补文官教育的决策，在将官僚制度变作意识形态控制工具的同时，对于帝国文官整体的道德文化素质的提升也有促进作用，至少那以后的郡县官员不再出现文盲，颇有自己守法又通过办学以教育促安宁的能吏。

倒是汉武帝晚年的"罪己"诏所回避的三点，也就是导致帝国走下坡路的主要罪过，无论当时还是后世，都起着恶劣影响，即皇帝率先聚敛财富、破坏法制和任人唯亲。

除了连年征伐"四夷"、安置流民等所需的庞大经费，汉武帝个人建筑宫室、外出巡游和封禅求仙，奢华程度都胜过秦始皇。因而他亲政不过十多年，便将父祖积累的财富挥霍一空。元狩四年（公元前一一九年），天灾人祸造成的关东流民多达七十余万，乃至人吃人，各地不断出现暴动，严重威胁帝国稳定。这时汉武帝及其政府，采取的对策，一是造皮币，二是造假钱，三是搞专卖。

"是时禁苑有白鹿，而少府多银锡。"（见《史记·平准书》）禁苑即上林苑，是汉武帝圈占首都长安附近土地设置的私人猎场。少府即管理皇帝私有财产的机构，控制全国森林矿藏荒地和湖海水产资源提供的税收。汉武帝命其管家，将上林苑内的白鹿剥皮分割，强迫诸侯出资购买小块鹿皮，抵充他们按等级向皇帝贡献的年金。据《史记》《汉书》，一块长宽各一尺的白鹿皮币，价值制钱四十万。同样，汉初行铜钱，大致以铜七锡三比例合成的青铜合金，以每斤十六两计，可铸一枚当百的制钱六千文。而汉武帝的少府，在锡中掺入微量白金及纯银，铸半两钱，就当原行铜钱三千文，而重仅其十分之一的龟钱，也当铜钱三百文。如此通货膨胀，所赢实利，更多于皮币，却都归于皇帝的私人财库。这两项榨出的民脂民膏，绝大部分化作皇帝及其后妃子女外戚奢侈淫乱的生活资源。

因而，汉武帝面临国库空虚，很快打商人的主意，也不奇怪。汉初的权贵，大都出身于农村和小城市底层的流氓，对似乎以投机取巧取富的商人，因妒致恨。这由汉高祖将商人列为四民之末，"重租税以困辱之"（见《史记·平准书》），可见一斑。但随着帝国一统，不同地区的物资交流日趋活跃，首都长安更是工商业重心。汉代重农抑商的国策，早就变成皇帝扶植皇商，通过盐铁专卖等政策，垄断生产生活的资源以聚敛财富，由此引发自上而下的贪污搜刮风气普遍化，也造成贵族官吏骄奢淫逸风气不可收拾。这在司马迁的《平准书》《封禅书》与《货殖列传》里的历史描述中，有生动确切的反映。

有趣的是《史记》的一项质疑，说孔子怎么生前到处碰壁，死后却声价暴涨。据司马迁说，那秘密就在孔子七十七名高足之中的卫国商人子贡。子贡不仅认可孔子的"学"，更认可孔子的"术"。我曾指出中世纪中国的儒学史，特色是"学随术变"，而以术导学，也就是标榜承袭师说，但在现实生活中与时俱变，为个人和宗派谋取名誉、权力和财富，那先驱应称子贡。

据《论语》《史记》，子贡入孔门，位列言语科即外交学科的次席学长，排名宰予之后。但在孔子晚年，他的学问才具，越来越受孔子赏识，不仅供养老师，还给老师送终。司马迁的《货殖列传》首先称道曾助越王勾践复仇称霸的谋士范蠡。他功成身退，隐名经商，十九年中"三致千金"。这位陶朱公，便是子贡的前辈。区别是范蠡先从政后经商，子贡则先是商学两栖，继而通过抬高孔子以抬高自己，因而在孔子死后，游说诸侯，"所至，国君无不分庭与之抗礼"。但他无论从政经商乃至治国，都归功于孔子教导，"夫使孔子名布扬于天下者，子贡先后之也"。由于子贡因财得势，顽强地宣传孔子继周公而优入圣域，孔子也因此"得势而益彰"，终于到汉武帝"罢黜百家"，在文教领域内成为"独圣"。假如从这个角度考察孔子死后的"儒术独尊"史，或可更合历史实相。

## 六经效应都有负面

想方设法促使"天下无异意"，可说是中世纪列朝的君主或僭主的共同追求。据说，汉武帝比秦始皇高明，他选择了定儒学为国教，用利禄引诱人民只读孔子儒家的经书，于是实现了思想统一。

这说法不合历史实相。"儒学"早在孔子死后便出现分裂，战国的孟轲、荀况，谁是孔门正宗？叔孙通、董仲舒在汉代都称"儒宗"，都自命"知当世要务"，谁的一套可称"国教"？汉武帝是否"独尊儒术"，古往今来有争论，但他感兴趣的是儒术或称经术，而非儒学或称经学，他更把儒术或经术当作文饰自己措施的手段，好比给衣襟缝上花边，这岂非汉代学者已揭露的史实？

不宁唯是。说到汉代经学，二十世纪初叶的皮锡瑞、周予同，早由经典传授和诠释的角度，系统揭示它内部有今文学和古文学两大派。即使同一种经典，在同一学派内部的文本依据和意义理解也很不相同，并且争立博士。那当然意味着经学家们的利益纷争，竞相挤占"禄利之路"的优先权。利益纷争也有调适。五经博士大多只守住一种经典及其师传的解说，在与时俱变的政治中要求某个侧面表现"致用"的专长，形成经术实践的分工，如皮锡瑞描述的："以《禹贡》治河，以《洪范》察变，以《春秋》决狱，以三百五篇当谏书，治一经得一经之益也。"（见皮锡瑞《经学历史》，中华书局1959年版，页90）

不过"通经致用"，前提是经书的文本确定，而秦始皇制定的"挟书律"到汉惠帝初才明令废除，三十年里图书受到巨大损失。号称孔子晚年编定的五经，除了《周易》，无不仅存断简残篇，在解禁后流传的文本，主要是秦朝统一文字后的"今文"抄本。这些抄本由不同地区的经师传授，文字和解读有差异是不奇怪的，况且民间还不断发现周秦以前不同古文书写的篇章。汉武帝政府的策略，是今文经传内容大同小异的都立博士，如《诗》博士就并立三家，同一经典而"传"大异的，如《春秋》的今文传有公羊、穀梁二家，便由皇帝裁决《公羊春秋》更合"儒术"。因而汉武帝时代的官方经学，已形成"学随术变"的传统。再历二帝，到汉宣帝时代，一种经由不同的博士官解说，成为常态。当时五经博士有十二家，连同未立博士，但成皇家和权贵子弟必修的《论语》《孝经》，情形更混杂。这时结集的《礼记》，内有《经解》篇，也不得不在讴歌"六经"精华的同时，承认过度诠释都有必至之弊："故《诗》之失，愚；《书》之失，诬；《乐》之失，奢；《易》之失，贼；《礼》之失，烦；《春秋》之失，乱。"（见《礼记·经解》）

## 官天下呢，还是家天下？

不过"学随术变"走向反面的危险，更在于比附现实而穿凿经义，导出否定现存社会政治秩序的推论。比如董仲舒背离孔子不讲"性与天道"的遗训，暗袭阴阳家的五行生克说，推论"天人感应"，用自然的或人为的灾异来预测人事吉凶。有回辽东的高祖庙失火，董仲舒推测天意，以为那是上天不满汉武帝的政教尚未"大公至公"。不料他的一名弟子奉诏对此文盲审，竟判作"下愚"，害得其师差点被杀头。他的再传弟子睦弘，在汉昭帝初得知泰山有大石自立，昌邑有枯木复生，上林苑有倒地的断柳再立，便据董仲舒的《春秋》论上书说，这都是"革命"的预兆，建议汉帝求贤，实行"禅让"，结果被大将军霍光斥为妖言惑众而处死。然后汉宣帝在摆脱霍光控制之后，也不再假冒为善，重用宦官外戚，有个"明经"出身的司隶校尉即首都治安长官盖宽饶，被宣帝岳父率权贵学沐猴与狗斗的行为激怒，上书皇帝指斥"圣道浸废，儒术不行，以刑余为周、召，以法律为《诗》《书》"，接着竟说"五帝官天下，三王家天下，家以传子，官以传贤，若四时之运，功成者去，不得其人，则不居其位"。这是明白声称，"今上"德行已经失去做皇帝的资格，应该恢复黄帝至尧舜的"官天下"传统，让贤给真能实行"圣道"的人物。不必说这又是连孔子也忌讳的"禅让"说。盖宽饶也下狱自杀。（见《汉书·盖诸葛刘郑孙毋将何传》）

# "党同门，妒道真"

由《汉书》的《五行志》，可知最好以天文说人文的经学家有两类，一是《春秋》学家，二是《周易》学家。

《春秋》在汉代都附传而行。据说西汉二百一十四年，这部经书有五种传，两种无书，相继通行的三传，分别是董仲舒解说的《公羊春秋》，刘向宣传的《穀梁春秋》，以及刘歆力倡的《左氏春秋》。汉宣帝为了给在"巫蛊"案中被废的祖父戾太子平反，用了十多年培训一批《穀梁春秋》学者，终于在死前一年召开石渠阁经学会议，自任总裁判，将《春秋》的《穀梁传》与《公羊传》并立学官，也使作为帝国法典的《春秋》的权威诠释，穀梁学胜过公羊学。二传都是今文经，不想时过元、成二代四十多年，都变得同样僵化。

汉成帝末刘歆随父刘向整理宫廷藏书，从中发现古文写本的《左氏春秋》，他认定这是汉初张苍、贾谊和司马迁都钻研过的左丘明为孔子《春秋》所作的历史解说，胜过《公》《穀》二传，要求汉哀帝立于学官。初由藩王入继帝位的汉哀帝，不能做主，要求博士官讨论。岂知博士官拒绝与刘歆对话，宣称"左氏不传《春秋》"。愤怒的刘歆"移让太常博士"，公开指责他们"党同门，妒道真"（见《汉书·楚元王传》）。这惹恼了博士弟子员出身的元老重臣，他们迫使刘歆自请流放。由于哀帝死后，王莽僭夺政权，任用旧友刘歆为国师公，并在建立新朝后于学官广立包括《左传》在内的古文经传。于是当年刘歆争立《左传》也被指作替王莽篡汉造舆论，而刘歆整理的《春秋左氏传》也被指作"伪经"。尽管东汉以后的中世纪列朝，学者解释《春秋》都离不开《左传》提供的历史背景，但二者的相关度总纠葛不清。

晚清嘉庆朝形成的常州今文学派，钟情于东汉晚期何休《公羊解诂》的"非常异议可怪之论"，重申《左传》乃刘歆伪造说。经过好奇的四川学者廖平，到不择手段"托古改制"，相继发表《新学伪经考》《孔子改制考》和《春秋董氏学》的康有为，以致习非成是。顾颉刚编辑的《古史辨》，就是显例。

## 离奇的周公崇拜

伴随汉武帝"独尊儒术"出现的独特人文现象，便是周公崇拜。

据《论语》，孔子生前想在东方复兴周礼，期待"得君行道"，理想的政治楷模，即为周公。相传由孔子删订，而在汉初由曾任秦博士的伏胜传授的《今文尚书》二十八篇，据说其中出自周公的作品，占三分之一以上。另外相传也由孔子编定的《诗经》，歌颂周公的篇章同样不少。司马迁在汉武帝时代给周公及其子孙写的《鲁世家》，就据《诗》《书》的传说描绘过姓姬名旦的这位第一代周公的功业，说他是其兄周武王灭殷的主要辅佐，在武王死后担任年幼的周成王的保护人，曾背负成王以天子名义处理国政七年，中间讨平了他的三个弟弟伙同殷朝遗民发动的武装叛乱，然后还政成王，甘居臣位。听信流言的成王却误会他有篡位野心，迫使他逃亡。幸好他在武王病重时请求祖先允己代死的誓词《金縢》被成王发现，于是迎他回朝，再立新功。他是鲁国诸侯的鼻祖，被孔子钦仰到梦魂萦绕的程度，以致孔子晚年竟将自己很久没有梦见周公，当作将死的朕兆。

时至战国，除了自称儒家又互相对立的孟轲、荀况两派仍然提及周公并称作先圣以外，道、墨、名、法、阴阳诸家，或不提或偶然说及周公。因此在汉武帝实行意识形态为我所用而表彰六经之后，周公的身价陡涨，便引人注目。

如前所述，汉武帝对挂在孔子名下的经学不感兴趣，仅欣赏公孙弘、董仲舒们"以经术缘饰吏治"。他接受公孙弘为五经博士设弟子员的建议，没有料到此举意味着秩仅六百石的博士官，竟成培训未来的二千石乃至位列三公九卿的文官的温床。

不过十八世纪以来，经史考证学者在注意汉武帝阳儒阴法或者儒法互补的文治策略的同时，很少有人重视他是首倡周公乃至圣的作俑者。

汉武帝尊周公与他备受立储问题困扰有直接联系。汉朝沿袭周秦旧制，实行嫡长子继承制。皇后无子固然是被废的理由，有子而失宠也存在被皇帝宠妾"夺嫡"的危险，即《公羊春秋》所概括的"子以母贵，母以子贵"。汉武帝与太子闹到兵戎相见，一个重要原因就是太子生母卫皇后年老色衰爱弛，才使皇帝宠臣江充敢于诬陷他们母子用巫术谋害皇帝。而汉武帝决定立幼子，又唯恐"母以子贵"，导致他的曾祖母吕后、祖母窦太后专制国柄的先例再现，于是迫使钩弋夫人自杀，却又立刻面临将年方七岁的幼子托付给谁保护的难题。

这时汉武帝记起了孔子仰慕的周公。还在处死钩弋夫人之前，他就命内侍画了一幅"周公负成王"的图像，赐给紧跟他二十多年的侍卫长霍光，同时任命一名原匈奴王子和一名掌书记的文学侍从，组成顾命大臣班子，临终嘱咐霍光："立少子，君行周公之事。"（见《汉书·霍光金日磾传》）

在汉武帝的本意，霍光位卑又忠心，必能守护刘家天下。岂知霍光不是周公，一做大司马大将军，就接连清洗汉武帝晚年执法理财的重臣，成为以军权控制政权的僭主，又放纵妻儿女婿弄权聚财，使霍氏家族变成最大的暴发户。汉昭帝早逝无子，使这位大将军于公元前七四年夏秋间两个月中连创废一帝又立一帝的纪录。他新立的汉宣帝，是自幼受巫蛊案株连而沦落民间的汉武帝曾孙，没有本家宗室外戚作后援，而霍光夫妇谋杀宣帝原配妻子，将自己女儿立为皇后，又创汉代外戚专权的先例。直到宣帝即位第七年（公元前六七年），霍光专政已近二十年，远超过《尚书》所说的周公代理天子的七年。

在霍光家族权势最盛的时候，就有民人向宣帝上书，要防范霍氏"生变"。果然霍光死后，其子霍禹继任大司马，却不兼大将军，与他的母弟妹婿谋废宣帝，不料被宣帝各个击破，终于灭族。

## 周公幽灵挥之不去

显然吃了当代周公之苦，汉宣帝对儒术也生反感，说是"汉家自古有制度，本以霸王道杂之"（见《汉书·元帝纪》）。然而他的统治表明，所谓霸道加王道，无非"儒表法里"，还是汉武帝"用经术缘饰吏治"的帝王术。事实上，他的圣君楷模，正是汉武帝，他包括车服仪仗都要学曾祖父。他企图抑制外戚，却重用宦官，以致宫廷的中书令权力膨胀，几乎压倒执政的丞相和御史大夫。到他的无能又多疑的继君汉元帝时期，宦官和外朝大臣的恶斗，反而又给外戚专权提供了可乘之机。

由于汉宣帝在民间所受教育，主要是汉武帝时代作为郎官（禁卫军官）和低级官吏的文化教材的《论语》《孝经》，因而他规定皇子皇孙都要读这两种儒书。效应之一，便是《论语》所记孔子仰慕周公，而《孝经》所谓"孝莫大于严父，严父莫大于配天，则周公其人也"，在汉元帝以后，又都成为文臣常引的经典。就是说，汉宣帝想遏阻霍光故事重演，而他选用的皇室和官员的必读教材，恰又盛称周公是敬天法祖的至圣。所以，不过两代，他的皇长孙汉成帝即位，尊其母王政君为皇太后，因示孝而顺母，任命舅父王凤为大将军，自己则沉湎酒色，更好微服外出冶游。于是霍光故事不仅重演，还因为太后兄弟众多，闹成大将军变成王氏兄弟的世袭专职。连同王政君欣赏的亲侄王莽，于成帝在位二十六年里，王氏家族共有五人任大将军，也就是连出了五个周公。

汉成帝死（公元前七年），他生前奉母命立为皇太子的侄子汉哀帝即位，王莽奉姑母即已晋太皇太后的王政君命，避嫌辞位。这个过程中断。但因汉哀帝在位仅六年就病死，王政君再度临朝听政，立即召回王莽复任大将军。这回王莽索性自称当代周公，比照《尚书》所述周公辅成王而代理天子的程序，亦步亦趋。当然也有两点改进，一是伪造天帝降下的符命（刻在金石上的文字），指示王莽应该代汉为新帝，二是发动臣民联名上书劝进，请求已封安汉公的大将军上升一步，由摄皇帝而做真皇帝，据说签名群众有数十万之多。孔子创制的五经不是说天意即民意吗？传遍朝野的孔子得天启所作预言，不是说汉运当终、新朝当兴吗？安汉公岂能拘泥周公先例，不顺应天心民心，不使皇帝名义由假而真呢？这样，王莽就由"居摄"而"始建国"了。国名由汉改新，表征"一元复始，万象更新"。

新朝仅一世而亡，虽然不比二世而亡的秦帝国更短命，但因王莽背负着篡位者的恶名，即使号称马列主义指导的中国历史首出著作的范文澜《中国通史简编》，也将它说成两汉王朝间的过渡政权。

不过王莽自称周公，做皇帝由假即真，比周公走得更远，那历史影响不可小觑。因为王莽创建的新朝，政经文教体制大幅度变革，尽管王莽爱好"正名",他的众多改革限于形式,似乎只重名而不责实。

王莽借周公名义实现改朝换代,影响长达六百年。直到唐太宗改造国子学体制,为了杜绝太学生把周公当作合法改朝换代的圣王典范,将周公逐出国子监的圣堂。那以后孔子梦魂萦绕的周公,便由汉晋间"周孔之道"的主角,被取消支配意识形态的表征地位。接替它的,是作为唐宋间经学更新运动表征的"孔颜之道",及伴随王安石变法登场并迄今尚未退场的"孔孟之道"。当然这都不属于本篇的考察范围。

2007 年 8 月初稿,2009 年 6 月修改

**编者附言:**

本文由朱老师夫人王桂芬发现、誊录并提供,李天纲据原稿做了核对和校订。初稿作于 2007 年 8 月,2009 年 6 月又有修改,这里发表的是修改稿。朱老师晚年一直想在复旦大学出版社出版的《中国经学史十讲》之外,写一部系统的《中国经学史》。"帝制中国初期的儒术"是朱老师自拟的题目,他对秦汉经学史做了一个概述,应是《中国经学史》中的一章。

《帝制中国初期的儒术》紧扣秦皇、汉武等帝王欲使"天下无异议",借助文士、方士缘饰经典,建立帝制的议题,揭示了"经随术变"的儒家性格,以及用"微言大义"迎合时政的儒学秉性。朱老师用娴熟的考据方法,扼要地勾勒出秦汉时期儒学被确立为官学的曲折过程。经此梳理,经学博士身上的"儒表法里"、"儒表道里"扭曲特征暴露无遗。全文读来,兴味盎然,富有启发。

朱老师晚年密切关注儒学在中国当代社会可能有的命运,曾说如有

什么戏剧性的转变，也不会出乎他的所料。从本文中可以看出，他最担心的，仍然是儒家"经随术变"的老毛病，最不能释怀的，也就是"天下无异议"的老问题。朱老师写文章不惮修改，书囊中有很多未完旧稿。稍遇空隙，或有约稿，更或是灵感神来，都会检出来重写一番，新稿替旧稿。这一份稿子的内容，复旦大学听他讲授"经学史"的学生耳熟能详，但此番的修改稿仍然没有发表，表明他还想修改下去。朱老师去世已经两年了，这份不能修改的旧稿，终要提供给各界参考，在此特别感谢《东方早报》的全文发表。

以上为 2014 年 10 月 19 日和 26 日、11 月 2 日《东方早报·上海书评》版刊登本文时编者所写的"整理者附注"。移植于此，代编者附言。又，本书的集结并不是朱老师的原意，是我们根据遗稿的状况编订的文集。整个文集收录的是中国经学史、中国史学史之外的文章，把这些"杂稿"结集却是朱老师临终托付的意思。集在这里的文章，论述秦汉之际一系列重要人物与儒术转变的关系，因本书书名阙如，遂以本文篇名"帝制中国初期的儒术"题之，颇觉谛当。

# 从秦到汉：始皇帝、汉高祖和曹参与儒术转型的故事

## 一 统一的开端

### 1

公元前二二一年，中国西部的黄土地上的一名诸侯，在持续已达二百五十年，使人民精疲力竭的列国兼并战争中，成了最后的大赢家，"兼有天下"。

那时的"天下"也真小。这个君主获得的统治空间，只是黄河与长江两大水系的中下游流域，面积还不及今日中国的二分之一。

可是，此人却宣称，凡是人迹所至的地方，没有不臣服于他的，就是说他已征服了全人类。

这个愚昧而夸诞的念头，使此人如此飘飘然，以致使他认定：他已给天下带来了永久和平，而人民为了感激他的不朽功勋，必须永久服从他和他的子孙后裔的统治，从一世服从到万世，乃至无穷世。

所以，在征求他的大臣和顾问们如何替自己树立丰碑的意见之后，他决定自称"始皇帝"。他作的决定称为"制"，他下的批示称为"诏"，他称自己叫作"朕"，并且规定在他死后也不许可臣子评估他生前的行为。

古代中国，人们习惯把三十年唤作"一世"。假如此人的愿望得逞，

那么他的帝国，起码延续三十万年。

谢天谢地！世界上还有一条法则，所谓历史不以人的主观意志为转移。要不然，时至二十世纪八十年代，中国人民仍然可能在受秦七十多世的统治。

此人氏嬴，名政，是第六代秦王。

## 2

嬴政的祖先，相传是那个喜欢游荡的周穆王的驾车奴隶，后来成为养马的世家，被西周王室封为附庸。出身奴隶，渐成贵族，血统既高贵又纯正。

不幸，嬴政本人血统的纯洁性，早已受到怀疑。

怎么回事？原来嬴政的生母，本是赵国大商人吕不韦的宠姬。她被吕不韦献给嬴政之父，即后来的第五代秦王时，据说已经怀孕。因而，嬴政是否应该氏吕，在他十三岁继位那时，便是宫廷密语的话题。

这个少年诸侯，想必已听到关于自己非王族血统的种种传言。可能由于他的生母耽于自身欢乐的缘故，他自幼便营养不良，导致发育不良。长成后，翘鼻子，细眼睛，凹肩凸胸，嘶声嘎音，形象丑恶。自惭形秽，骤登王位，他越发显出心理学所谓受虐狂兼施虐狂的双重人格。

公元前二三八年，此人刚举行过成年礼，作为"亲政"的头一件措施，便是处死了他母亲的情夫，次年便罢斥了可能是他生父的相国吕不韦，并且把到秦国谋求前程的外国专家，统统作为于己有害的政客加以驱逐。他下令在秦国全境对此类人加以搜捕，称为"大索"，造成从他的六世祖秦孝公死后百余年从未有过的恐怖气氛。

幸而那时的秦王政才二十二岁。年轻人容易冲动，也尚无定见。所以，一个在驱逐之列的外国年轻政治家李斯，在逃亡途中给他写了一封信，即有名的《谏逐客书》，规劝他此举将严重妨害秦国的统一"天下"事业，居然引起他的倾听，使他急忙下令改正自己的决策错误。否则，十六年以后，"拜一海内"的王者，肯定不是嬴氏。

3

至今没有研究秦始皇的文化心态的专门论著。

不屑于研究呢，还是不敢研究？远的不知，就近的说，恐怕后一因素居多。

问题是秦始皇的心态，早已由个性而至共性。在秦始皇的晚年，观看过他出巡的盛大仪式的两个人，便引起了大不敬的念头。

楚国旧贵族的后裔项羽说："彼可取而代也。"

楚地的魏国移民后裔刘邦说："嗟乎！大丈夫当如此也。"

六国贵族的后代，在秦帝国属于"专政对象"。项羽已是无业游民。刘邦从小游手好闲，自认是无赖，那时在做亭长，犹如后世的保长，是秦帝国最低级的小吏。他们的本人成分，都应该算作古典的流氓无产者。

这班卑微的小人物，居然不把皇帝看作神之子，以为凡是人之子都可充当。这种心态，就是中世纪中国始终存在的"权力再分配"意识的映照，所谓"皇帝轮流做，明年到我家"。

它其实也是秦始皇同一心态的反面映照。秦始皇不就是权力的暴发户吗？一个落后国家的普通诸侯，靠着以劫掠做奖赏的武装力量，征服了文明先进的东方各国，却自命为救世主，再三宣称自己功过三皇勋盖五帝，特创"始皇帝"之名来自颂自赞。这岂非出于与刘邦、项羽同样的心理？

对于这个权力暴发户，人们早就投以鄙夷的眼光。楚国故地便流传着一种预言："楚虽三户，亡秦必楚。"果然，他称"始皇帝"十三年后，暴死于途。尸骨未寒，便从楚地开始，发生了迅速蔓延至全帝国的反秦暴动。

首倡暴动的竟是两名农村雇工，陈胜和吴广。不消说，项羽和刘邦，立即投身于暴动者行列，并很快成为反秦联军的领袖人物。不过三年，秦帝国便从历史上消失了，它的皇帝位号只传了二世。

本书作者不拟讨论秦始皇"统一"六国的客观效应，也不想讨论秦王朝何以二世而亡等问题。但陈胜在鼓动他率领的那群苦工起来反抗时，说的一句话，在我以为是很有趣的。那句话极有名："王侯将相，宁有种乎！"这就证明，依仗血统联系来证成统治权力正当性的意识，甚至在不识字的底层农民中间，也遭到了否定。

因而，秦始皇的文化心态，不仅是他个人的，不仅是他所代表的统治阶级的，在某种程度上也体现着中世纪的权力意识。

## 4

最早替秦始皇作传记的司马迁，显然不同情此人，但他面对的西汉帝国的皇帝们，都以秦朝制度的继承者自居，这就使他在作传或写及秦朝历史时，保持审慎的态度，在材料上可挑剔的错误很少。

根据司马迁的记录，我们可以判断，这个始皇帝心态大成问题，借用弗罗姆（Erich Fromm）的说法，就是兼具施虐狂与受虐狂的分裂性格。

前面提到嬴政行过成年礼，便首先打击生母和可能的生父的事件。

他杀掉母亲的情妇，尚可理解，因为这人利用与太后的特殊关系，权势日隆，已成为僭主，不杀此人，他便不成为名副其实的秦王，虽然杀的理由颇可疑。但他同时把两名年仅数岁的异父幼弟抓来，装入囊中扑杀，便无法用权力欲解释，只好说是自感长期受生母轻视，而产生受虐待感的一种冲动性报复。

他罢免相国吕不韦，并非因为吕有窃国野心，而是感觉他受制于母亲及其情夫，乃出于当初吕为那两人撮合的缘故，可说是受虐狂报复的延续。但当他看到外国诸侯都派遣使者，替吕不韦求情，便感到吕不韦对他的独裁野心是个潜在威胁，因而不顾分明的事实，公然当众撒谎，责问这位"仲父"："君何功于秦？……君何亲于秦？"将吕不韦流放，迫使其服毒自杀。（见《史记·吕不韦列传》）

他还不罢休。由于吕不韦是客卿，而处置吕不韦又受到国外舆论的普遍反对，于是他疑心所有在秦国的外国游士都别有用心，下令全国大搜捕，凡外国人都驱逐出境。如前所说，幸而这道命令又收回了。

当时已有人觉察到这个秦王政的分裂性格。

有位从魏国来的谋士尉缭，在秦王收回逐客令后，给秦王出了一个主意，怎样用金钱力量离间其他诸侯。秦王很欣赏，立刻待他分外谦恭。被吓坏了的尉缭，后来分析说，秦王的长相表明，此人"少恩而虎狼心，居约易出人下，得志亦轻食人。我布衣，然见我常身自下我。诚使秦王得志于天下，天下皆为虏矣"（见《史记·秦始皇本纪》）。

尉缭的结论出人意表，但有道理。

那时的秦王政，通过对亲族进行残酷处置，昔日受制于人引起的屈辱感、羞耻感，已获得补偿，并尝到了权柄独断而能施虐于人的快意。但他显然不满足，他的权力还限于一国，在他对相国施虐时用外交手段对他施加压力的那些诸侯尚未受到报复。因而，谁能帮他打击乃至消灭这些对头的人士，他都要利用，要利用必须令其甘愿效劳，要令其甘愿效劳必须令其自感无比重要，令其自感重要的方法，还有比受到王者的尊崇更好的么？不幸尉缭太聪明，从他过度谦卑中，看出了自己的可怕前景，又由自己的可怕前景想到了天下之人的可怕前景，那就是统统成为这个独裁者的奴隶。但尉缭虽聪明，却没有逃出此人的掌心。秦王发现他想逃出秦国，便将他软禁起来。

历史证明了尉缭的预见。十六年后，秦王政变成秦始皇帝。他的一系列"巩固统一"的措施，长期效应且不论，然而在他的独裁统治下，"天下皆为虏矣"，则已不折不扣地应验了。别的不说，单为他生前死后的个人享受，修阿房宫，修骊山墓，征发的无偿劳动力便不计其数。仅修他的陵墓，便征发了七十万名男性壮劳力。那时秦帝国全境人口，据推算才一千三百余万，除掉老弱妇孺，男性青壮年至多三四百万，其中五分之一被迫前往陕西服劳役，况且还有守卫长城之类戍边兵役。就是说，全国至少有半数家庭被这种无休无止的徭役劳动，搅得没法安生。

很长时间，人们难以相信司马迁的《秦始皇本纪》提供的数字。对付北方胡人发兵三十万，营造阿房宫用罪人七十万，修骊山墓又用劳动力七十余万，还有修长城、筑驰道，每种工程用人力不会少于七十万。即使不计也是徭役的一种的军队，以上诸役合计用男劳力不下二百五十万。这可能吗？陕西秦兵马俑坑的发现，使怀疑者语塞了。那仅是秦始皇陵墓的一角，然而工程用人至少上十万，谁还能说历史学家司马迁夸张不实？

原先有渴求权威野心而困顿不得志的人物，曾经在人前表现得那样谦卑的人物，一旦获取权力，尤其是除了"神意"就无从制衡的独裁权力，那时他的受虐狂转化为施虐狂，将给人民带来多么巨大而深重的灾难，从秦始皇可见一斑。

在秦始皇以后，被一些人所称道的那些帝王，汉武帝、唐太宗、宋太祖、元太祖，乃至后来的明太祖、明成祖、清世宗、清高宗，曾给中世纪的中国人民带来什么，不是可用"余类推"三字说明吗？

## 5

倘说，中国的中世纪，始于秦始皇"统一"，终于清朝皇帝被辛亥革命逼成紫禁城的囚徒，那异议或许很少。

说异议很少，不是没有。多年来，我们的史学界，习惯于将一八四〇年中英鸦片战争看作中国中世纪终结的标志。如果不坚持这个分界线，而用清王朝覆灭作分野，同样会引起非议，就是三十年前已有人提出的打破王朝史界限的说法。但历史已证明，此说也非学术研究本身的逻辑结论，我们当然可以仅将其视作一种参考意见。

于是，本书只想讨论作者所相信的历史事实。

# 二 安宁术及其效应

## 1

秦王嬴政自封始皇帝，睥睨古今，堪称天下莫予毒。可惜还有一个破绽。原先四分五裂的诸侯国，尽管都已变成过去的地理概念，那里的社会依然动荡不宁，咋办？

方针本已确定，就是"急法"。事皆取决于"法"，凡冒犯禁纲者，不管有心无意，一体严惩，从重从快，概不宽赦。意向似乎不错，连皇帝本人都怕死，派出方士四处求仙，乞讨"不死之药"，那么用大量杀人示儆，谁敢不战栗屏息，服从皇帝的无限权威？

不幸老子早就名言："民不畏死，奈何以死惧之！"（见《老子》第七十四章）这位先知，是皇帝的精神导师韩非极其佩服的，其言岂不被皇帝所知？况且那些"黑脑袋"——皇帝这年（公元前二二一年）昭告全国"更名民曰黔首"——也真多，杀不完的。再说，即使能杀完，谁来纳租服役，养活皇帝和他的家族、他的军队、他的臣仆呢？

这个始皇帝，其实色厉内荏，心理极其懦弱。一如既往，面对统治术的重大难题，要他拿出除杀人外别的主意，他就困惑不已了。虽然这年他已年届不惑，并且把韩子书读得滚瓜烂熟。

懦弱驱使始皇帝自食其言，不顾刚发布不许臣下"子议父，臣议君"的禁令，转而向文武大臣们求教，欲使天下安宁，该用何术？

这也是发扬民主，虽则只限于他那个由极少数极少数元老重臣构成的显贵圈层。

身任总理大臣的丞相，理应带头奉旨说话。此人看来过分庸懦，竟然建议皇帝仿效周文王、周武王的先例而略加修正，即封皇子们做诸侯王，分赴六国故地坐镇。

这主意好像不坏。皇帝的儿子们，当然倾向父亲，用他们组成血缘政治网络，好比一张蛛网受到一群小蜘蛛拱卫，网心有任何动弹，它们都会主动爬来。

始皇帝喜欢这主意吗？我们不知道。我们只知道他召集御前会议，命令群臣讨论此建议。讨论结果，所有大臣都表态赞成丞相的意见，唯有一人反对。

此人就是廷尉李斯，政府的第三号人物。

李斯的反对理由，说是血缘越远越疏，因而周初的先例，不足为据。

这理由也不错。譬如孔子，他的儿子孔鲤，血统便只有孔子的二分之一；到孙子孔伋即子思，就剩下四分之一。以此类推，到七十代孙——假定仍属纯种，身上还剩有孔子的多少血统呢？比例应为，一一八零五九一六二零七一七四一一三零三四二四分之一。那分母真是个天文数字。

照此计算，如果秦朝的君位传承，也像周朝一样延续八百年，算作二十四世吧，那么这个秦二十四世尚存的始皇帝血统，比例不过八百三十八万八千六百零八分之一。他和他的同姓诸侯王，血缘联系的疏离程度，便可想见。

所以，李斯以为，指望靠血缘联系使诸侯王与皇帝同仇敌忾，是靠不住的，前鉴也在周朝，"诸侯更相诛伐，周天子弗能禁止"（见《史记·秦始皇本纪》）。

以此论证"封建"必至之弊固然不确，但这理由却使皇帝动心。不是吗？他为了权力曾在家族内部火并。倘若生身父母都信不过，怎能相信自己的子弟不会追步自己的后尘，一朝权在手，便起叛逆心？

李斯自然不限于否定，他还提出了建议："天下无异意，则安宁之术也。"

正合孤意。始皇帝裁决了，理由也很充足："天下共苦战斗不休，以有侯王。赖宗庙，天下初定，又复立国，是树兵也，而求其宁息，岂不难哉！廷尉议是。"（见《史记·秦始皇本纪》）

是谁连年兴兵，侵吞别国，杀人屠城，将天下人民推入"共苦战斗不休"的浩劫中呢？不是别人，正是他自己。如今他反做出悲天悯人的姿态，把灾难归因于有诸侯王，真是施虐狂的独特逻辑。

妙在他否定"立国"议，还拿服从祖宗灵示做理由。但大臣们提出此议，不正是为他家的宗庙常保血食着想么？可见他怕的不是"立国"，而是"树兵"。他深知自己的权力靠屠刀支持，因而他绝不容忍刀把子被别人掌握，即使是他的亲子。


## 2

历史仿佛有意替秦始皇的英明决策作证。二十年后，那个垂涎"大丈夫"始皇帝权威的亭长刘邦，真的爬上了皇帝的宝座。在这之前，为孤立强劲的对手项羽起见，他承认并新封了一批拥兵自重的异姓诸侯王。在这以后，他一方面照搬秦始皇的做法，立即转身消灭异姓诸侯王，一方面又拾起了被秦始皇否定的那个"立国"议，大封同姓诸侯王。结果他死后不到五十年，那班分封各地称王道孤的刘氏无赖儿郎，便联合发动武装叛乱，险些瓦解了汉帝国。

于是，自汉至清，除了某些例外，所谓"封建"，如周初的封邦建国那样的"安宁术"，再也没有哪个帝国开创者敢于轻试了。人们无不称道"废分封"的好处，虽然其中多半仍然认定秦始皇是暴君。

废除分邦建国制度，并非始皇帝的发明。那结果，是每个王朝都追求实现高度的中央集权的统治。在中世纪，中央集权的逻辑归宿，必定是皇帝个人说了算，由此引发无穷的纷哎。庸懦的、无能的、懒惰的、沉湎酒色的，甚或不忍施虐的那些皇帝，固然依此逻辑被非议乃至受谴责。强悍的、精明的、独断专行的、权力欲旺盛之至的那些皇帝呢？他们大权独揽，强行使一切人服从一个人的意志，难道不是制造恐怖政治，而同样要被非议乃至受谴责么？

于是，秦始皇的决策是否英明，至今仍属疑问。我并不想加入这场辩论。我只想讨论被秦始皇裁决为正确的另一个"安宁术"，究竟有没有给中国带来安宁。

## 3

被精炼成"天下无异意"这五个汉字的这个安宁术，倘若引证历史详加诠释，可以写成多卷本的一部巨著，但我只想写一部给读者消闲解闷的小书，所以只想取其精华，以为可提炼成一句话：坚定而无条件地与皇帝保持一致。

这显然是个太困难的任务。

人人都长着一颗脑袋，脑袋里盛着大脑，这东西的主要功能就是思考。

头脑的这种功能，虽被我们的古人莫名其妙地移植给心脏，如孟子所说"心之官则思"之类（见《孟子·告子上》），在实际生活中却没有被误解。那些治人者都以为，消灭异端思想，最便捷的手段，就是把装着它们的脑袋割掉，或者用开花弹将这些讨厌的脑袋炸裂。

可惜前面提及的悖论又出现了。黑脑袋太多，而且都割掉的话，谁来饲养治人者呢？

然而，倘若不割掉的话，黑脑袋也会由思考而出智慧，变得不安分起来。就像那个不识字的雇工陈胜，在受雇耕田时，却在想"假如我也富贵"的问题，岂非不安分么？不安分之极！乃至提出连现代遗传学家都仍然困惑不已的大问题："王侯将相，宁有种乎？"这种危险思想一蔓延，危险的暴乱便近在眼前了。

老子早已指出这种危险，说："民之难治，以其智多。"他显然也觉察到那个悖论，因而以为最好的前景，就是不用割脑袋，又使那些脑袋不会思考："古之善为道者，非以明民，将以愚之。"（见《老子》第六十五章）

这个主意很好。不过老子讲辩证法，未免走火入魔了。他居然提出，愚民统治能否实现，要看治人者能否率先不要聪明，不玩智术。"故以智治国，国之贼，不以智治国，国之福。"（见《老子》第六十五章）就是说，愚民必先愚君。

那怎么行？假如君先愚，民仍不愚，那还治得成吗？不过，君主不肯"绝圣弃智"（见《老子》第十九章），上行下效，黑脑袋们怎甘于被愚？唉，又是一个悖论。老子看来解决不了这个悖论，只好偷渡出境，往西方留学去了。

尽力从老子那里汲取智慧的韩非赞成愚民，但不赞成愚君。他以为，君要明，臣民要愚，国家才能得到安宁，但他又赞成老子所谓"以智治国，国之贼"的说法，似乎仍陷于悖论。其实他想解决这个悖论，那就是君主要把智术由明转暗，表面上无为而治，一事不做，爱憎不显于颜，喜怒不形于色，实际上阴行伺察，无微不至，用严刑重赏使臣下畏惧他的独裁权力，而又使臣下对他的意向莫测高深，不敢起异意。这就是后人憎恶的机巧权变之术。

李斯的安宁术，正是要把韩非发展了的老子愚民术，付诸实践。

## 4

问题在于，怎样才能实现"天下无异意"？

韩非早有设计。他说，必须除去五种人，才算英明的君主。他把这五种人比作树木的蛀虫，斥之为"五蠹之民"（见《韩非子·五蠹》）。

这五种人是：（一）学者；（二）言谈者；（三）带剑者，即游侠；（四）患御者，即逃避兵役的人；（五）商工之民。（见《韩非子·五蠹》）

据韩非说，君主如不认为他们都是蛀虫，必须铲除，反而以礼相待，或者信用，或者纵容，就会惑乱民心，在危难时没有耿介的武士可用，国破朝灭也不奇怪。

何以见得？商人贱买贵卖，囤积居奇，乃至买官购爵，借权牟利，使老实的农民利益受侵犯，还会羡利而不安本分，其害可知。患御者走后门，行贿赂，靠权贵说情而免服兵役，使出征作战的负担都加到穷人头上，使下民越发厌战惧战，以致君主无兵可使，其害也可知。带剑者聚徒习武，仗义执言，打抱不平，替人复仇，只问应该不应该，不管犯禁不犯禁。这使政府失去权威，民心倾向侠士，其害自也可知。

说士的危害便较难知。几百年间，诸侯兼并，由弱变强，以弱胜强，在诸侯间穿梭往来的游说之士，起了重大作用。

别国勿论。秦国的崛起，没有来自异国的客卿商鞅、范雎、蔡泽、张仪、吕不韦、李斯等出谋划策，单靠秦国那班愚昧无知的宗室大臣，能行吗？

韩非则以为，这班称作纵横说士的人，有害无益。他们并非替诸侯效忠，而是为私人谋利。因为他们替所在国出主意，或说联弱抗强才能救亡，或说以小事大才能图存，无非为了推行自己的政治主张，或者竟为了假公济私。此蠹不除，则国无宁日。

在韩非看来，更可怕的是学者。这班人都可称“儒”，因为他们都是文人，似乎懦弱得很，所谓“儒，柔也”（见许慎《说文解字》卷八上）。但老子不是早就用水作譬喻，指出“天下之至柔，驰骋天下之至坚”吗（见《老子》第四十三章）？他们人人都有自己的思想、政见以及人生的主张，即所谓“学者，觉也”（见《礼记外传》），“觉悟所不知也”（见班固《白虎通·辟雍》）。学者自以为智慧超群出众，用屈原的话说就是“众人皆醉我独醒”（见《渔父》），因而坚持用自己的所“学”作尺度，去衡量现状，怎能承认现状是理想的状态？

本来百人有百说，称作诸子争鸣。经过两个多世纪的竞争，所谓诸子百家，唯有四大学派成为"显学"，即道、法、儒、墨。道家学派的开创者是老子，老子哲学是韩非学说的主要思想来源，因此他只批判其中一个支流，那个"不以天下大利易其胫一毛"的杨朱一派（见《韩非子·显学》）。

作为法家，韩非自然也不会攻击自己的先驱者。

倒霉的就是儒家和墨家。他们被韩非当作"学者"的化身，列于"五蠹"之首，而墨家还要替游侠的行为负责。

既然秦始皇早已被韩非的著作迷住，既然李斯早已把引证韩子语作为迎合君心的手段，那么，要使"天下无异意"，就必须打击韩非说的五种人，首先必须打击学者，这还消说吗？

## 5

韩非没有料到，他的除"五蠹"计划的第一名牺牲者，竟是他本人。

公元前二三三年，年方二十七岁的秦王嬴政，读到韩非著作的传抄本，大为佩服，以为作者是古人，赞叹说，假如能见到此人，与他做朋友，那就死无遗恨了！李斯连忙报告说，这人是他的同学，还活着，是韩国的贵族公子。秦王于是立即发动对韩国的战争，指名索取韩非。中国人常说"不打不相识"，没想到为相识一人而攻打一国，这可是秦王君臣的发明。

韩王被迫派遣韩非出使秦国。

不幸的韩非！作为政论家，他是出众的。很强的历史感，缜密的思考，尤其善于琢磨帝王心态，加之严谨的推理与漂亮的文辞的结合，使他的论著对于极权主义者具有极大吸引力。然而作为政治家，他是不行的。除早年与李斯共学于荀况外，他似乎再未出过国，在本国也从未在政坛上一试身手，这回当然是首次参与外交活动。缺乏实际从政经验，还患有口吃，已使他难以在君主面前随机应变，而他的身份是敌国使臣，更使他容易陷入受怀疑被攻击的窘境。

秦王对韩非的到来，自然高兴，这是权力欲得逞后的满足。但韩非却忘记了他自己的设喻，君主如龙，其喉下有逆鳞径尺，谁触犯就必死。他想到的是他的使命，即保全韩国。到秦国后就上书，请求秦王允许韩国作为秦的盟国，助秦对付赵、楚等国。这正触犯了秦王的"逆鳞"，因为秦王的目的在于征服列国，而韩国正处在秦军东进必由之路，存韩即等于保存缓冲地带。对于秦王这位崇拜者的到来充满妒意的一个人，立即抓住韩非的这个错误，进行调唆。这个人就是李斯。

李斯从不忘记这位老同学才过于己，唯恐韩非在秦国得到重用。他伙同另一名对韩非到来充满妒意的秦国大臣，即负责外交事务的姚贾，向秦王进谗，说韩非别有用心，名为以韩助秦，实欲阻止秦军东进，而且怀有操纵秦国的个人野心。秦王果然听信，下令逮捕韩非。李斯深知秦王多疑，而且韩非必定上书申诉，说不定秦王又改变决定。韩非在狱中果然上书自辩，说明自己的策略，完全在替天下一统着想。秦王看到韩非上书，急忙下令赦免，但已来不及了，韩非已被李斯、姚贾逼迫，在狱中服毒自尽。

韩非作为他指斥的五种人中的第三种人，所谓言谈者，"伪设诈称，借于外力，以成其私，而遗社稷之利"，被李斯害死了。他毕生替君主建立独裁权威打主意，但就不想到道家的一则遗训："察见渊鱼者不祥。"（见《列子·说符》）

6

死者有时更能捉弄生者。韩非之死，本来不是秦王的命令，而司法大臣与外交大臣相勾结，更使秦王想不到他死得蹊跷，相反却会懊悔自己莽撞，更增加对死者的敬意。从此秦王越发沉迷韩非的理论，而李斯也更能利用他与韩非同学的身份，左右秦王喜怒。

公元前二一三年，即韩非自杀后二十年，秦王自称始皇帝后第九年，皇帝在宫中举行盛大宴会。七十名博士即顾问官列队向皇帝祝酒。首席顾问发表祝酒词，极力赞颂皇帝的功德是史无前例的，皇帝大开心。不想有个原籍齐国的顾问，听得恼火了，当众骂首席顾问拍马屁，说皇帝废除分封制，使子弟都等同于平民，绝非长治久安之计。

扫兴的皇帝命令大臣讨论这个意见。这时李斯已升任丞相，而反对置诸侯正是他当初的建议。此人每当自己的权力受威胁，便连忙想到他师兄的教诲，这次也一样，但添上了他本人在官场中练就的卑鄙。

李斯率先出面批驳那名博士的谬论，他的长篇发言，摘要载于《史记·秦始皇本纪》。抄录原文需附注释，太麻烦。简单地说，有如下几点。第一，揭露那个博士的险恶居心，表面上替皇帝的家族统治着想，实际上在攻击皇帝本人，因为皇帝才是改分封为郡县的唯一决策者。第二，此人敢于当众反对皇帝的决策，其实代表一股思潮，这股思潮的特点就是煽动复古，"以非当世，惑乱黔首"，旨在反对帝国统一后的稳定秩序。第三，这股思潮的要害是复辟，发动者是统一前诸子余孽，"人善其所私学，以非上之所建立"。第四，这股反动思潮已在危害统一。"私学而相与非法教，人闻令下，则各以其学议之，入则心非，出则巷议，夸主以为名，异取以为高，率群下以造谤。"就是说，谣言成风，诽谤遍野，学者士子的错误舆论导向使得民心都在怀疑皇帝的神圣性。第五，"如此弗禁，则主势降乎上，党与成乎下"，天下又将面临皇帝昔日所谓"共苦战斗不休"的局面。

只消与韩非的著作略加对照，便可发现李斯的说法，没有一点是他的独创。但紧接着，李斯提出的对策，或者说保证"天下无异意"的具体措施，则是他的发展。

这些措施包括：（一）销毁与秦朝官方记载不相同的所有历史记录；（二）凡民间所藏古代文学、历史和各种哲学政论著作，一概勒令上缴，由地方官监督烧毁；（三）严禁民间私下议论古代文学、历史，凡发现者都以借古非今罪灭族，官员知情不举者同罪；（四）此令所到之处，三十天内有书不烧的，都判处四年以上劳改；（五）医药、占卜、农业诸书，不在此例；（六）想学习做官的，"以吏为师"，即只能在相应的官府受教育，而民间教育一概禁止。

这就是公元前二一三年发布的"禁书"令。看了经过秦始皇批准的以上措施，谁都明白它的意义绝不止于烧毁图书，而在于毁灭文化。这情形在中世纪是普遍的。恩格斯说："中世纪是从粗野的原始状态发展而来的。它把古代哲学、政治和法律一扫光，以便一切都从头做起。"（见《马克思恩格斯全集》第七卷《德国农民战争（二）》）恩格斯想必只考察过西欧北非的中世纪。在中国，中世纪的开端，首先重在毁灭异己的历史，归结于重在控制后代的教育，欧洲史上的相关情形或许是相形见绌的。

## 7

消除异己思想，不消除异己士人，是不可能彻底的。

秦始皇建立空前的极权主义统治，天下莫予毒，该没有恐惧了吧？不然，他极端恐惧一种力量，这就是自然。凡人皆有死，这是由自然提示的常识，然而始皇帝不能想象此岸世界离开他的统治，会变成什么样子，因而他年龄越大，越想求长生。据说世外有神仙，都因为吃了灵芝奇药而永远不死，于是皇帝极力想得到这种长生药。

不待说就有一批自称有特异功能者簇拥到皇帝身边。他们与众不同处，就在于他们每个人的功能都特异，当时人们称之为方士。

痴想长生不老的皇帝，对于所有方士都寄予希望。这也难怪，除神话传说外，谁也没见过俗人真能成仙的。正因为没见过，反而增加对特异功能的信任。犹如赌博，假如没人相信一旦押中，便可顷刻由穷汉变富翁，谁肯尝试？中国人常说"不怕一万，只怕万一"，这被当作谨慎、保守的表现。其实说与做相反，临事不决，辄以"万一成功"自勉，因而尽管赌输已达九千九百九十九次，仍然期待最后一搏成功。

我们的小城村镇居民，祖辈相信道士和尚，已达五十世乃至百世以上，吃亏上当倾家荡产乃至灭门诛族不计其数，至今仍然笃信菩萨有灵，这足以提供所谓中国人文化素质太低的依据。然而我们的那些著名科学家，造导弹的，研究基因的，能探索现代技术上天入地的，无不属于所谓精英人物，而且照民间说法都喝过"洋墨水"，然而看他们为七龄顽童、九龄少女的什么耳朵认字、十里感应的特异功能所倾倒，甚至不容人疑心这是骗术，这还能用文化素质低解释吗？无可奈何，只好说这都是秦始皇文化心态的表现，就是赌徒心态的表现。

赌徒心态并非反常心态。假如一个王朝，所有重大决策均在麻将桌上做出，而很快化作指导全国的政策乃至法令，那么谁能说这决定不是出于正常心态？

因此，秦始皇求仙药，祈长生，完全可以理解。他真诚地相信他必须长生，他不能设想假如他死了，国家社会命运如何，所以他真诚地相信方士们的建议。方士要他深居简出，行踪诡秘，他就照办。乃至李斯的仪仗队突然人数减少，也惹得他大怒，严查泄密的宦官。方士说炼丹需要钱，他就慷慨拨款巨万。方士说海上有神山，需要童男童女相求，他就选派成百上千的少男少女出海求仙，害得今天日本人的祖先是否来自秦朝还搞不清楚。但他越信任方士，就越使方士感到恐惧。骗子对骗子的诱骗和受骗可以互相易位，因而受骗后会有愤怒，但那愤怒来自于对方居然更狡诈，所谓"老娘为母三十年，反而倒绷了孩儿"。但若受骗一方是真诚的，虔信的，那在发觉自己上当受骗之后，其愤怒便可能不可遏止，报复心之炽烈与报复行为之可怕，都难以测度。因此，在秦始皇对方士言听计从之际，方士领袖们反而秘密聚会，在痛斥皇帝专制、残暴、猜疑、自讨苦吃之后，决议说皇帝"贪于权势至如此，未可为求仙药"（见《史记·秦始皇本纪》），于是一哄而散，溜之乎也。

皇帝闻报，发觉上当，昔日隐约怀疑竟成明白事实，当然怒不可遏，尤其惧怕黑脑袋受这类声音的煽惑，于是严令追查可能造谣惑众者。

追查的对象，首先是那些读书人，特别是与方士有来往的人。诸生为了免罪，互相牵引，结果株连犯禁的有四百六十余人。皇帝为了惩前毖后，下令不分首从，一概活埋于咸阳，并通报全国。

这就是公元前二一二年发生的"坑儒"事件。

没有证据表明，这次事件主要打击的是孔子学派或者是担任皇帝顾问的诸学派头面人物。这次事件是偶然的，是秦始皇个人欲望幻灭后所进行的盲目报复，是独裁者用无辜者的血来洗刷自己愚昧所引来的耻辱。它当然与焚书事件有联系，但并非前因后果的联系。因此，中世纪的独裁者，继续采用焚书或禁书手段者不乏其人，但坑儒而唯恐天下不知，则除了秦始皇，恐怕仅有一二人。

8

由于秦始皇把消灭异己思想进而消灭异己力量的逻辑取向改变为消灭与批评他的方士有联系的人物，因此秦朝灭亡后，一度韬晦的诸子学派，纷纷重新出现。

连直言招致焚书之祸的那位齐人博士，也似乎没有受到任何处理。

然而力主安宁术在于"天下无异意"的李斯，在秦帝国灭亡前夕，却成了他的谋略的最后一名牺牲者。

公元前二一〇年，秦始皇在出巡途中病死了。他忌讳说死，生前没有立太子，大概预立诸君也会使他怕死的心理受到刺激。

按照古代的继统法，他的长子扶苏，理应成为二世皇帝。然而，令朝野震惊的是丞相李斯在发布始皇帝驾崩消息的同时，又宣布了死皇帝的遗诏，命令扶苏和防御匈奴的前线统帅蒙恬自杀。

这是一个阴谋。两年前，扶苏被他的父亲遣送到修筑长城的前线，担任蒙恬的监军，因为他居然敢于劝说父皇帝不要从重打击与方士事件有牵连的那班学生。始皇帝病危时，是否有所悔悟不可知，但他的真正遗嘱，内容就是命令扶苏赶回京城咸阳主持葬礼，这分明是立他为继承人。

可是遗嘱原件落到皇帝车队司令赵高手中，因为他监管皇帝的符玺。赵高是宦官，又是皇帝幼子胡亥的私人教师。胡亥是随从皇帝出巡的唯一皇子。赵高蓄意扣押皇帝的遗嘱，正在这时，李斯决定封锁皇帝死亡的消息，理由是恐怕引起皇帝诸子纷争和天下动乱。赵高窥透丞相的这个决定，分明是害怕扶苏继位，任命蒙恬为丞相，而他和他的家族可能尽失特权。

于是，赵高便胁迫李斯出面充当鹰犬。他要李斯在扶苏与胡亥二者之间做出抉择，说是扶苏继位，必易丞相，而胡亥继位，则李斯相位可保，条件是李斯必须照计行事。赵高暗示，他已控制遗诏发布权，非但必能立胡亥，而且如果李斯不从命的话，足以令他祸及子孙。李斯本来就恐惧失却"富贵极矣"的地位，哪里禁得住眼前的恫吓，立即俯首听命。

随即，由赵高导演的宫廷政变阴谋正式出台。李斯用丞相名义宣布，奉皇帝诏，立胡亥为太子，再伪造皇帝诏书，将扶苏、蒙恬都"赐死"。蒙恬怀疑其中有诈，劝告扶苏证实皇帝诏书非伪后再死，但扶苏却不愿怀疑父亲，立即自杀，蒙恬也被囚而死。假太子、真丞相和大宦官，都欣喜若狂。但李斯显然高兴得太早了。

胡亥成为二世皇帝，立即任命赵高为宫廷禁军司令，凡事均由赵高做主。赵高立即进行大清洗，将先皇的儿子女儿们杀掉大半，旧政府的文武大臣也杀逐殆尽。然而秦始皇时代的各种大型建筑工程，如阿房宫、通往北方边境的直道、联结京都与各地的驰道等，依然加紧进行，税收和劳役越发加重，终于激起全国性内战。

现在轮到李斯自食其果了。

自从陈胜、吴广发难，正如火星落入干柴，全国都出现反秦暴动。李斯慌了，想劝说皇帝采取缓和矛盾姿态，岂知秦二世拒绝见他，反而搬出韩非来教训他，贤人的统治，应该"专用天下适己"，这不是韩子的教导吗？我做皇帝，如果害怕天下万民反对，"身且不能利，将恶能治天下哉"！李斯当然语塞。

糟糕的是李斯的长子担任三川太守，不能保护京都外围安全，竟让吴广率军长驱直入，这不是身为丞相的李斯有意纵容暴乱吗？皇帝火了，

"诮让斯居三公位，如何令盗如此"。

为李斯作传记的司马迁描写道："李斯恐惧，重爵禄，不知所出，乃阿二世意，欲求容。"于是他赶紧向皇帝上书。那是一篇精彩的"马屁文学"，全文俱见于《史记·李斯列传》，惜太长，解释也烦，撮其精华，大略谓皇帝非但深明韩子，而且胜过韩子。"明君独断，故权不在臣"，不是皇帝才能做到吗？"荦然独行恣睢之心而莫之敢逆"，不是能够融会贯通申、韩之术和商鞅之法的体现吗？"法修术明而天下乱者"，从没听说过。所以皇帝言行"督责"毫不容情地镇压暴乱，正是为了天下安宁而采取的维护君主权威的英明措施，"主严尊则督责必，督责必则所求得，所求得则国家富，国家富则君乐丰"。可见，关键在于及时决策实行严厉镇压。只要使群臣百姓，人人都不知怎样才能纠正自己冒犯君主的错误，他们还会追求什么变革吗？

二世皇帝闻奏龙心大悦，"于是行督责益严，税民深者为明吏"。既然谁对人民更无情，谁才算是头脑清醒的好官，那么在秦二世统治下，出现以下情形，便是正常的："刑者相半于道，而死人日成积于市，杀人众者为忠臣。"

见此情形，皇帝大乐，在向忠臣致意之后，一再自称自赞："若此则可谓能督责矣！"（均见《史记·李斯列传》）

然而反秦暴乱仍在扩大。李斯不是傻瓜，唯恐持续下去，玉石俱焚。惶急中，他再次落入赵高的圈套。

9

赵高的出身不明白。

他是宦官。那时只有罪人和俘虏，才自愿或被迫受宫刑，用生殖器及生命延续的象征的被阉割，来表示赎罪。他们总被选入宫廷服役，因为他们对于君主的妻妾是安全的。

然而这班人进入宫廷，却往往对政权稳定构成威胁。他们为皇帝及其家族服役，容易取得主子信用。他们是家奴，对皇帝及其子孙的性格特征了如指掌，所谓婢仆眼中无伟人。他们又是"中人"，不可能享受正常人的生活权利，生理残疾很易造成心理不健康，由受虐心理变为施虐心理。他们是皇帝的家奴，即使得到皇帝信用，在宫廷以外也只能得到畏惧而不是尊敬，由此更增长了他们借助皇帝权威滥施恩威的倾向。如果主子严厉，他们可能是俯首帖耳的奴才。如果主子软弱或无能，则他们可能是皇权的化身，依据在宫廷中的地位，在外成为恶霸、歹徒，乃至僭主。

所谓宦官的祸害，在中国成为中世纪的一大表征，正是中世纪极权政治的畸形产儿。赵高就是始作俑者。

秦始皇生前，赵高默默无闻。但他已做到胡亥的私人教师，并被皇帝任命为中车府令行符玺事，即御用车队队长兼皇帝私人秘书，可知他颇有才干而工于心计，否则不可能受到极其多疑的皇帝信用。

秦始皇刚死，赵高便大显身手。他扣押皇帝遗诏，煽动胡亥篡位，要挟丞相就范，逼死合法储君，囚杀统兵军头。步步铤而走险，而他的赌注，除了皇帝的大印，只有正在发臭的始皇帝的尸体。

可是，那几名绝非弱者的对手，却均如赵高所料，降的降，死的死。这不能不说与赵高善于揣度对手心理有关，因而他才能利用死皇帝的威灵，发动突袭，取得赌局的成功。

二世继位，赵高成了帝国最有实权的人。

如同一切政治暴发户一样，他在权力的阶梯上攀升愈高，愈怀疑有人暗算，以使他跌回卑贱地位。他最怀疑的是先帝的大臣，恰好，二世也有同样的恐惧，但最怕的是同父兄长们争夺自己的宝座。

赵高决定利用皇帝的恐惧来消除自己的恐惧。他建议二世进行大清洗，不要担心杀人太多。"今时不师文而决于武力，愿陛下遂从时毋疑，即群臣不及谋。明主收举余民，贱者贵之，贫者富之，远者近之，则上下集而国安矣。"[1]

于是，大臣被杀，诸公子被杀，宫廷旧侍从被株连捕杀，郡县原长官被株连捕杀。"宗室振恐，群臣谏者以为诽谤，大吏持禄取容，黔首振恐。"[2]

我们已看到李斯被吓倒，如何"持禄取容"？但赵高不比于二世，他不相信丞相真正赞成动用武力造成朝野恐怖，他怀疑这个文官领袖在用缓兵之计。

必须把丞相诱入罗网，为此先要将皇帝诱入罗网。

皇帝在同父兄弟中年龄最小，也最无能，既怕那群兄长反对，又忧先帝大臣不服，充满不安全感。因此，赵高假装维护他的新权威，劝他深居内宫，避免与朝廷中的元老重臣面商国事，以使大臣们莫测高深，以保持天子的神圣性，这对二世不啻甘露灌顶。

转身去见李斯，又是另一副模样。他对丞相说，皇帝不顾群盗日多，仍然大修阿房宫，跑狗赌马，他不敢劝，因为地位卑贱，只有丞相才能劝解。李斯推说想劝也不可能，因为皇帝不坐朝廷。赵高立即保证他将设法使丞相与皇帝见面。

果然，当皇帝在内宫与姬妾喝酒赌博，玩得正兴头时，赵高派人报告丞相，皇帝有空了，可以奏事。李斯于是赴宫门求见皇帝。接连通报三次，二世发怒了。"吾常多闲日，丞相不来，吾方燕私，丞相辄来请事。

丞相岂少我哉？且固我哉？"[3]

火上加油的良机，岂可失去。赵高极力劝说皇帝。你可危险了！沙丘政变，丞相是共谋者，如今你做了皇帝，丞相的位置依旧，他不裂土封王，会满意吗？他的儿子是三川守，而陈胜叛军过三川时竟不出击，因为陈胜是他的楚国同乡，据说他们之间有密信往来，"且丞相居外，权重于陛下"。[4]

李斯还有生路吗？除非他下决心清君侧，先下手捕杀赵高，但他的反应却是上书揭发赵高有篡位野心。于是，李斯便以有二心的罪名被捕了，不是交付法司审判，而是交付禁军司令治罪，而禁军司令（郎中令）正是赵高。

公元前二○八年夏天，李斯在受尽残酷的割鼻、断舌等五刑后，被腰斩于咸阳街头。他的家族全被杀光。

赵高代替李斯做了丞相。他要消灭的下一个目标，当然是秦二世皇帝，理由是二世必须为天下百姓受苦负责。但二世死了，暴乱依然在扩大，被赵高立为秦王的二世之兄公子婴，又刺杀了赵高，灭了赵高三族。可是，人民再也不需要什么秦王了，赵高死后四十余日，秦帝国就灭亡了。

## 10

李斯的死，秦朝的亡，表明"天下无异意"政策的初次失败。但秦朝的后继者，肯放弃这一安宁之术吗？

## 三 曹参与黄老术

### 1

公元前二〇七年冬天，秦帝国便被反秦联军打垮了，那时距离秦始皇死去仅三年。

反秦联军由十八路诸侯组成。在这些反秦起家的新诸侯王中，最强大的两路，就是西楚霸王项羽和汉王刘邦。

秦帝国的灭亡，使反秦联军顿失共同目标。各路诸侯很快相互火并，自相残杀，演化成楚汉相争。

经过五年混战，项羽兵败被杀，刘邦自称皇帝。他建立的帝国，国号称汉，定都长安。历史家称它为西汉，或前汉，以与两个世纪后定都洛阳的东汉（后汉）帝国相区别。刘邦被称为汉高祖。

刘邦赢得了皇冠，但他却对自己的皇冠感到惊讶。

不过在八年前，他还是沛县农村的游手好闲之徒，当过亭长，相当于后世的保长，一名芝麻大的乡村小吏，所结交的也无非是地方上的一帮痞子。

譬如，他那班朋友中间，地位最高的是萧何、曹参。萧何原是沛县主吏橼，即县人事科科长，曹参则原是沛县狱橼，即县看守所所长。

其他亲朋呢？他的把兄王陵是沛县的流氓头子，他的连襟樊哙是卖狗肉的，他的亲信周勃是篾匠兼送丧吹鼓手，他的好友任敖、夏侯婴，不是狱吏，就是无业游民。别的从龙功臣，大半也是此类人物。[5]

这班人，文化既低，识见更陋，多数不过是匹夫之辈。除萧何外，刘邦打心眼里瞧不起他们，尽管他自己与他们本来也臭味相投。

一个著名例证，就是刘邦称帝后大封功臣，他裁决萧何功劳第一，引起曹参以下贫贱故交激烈抗议，说是萧何从未上过前线，只在后方舞文弄墨，发发议论，凭什么成为功臣之首？刘邦反唇相讥：你们见过猎狗吗？猎狗追杀狡兔等走兽，必须听从人的指示。因此要论功，你们不过是"功狗"，萧何才是"功人"。[6]

可见，刘邦很明白，单靠这群"功狗"，他是做不成皇帝的。但他为什么如此幸运呢？尤其是两个问题令他不解。项羽力量远胜于他，为什么最终败在他的手下？秦朝的皇帝宝座看起来那样稳固，为什么那样轻易地就丢失了？

## 2

对前一问题，刘邦有过自作聪明的回答。

他说，那是因为他比项羽会用人。譬如，萧何、张良、韩信，分别在行政、智谋、军事方面比他高明，都是"人杰"，但都能为他所用。而项羽则嫉贤妒能。

这是真话，也是假话。他确实用了三人，但萧何始终遭忌，张良称病退隐，韩信最终被杀，留下了"兔死狗烹，鸟尽弓藏"的传世名言。这不正是他所谓嫉贤妒能的注脚么？

对后一问题，刘邦有过自作聪明的措施。

人所共知，"汉承秦制"。西汉帝国建立后，刘邦就以秦始皇的真正继承人自许，包括他以"黑帝"下凡自居，也是对于秦始皇"以水德王"的迷信的认同。

但唯有一项，刘邦不照秦始皇的遗训去办，那就是不封子弟同姓做诸侯王。相反，他在战争中，每消灭一个异姓诸侯王，便分封一个同姓诸侯王。到他死时，他的子侄兄弟，都有了封国。而异姓诸侯王，除了长沙王吴芮外，全部消灭殆尽。

显然，这个措施表明，刘邦认为秦朝"失天下"的最大原因，在于秦始皇拒封子弟同姓做侯王，致使皇帝孤立无援，所以他"欲王同姓以镇天下"[7]。

这个措施真的聪明吗？刘邦晚年似乎也不自信。

公元前一九四年，韩信被擒之后，所余势力中最强的异姓诸侯淮南王英布起兵反汉，击杀了荆王刘贾，打跑了楚王刘交。这些都是刘邦的家族。刘邦不得已，御驾亲征。在出兵的同时，宣布册立自己的儿子刘长做淮南王，以代替反叛的英布。

这是刘邦生前进行的最后一场战争，打得颇艰苦，他本人也中了流矢，但最终将英布打败了。

他班师回朝，途经沛县，大宴故乡亲戚故旧。在宴会上，这个无赖汉出身又不读书的皇帝，忽然无师自通，作歌诗一首，仅三句："大风起兮云飞扬，威加海内兮归故乡，安得猛士兮守四方！"[8]边唱边舞，大约是古代霹雳舞吧，舞毕还泪下数行，可见是真情流露。

不待说，那真情就是，他自以为明白了秦朝短命的秘密，因为他的帝国需要猛士分镇四方，作为皇帝的辅弼。然而，异姓不可信，同姓不中用，害得老头年逾花甲，仍要披挂上阵，去救援子弟，怎不令人感伤。

感伤归感伤，他仍然相信自己反秦道而行之的措施是聪明的。离故乡前，又封自己的侄儿刘濞做吴王，以代替被英布击杀的荆王刘贾。

他的箭伤，在班师途中发作，刚回长安，刘邦便驾崩了。

他其实至死也没有明白秦朝短命的秘密。恰好相反，他的自作聪明的措施，非但给他的帝国留下了巨大的隐患，还迫使他的继承者修改他从秦朝继承下来的文化政策。

3

汉高祖和他的将相大臣，反儒倾向超过秦始皇。

无须重复指出，战国、秦、汉之际那两个世纪，所谓儒，既是泛称，指不同学派的知识分子，也是专称，指诵法孔子的不同学派。[9]

秦始皇憎嫌儒，但憎嫌的是否孔子学派，很难说。[10]他本人受过做君主需要的贵族教育，他憎嫌的是"私学"，即不受官方控制的民间诸学派，尤其是与他崇拜的法家相抵牾的那些哲学和历史学说。他用烧书活埋之类残忍手段，对付的是异己分子，而对于那些顾问官们，即使说话不中听，如博士淳于越等，他仍然表示容忍。

汉高祖则不同。他本人识字与否，史无明文，但他不读书并敌视读书人，则是事实。

秦汉之际佛教尚未传入中国，但憎恶和尚恨及袈裟的心态，在这个皇帝那里，已成为"超前意识"，他留下"溺儒冠"的著名故事，便是证据。

当时自命是孔子学派的儒生，拒绝与刘邦政权合作，史有明文。因而此人见了头戴儒冠者，便摘下其帽当作尿盆，只能证明他存心污辱一切读书人。

但为了"得天下"，此人又不能不任用读书人。靠张良、陈平出谋划策，靠郦食其、陆贾从事外交，任用故秦博士叔孙通做礼宾司长，使自己尝到皇帝权威的甜头，见到隐居高士"商山四皓"做太子侍从，便打消了更换储君的主意。

然而最终他还是不相信读书人。他的临终遗嘱，任曹参、王陵为丞相萧何的接班人，任命文盲将军周勃为太尉即军队总司令，还说"安刘氏者必勃也"。可知他相信的，只是自己早年的把兄弟。他们缺乏智识，在他看来也许恰是优点。

因而，直到公元前一九一年，即刘邦死后四年，曹参任相国时才"除挟书律"[11]，就是说民间藏书读书可以不再担心充军灭族了。

4

曹参在中世纪文化史上值得一提，因为他修改了李斯的安宁术。

作为刘邦的前锋，曹参在攻克秦都咸阳的战役中有大功。作为韩信的副帅，曹参在击败项羽及其诸侯军的历次战役中屡有功。韩信被刘邦拘留以后，曹参的军功便跃居第一。

刘邦对他的重视仅次于萧何，任命他为齐相国，辅佐自己的长子齐王刘肥。

位于今山东省境内的齐国，是西汉最大的同姓诸侯国，也是那时文明最发达的地区。

战国晚期的诸侯兼并，齐国就是秦国最强劲的对手，以致秦始皇的曾祖父一度想与齐王同时称帝[12]，分治天下。它被秦国兼并最晚。秦始皇对这里最不放心，多次东巡都以它为示威重点。楚汉相争，双方均势的倾斜度，主要权衡就是齐地诸侯的向背。所以，韩信征服齐地，便注定了项羽的败局。

刘邦深知齐地的重要。他用张良的计谋，先利用韩信的精锐部队击破了项羽主力，随后立即夺了韩信的兵权，将他由齐王改封为楚王，而封自己的长子刘肥为齐王。他当然知道这个私生子不仅年轻，而且无用，因而特派最能干的嫡系大将曹参前往充当执政。

曹参能打仗，却不会治国。但与往日的无赖朋友刘邦相比，他有个优点，就是不会胡说什么"天下是老子骑在马上得到的，干吗需要读书"[13]。他担任齐国宰相以后，就召集那里的长老和读书人，询问安定聚集百姓的办法。

齐国的文化素称发达，本来学派林立，虽经秦朝毁灭文化政策的打击，却没有绝种。闻到宰相下问，他们便纷纷伸出头来，都急欲一显身手。"如齐故诸儒以百数，言人人殊。"[14]

言人人殊并不坏。真想治理国家，那就必须在决策时慎之又慎。最好的办法，就是充分展开辩论，通过不同方案的提出、比较、争论、审察，然后做出抉择。所抉择的未必是最佳方案，但总比单凭主观臆测而轻率决定的方案好得多。然而在中世纪，即使在统治集团中充分发扬"民主"，最终也绝不可能按照少数服从多数的程序做出决断。做决断的只可能是权势的极峰，或是君主，或是权相。这就使那时的提方案者，也不可能为真理而牺牲己见，相反总以为己见即真理，因而言人人殊，便成为人人欲使极峰采纳己见的混战。

不消说，这位看守所长出身的老将军，被成百个自称最佳的方案弄昏头了。似乎都有道理，似乎都无道理，究竟谁最有道理？"参未知所定。"[15]

幸而听说有位最有学问的老学者没有来。据说，这位姓盖的老先生，是号称河上丈人的一名大师的五传弟子。这位大师，人称是黄帝、老子的继承者。他把治国本领辗转传给了乐毅的家族。盖老先生就是乐家后裔乐臣公的学生。[16]

谁不知道乐毅呢？当年齐国与秦国"争重为帝"，对邻国形成极大威胁。就是乐毅，率领燕国军队，以弱胜强，连克齐国七十余城，包括首都临淄。假如不是燕王中了齐将田单的反间计，夺了乐毅的兵权，那么仅仅保有两个小城的齐国，早已成为历史名词了。毫不奇怪，时过百余年，东方诸国仍然保留着对乐毅的崇拜。刘邦就专门寻找乐毅的嫡系孙儿，封作世卿。

可以想见，曹老将军得知盖老先生信息时的兴奋。他立即派人，带上重金，去山东高密礼聘他至齐都。

盖老头子来了，大约话不很多。"盖公为言，治道贵清静而民自定。推此类具言之。"[17]那就是说，统治的诀窍在于不要自找麻烦，官员越少干事，百姓越发稳定。这道理并不新鲜，《老子》早说过"为无为而无不为"（见《老子》第三十七章）。但一介武夫的曹参却大为佩服，"参于是避正堂，舍盖公焉"[18]。

于是，在中国的中世纪，便出现了第二种安宁之术，唤作"黄老术"。

## 5

假如曹参得不到汉高祖的信用，无法任齐国执政达九年之久，那么齐国不可能安定，而曹参也不可能"大称贤相"。假如曹参死在萧何之前，没有代替萧何任汉相国，那么所谓黄老术可能不过是齐国一隅一时的安宁术。

然而曹参的机遇不错，刘邦至死仍然器重他。萧何又比他早死三年，临终还向刘邦的继承人汉惠帝再次推荐他做自己的继承人。

于是曹参便获得机会，将所谓黄老术推向全国。

黄帝本来是传说人物。不知从何时起，他成了中原各族的共同祖先。司马迁著华夏族通史，劈头就从黄帝的传说写起。尽管他对这些传说的真实性持有强烈的怀疑态度[19]，但至少说明，在秦汉之际，此类传说已成共识。

老子也是神秘人物。他的身世，至今仍是哲学史家争论的课题。

老子做过孔子的老师没有，可以存疑，但《老子》的成书时间要比《论语》的结集时间为早，在目前似乎无疑。至少，由考古学提供的证据，在公元前二世纪中叶之前的《老子》古抄本已有两种，而《论语》的抄本还没有发现过。

所谓黄老术，实际老子术。它的依据，就是那部仅五千字的《老子》。

盖公教给曹参的治道要诀，便见于《老子》。原是四句教，标明是"圣人"之言："我无为而民自化，我好静而民自正，我无事而民自富，我无欲而民自朴。"[20]

这个"我"显然是君临"民"上的大人物。他是谁？不必深究，很可能是《老子》作者假托的圣人言。

但这个要诀，道出了作为统治术的老子术的特色，那就是以否定作为手段，达到肯定的目的。

这个否定，不是如秦始皇那样否定被统治者，包括皇帝的家族臣僚在内，而是否定"我"，即统治者自身。确切地说，应该是肯定中的否定，肯定"我"作为统治者的客观性，但否定"我"作为统治者的主体性。

相反，作为肯定因素的主体性，被《老子》作者移植于"民"即主要统治对象身上。在作者看来，"我"是江海，"民"就是汇入江海的无数涓涓细流，倘若江海所处地势不是最低，那么它能成为百川之王吗？"我"是厨师，"民"就是正在锅中烹煎的一堆小鱼，倘若厨师不能等待火候自然到点，急不可耐地去挥舞铲刀反复察看鱼儿熟透没有，那么满锅小鱼不都稀巴烂了吗？

所以，《老子》作者认定，"民"与五谷家畜一样，都是"天"即自然的产物，与"我"即人是不同的。人种五谷，不等它们自然成熟，或揠苗助长，或非时收割，那就得不到粮食。同理，人养家畜，违反自然本性，也必定得不到所需要的蛋、奶、肉和皮革，或者所需要的畜力。作者说，这个自然即"天"，好比极其高明的木匠，他一斧一锯都能雕琢出所需要的器物。你忘记自己不过是人，而企图去代替这个高明的木匠雕琢器物，假如不砍伤自己的手指，那就要算万幸了。

显而易见，在《老子》作者看来，作为统治者的"我"，否定自己的主体性，恰是为了肯定自己的客观性。五谷丰登，家畜繁衍，获利最大的不是主人吗？

## 6

曹参虽然粗鲁，不懂哲学，却到底有政治经验，因而他不同于秦二世之类纨绔子弟，学了几句韩非的话，便当作教条卖弄，连与大臣对话也拿来炫耀，声色俱厉，以势压人，终于被指鹿为马的赵高欺骗，杀害。曹参不然，他立即懂得盖公传授的黄老术大有好处。

以刘邦为核心的西汉统治集团，本来是一批流氓无赖出身的政治暴发户。曹参的长处，在于没有忘记自己的暴发户身份，因而他虽然贵为齐相国，却没有因为地位之尊，忘却出身之卑。他忧惧的是他属下之"民"如果看了他的暴发地位，再度萌生"王侯将相宁有种乎"的观念，起而打倒他的政府，怎么办？

所以，盖公教给他的安宁术，从哲学上他大概一窍不通，但他的政治经验却告诉他，这话有道理。

他以他特有的粗鲁，为这个老子术作了注脚。

公元前一九三年，萧何死了，曹参继任汉相国。

俗话说"新官上任三把火"，何况曹参曾与萧何争功，两人甚至互不理睬。如今曹参代替萧何为相，人人都猜测政府措施将要大大变更。

岂知曹参从山东临菑到了陕西长安，入居相府办公，"举事无所变更，一遵萧何约束"[21]。

唯一变更的是人事关系。曹参任相国，罢免了一批原宰相助手，都是聪明而有名气的人物，任用了一批新助手，都是老实到文理不通的人物。他接见下属，从来不谈国事，只指挥酒肉兵将同事灌醉。他的侍从告发说，相府隔壁的政府机关，天天宴饮喧哗，希望他惩办这些官员。谁知他听了大为高兴，立即命令在墙这边设酒宴，"亦歌呼与相应和"[22]。

连小皇帝都怀疑老丞相故意捣乱了。他怀疑的理由很特殊，以为这位元老看不起他。

由此导致了一场推心置腹的君臣谈话。

曹参问："陛下反省自己，聪明善用兵，及得上你父亲吗？"汉惠帝答："我怎么敢步先父后尘！"曹参问："你看我的贤明胜过萧何吗？"汉惠帝答："你好像比萧何差一点。"曹参说："你说对了。你的父亲和萧何建立帝国，法令已经很清楚。现在你在宝座上如偶像，我们都恪守大臣职责，遵从高祖、萧何的法令，不要有过错，好不好呢？"小皇帝当然称善。（见《汉书·萧何曹参传》）

可见，曹参的那一套，建立在一个假设上。他假定刘邦、萧何所承袭的秦朝政治文化遗产，都是完美的，无须再做变更，因而他们继承人的任务，只是守护这份遗产，即后世常说的守成。

他所理解的黄老术，正是单纯的守成术。

## 7

本来，黄老术并非单纯的守成术。作为秦朝"急法"的一种否定，它的出现原有批判现状的意味。

例如前引《老子》的治道要诀四语，强调统治者对待被统治者要顺其自然，要勿躁勿骄，要不找麻烦，要率先省俭。在秦亡后重新强调，不就是对秦帝国治民术一味与民为敌的批判么？

我们已经知道，汉帝国建立后，萧何主持政府，基本工作便是按照秦朝模式重建统治。譬如秦朝法律的烦琐苛刻，不仅有汉朝人的大量记载可证，而且有考古发现的秦律文书可证。刘邦在占领秦朝首都地区后，宣布除"约法三章"外，全部废除秦法。然而从他的帝国政府也建立在关中那时起，萧何便拾掇秦法，稍加简化，制定了《九章律》。这部萧何命名的法典，与"秦苛法"有无根本区别？残篇尚在[23]，有兴趣的读者，不妨与《睡虎地秦墓竹简》中的秦律文书[24]略加对照，便知究竟。况且有的秦法，如旨在毁灭旧有文化的"挟书律，"虽不见于萧何《九章律》，但直到萧何死后才废除。可知《九章律》并非汉初唯一法典，某些重要的秦律，在汉初照样沿用。

这就表明，曹参"一遵萧何约束"，也就是后人所艳称的"萧规曹随"，其实是强调守护刘邦、萧何所夺来的秦朝遗产。

他使黄老术失去了原来那点批判现状的意味，变成了辩护现状的工具。维持现状最好，这就是曹参继任汉相国后的结论。

这个结论，当然包括刘邦唯一变更秦制所新创的现状，即同姓诸侯王遍居帝国要津的局面。

维持现状未必非，批判现状未必是。正如猴子变人，那部分已脱离类人猿性状的人类祖先，如不下意识地维持已变化的现状，则不会有后来的人类社会。因此，所谓文化保守主义，与辩护论不尽同义。问题在于维持怎样的现状。

汉高祖在死的那年，在曹参倾齐国武装力量的支持下，消灭了最后叛乱的异姓诸侯王英布。至此，绵延十四年的全国内战，才算真正结束。

人民早已精疲力竭。农、工、商、虞[25]四民不说了，他们都被长期内战搅得不能安居乐业，但盼社会稳定，使他们得以"人各任其能，竭其力，以得所欲"[26]。所谓士，在秦以前本来置身于统治阶级下层，在秦以后迭遭打击，文士失去书籍，武士失去刀剑，都被迫窜伏草野，连最不安静的任侠之士，也对造反失去兴趣[27]。

由那些布衣将相组成的新统治集团，更渴望重建秩序，以稳定他们刚到手的权力与利益。即使刘邦的正妻吕雉，那个以篡位者闻名的可怕女人，她在刘邦死后，先把自己的儿子当傀儡，继而在儿子死后索性以皇帝自居，在宫廷中引起轩然大波，但也不想搅乱刚趋于稳定的现状。

因而，司马迁赞美黄老术的效应，甚至特别表彰这个女人："孝惠皇帝、高后之时，黎民得离战国之苦，君臣俱欲休息乎无为。故惠帝垂拱，高后女主称制，政不出房户，天下晏然。刑罚罕用，罪人是希。民务稼穑，衣食滋殖。"[28]

总之，那时从上到下，谁都不愿再出现内战，谁都希望政权趋于稳定。这个愿望，不久便被历史证明，是想象的，短视的，但恰是曹参维持现状论的基础。假如举国上下没有形成这样普遍的文化心态，那么曹参再反复念叨所谓黄老术，什么"清静无为"之类，也毫无用处。

以为历史进程取决于某个执政人物心血来潮的定策，不可能得到历史本身的认同。

8

曹参任汉相国仅三年，便追随他的前任萧何，死了。然而他想维持的现状，却在他死后似乎仍在延续，时间长达半个世纪。

## 四 母后干政的滥觞

### 1

从公元前一九二年至公元前一三五年，是黄老术被独尊的时期。

六十七年的时间不算长。相对于中国悠久的文明史而言，这段时间犹如一昼夜内的一刻钟。但从历史上观察，时间是常数，也是变数，刻把钟虽短，其间发生的事可能比过去、未来同样或更长时间出现的情形，复杂得多，难解得多，从而更能激起历史学家的研究兴味。正像秦帝国由一统到覆灭，不过十五年，在中国文明史上仅仅相当于一天里的两分半钟有奇，然而人们对它说长道短，已延续了近七十世[29]。上至帝王将相，下至平民百姓，都参与了争论，不久前还有人"劝君莫骂秦始皇"哩。

关于汉帝国独尊黄老术的这段时间，也有类似情形。那时间做皇帝的是两代人，刘邦的两个儿子和一个孙子。准确地说，应是三代人，即刘邦的正妻和一子一孙。在位仅七年的刘邦嫡长子刘盈即汉惠帝，不过是他的母亲吕后的掌中物。在他死后，吕后更直接自称皇帝，又统治了汉帝国八年。以至尊重史实的司马迁，在他的《史记》中，根本不把刘盈算作一个皇帝[30]。

在吕后死去以后，相继做皇帝的刘邦两名子孙，即汉文帝刘恒和汉景帝刘启父子二人，却具有完全不相同的名声。古往今来的历史著作，无论作者自称信仰什么学说，提到这对父子的三十九年统治，几乎没有不表示敬意的。"文景之治"已成为中国中世纪模范政治的首出代表。那以后两千年间，除了公元七世纪前期唐太宗的"贞观之治"，没有什么所谓治世能与这段时期统治媲美的。即使晚近的眼珠歪视向西的斜视病患者，提到这段历史，也无不寓褒于贬，没有敢于如对于秦始皇的"法治"那样彻底否定的。

单是这一现象，便引动人们的好奇心，使人企图探索这一模范政治的奥秘。

探究的结果，固然多半没有跳出《史记》《汉书》作者的窠臼，向这对父子，尤其是汉文帝，献上音调似异实同的颂辞，但也有那么极少数人，对于这个模范政治的实相，悄悄地表示怀疑。

怀疑的理由，多半提出汉文帝既然欣赏贾谊，为什么使他含恨而逝？汉景帝分明采用晁错的"削藩"政策，为什么又使他负屈被杀？难道这也是黄老术的一面吗？

更少有人注意这两代皇帝的母妻在独尊黄老术中的作用。

## 2

历史的进程，非但不是径情直遂的，而且会倒退，乃至退到由以出发的起点。

婚姻制度便是显例。由对偶婚制过渡到一夫一妻制，本来是特定社会由野蛮进入文明的重要表征。

任何表征都只有相对的意义，犹如任何商标都可能被假冒。在中国文明史上，占据统治地位的阶层和集团，在维护一夫一妻制方面，从来都是假冒伪善者。

相传舜有两妻，已经破坏了一夫一妻制。文王百子，那妻妾的数目想来更是骇人。号称圣人的五帝三皇尚如此，遑论后世那班暴君庸主。好色与好货，早在战国时代，便成为"寡人之疾"中的两大顽症。（见《孟子·梁惠王下》）然而，那些把一夫多妻的实际纳入一夫一妻形式的两性规范，兼具道德与法律双重性的"礼"，也正是在战国时代开始烦琐起来。

根据古礼，士可以纳妾，而庶人不得有妾，这个规定明载于汉律[31]。因而，所谓礼不下庶人，就婚姻制度而言，便意味着多妻制也是统治阶级的特权，而具有候补官僚身份的士也可分享一杯羹。反之，所谓刑不上大夫，也就意味着统治阶级实行多妻主义，不受法律限制，而限制他们的是礼，即按照各人在等级梯级上的地位高下所规定的妻妾数字及待遇。

正因如此，由多妻制引出的家庭问题必将超出两性关系的范畴，衍化成权力问题，财富问题，与政治密切相关的诸问题。

这类问题的古老表现形式，有传子传贤的争执、嫡庶地位的争执、敬宗尊祖的规范、服丧设祭的规范、封建当否的辩难、男女何别的辩难。诸如此类，既非诉诸道德所能解释，也非诉诸观念所能阐明。

关于这类问题的专门探究，那是中国经学史的任务，这里只拟讨论它们的世俗化侧面。

秦始皇在举行成年礼以前，虽曾遇到过母后干政造成的麻烦，但在他杀死母亲的情夫并夺回权力以后，他的后宫仿佛很太平，他有二十多个儿子，在他生前却从未发生诸母结党争立己子为储君的暗斗明争，似乎都惧怕被列入"八奸"之首[32]。人们甚至不知"始皇后"姓甚名谁。这表明，至少在坚持彻底的父权制，把妻妾排除在政权结构之外，秦帝国是成功的。

在这一点上，汉帝国也没有继承秦制。

3

从西汉到东汉，四个世纪间，母后干政可说成为传统。由此引出帝后之争、母子之争、祖孙之争、皇室与外戚之争、外戚与宦官之争，并且直接波及政府内外，包括经学界与公私教育界。怎么看待这个现象，见仁见智，说长道短，都不足异。假如采取不承认主义，或干脆念诵"狗咬狗"三字真言予以抹杀，那么非但不能驱除此一魔影，反而徒然暴露对历史的偏见或无知。

母后干政的开端，便是汉高祖的皇后吕雉。

这个女人曾与唐朝的武则天一起一度变得赫赫有名。其实，吕雉、武则天等人，性别固然相同，经历也或有相似，所谓夫荣妻贵，但时移势异，总体上缺乏可比性。历史就是历史。真讲马克思主义，则以今律古，影古射今，适足以彰显论者背离原典之遥远。

吕雉的父亲，在秦末也是个黑社会人物，由于赞赏刘邦敢于吹牛，惺惺相惜，初见面便将爱女许配给这个尚未发迹的亭长。[33] 吕雉颇有父风，或许婚后又受丈夫陶冶，做农妇时便不怕撒大谎，忽而对丈夫说有相人言她将母以子贵，忽而对刘邦团伙说她常见丈夫头上有"灵气"[34]。楚汉相争，她曾为项羽的俘虏，但做人质期间仍把随从变为情夫，使审食其成为她日后夺权的死党。刘邦称帝，她遇到貌美有子的戚夫人的竞争，己子刘盈的太子地位岌岌可危，她也时刻面临子废母贱的险境，而她竟然纵横捭阖，煽动大臣抗争，挟持张良划策，勾结萧何除"恶"[35]，迫使刘邦慑于她的"羽翮已就"而承认她的儿子是当然的接班人[36]。*

**附注：**

〔1〕〔2〕均见《史记·秦始皇本纪》二世皇帝元年。
〔3〕〔4〕均见《史记·李斯列传》。

---

\* 编者按：作者此文为未完稿。

〔5〕参看赵翼《廿二史札记》卷二《汉初布衣将相之局》。此文注释，见周予同主编、朱维铮修订《中国历史文选》下册，上海古籍出版社1980年版，页247—256。

〔6〕《史记·萧相国世家》汉五年。

〔7〕《史记·荆燕世家》汉六年春。

〔8〕《史记·高祖本纪》十二年十月。

〔9〕"儒"的不同含义，可参看章太炎《国故论衡·原儒》。其后胡适作《说儒》，即据章说衍申。

〔10〕参看章太炎《秦献记》。

〔11〕《汉书·惠帝纪》四年三月。按此事《史记》未载。

〔12〕公元前二八八年，秦昭王曾自立为"西帝"，派人尊齐王为"东帝"，见《史记·秦本纪》昭襄王十九年。《史记·田敬仲完世家》系此事于齐愍王三十六年，按齐愍王在位时间有异说，疑《史记》误。

〔13〕"陆生时时前说称《诗》《书》。高帝骂之曰:'乃公居马上而得之，安事《诗》《书》！'"见《史记·郦生陆贾列传》。

〔14〕〔15〕"参之相齐，齐七十城。天下初定，悼惠王富于春秋。参尽召长老诸生，问所以安集百姓。如齐故诸儒以百数，言人人殊。参未知所定。"见《史记·曹相国世家》。

〔16〕"乐臣公善修黄帝、老子之言，显闻于齐，称贤师。……乐臣公学黄帝、老子，其本师号曰河上丈人，不知其所出。河上丈人教安期生，安期生教毛翕公，毛翕公教乐瑕公，乐瑕公教乐臣公，乐臣公教盖公。盖公教于齐高密、胶西，为曹相国师。"见《史记·乐毅列传》。

〔17〕〔18〕均见《史记·曹相国世家》。

〔19〕"太史公曰:学者多称五帝，尚矣。然《尚书》独载尧以来，而百家言黄帝，其文不雅驯，缙绅先生难言之。"见《史记·五帝本纪》。

〔20〕通行本（王弼本）《老子》五十七章。按，1973年长沙马王堆三号汉墓出土帛书《老子》甲、乙二本。据整理复原，此段文字大致与通行本同，故仍引通行本。

〔21〕〔22〕《史记·曹相国世家》。

〔23〕参见程树德《九朝律考》，商务印书馆 1955 年重版本，页 1—196《汉律考》。

〔24〕《睡虎地秦墓竹简》，文物出版社 1978 年版，内收秦律文书七种。关于这批文书的研究，可参栗劲《秦律通论》，山东人民出版社 1985 年版。

〔25〕虞，指农民以外的资源生产者，包括矿、林、牧、渔诸业。西汉前为四民之一，参见《史记·货殖列传》。

〔26〕参见《史记·货殖列传》。

〔27〕汉景帝时吴楚七国反叛政府，政府军统帅周亚夫在河南，得到著名侠士剧孟，大喜，说："吴楚举大事而不求孟，吾知其无能为已矣。"可知当时侠士态度的重要。参见《史记·游侠列传》。

〔28〕《史记·吕太后本纪》太史公曰。按，此评论所谓"战国"，指陈胜起义到英布失败，非指秦汉之前时代。他对吕后的评论，表明当时吕后掀起的政争，仍限于宫廷内部。

〔29〕中国传统以三十年为一世。

〔30〕《史记》的"本纪"专为在位君主而列，但在《高祖本纪》之后，便列《吕太后本纪》，而惠帝作为后者附系，由此引起史学史家诟病。

〔31〕《说文》女部引《汉律》："齐人与妻婢奸曰姘。"段玉裁注："礼，士有妾，庶人不得有妾，故平等之民与妻婢私合，名之曰姘，有罚。"

〔32〕"凡人臣之所道成奸者有八术。一曰在同床。……何谓同床？曰：贵夫人，爱孺子，便僻好色，此人主之所惑也。"见《韩非子·八奸》。"孺子"指同性恋君主的男宠。

〔33〕〔34〕参见《史记·高祖本纪》，记刘邦"征时"事。

〔35〕"吕后为人刚毅，佐高祖定天下，所诛大臣多吕后力。"见《史记·吕太后本纪》。没有得到刘邦同意，吕后和萧何勾结擅杀的最重要的大臣，就是已被褫夺兵权的淮阴侯韩信。

〔36〕参见《史记·留侯世家》。


## 编者附言：

本文著期未详，从文中提及"秦始皇的文化心态"及心理学家弗罗姆来看，应该是朱老师二十世纪八十年代后期的作品，其时他留意采用社会心理学来分析帝王心理，进而解释思想史的变迁。另，文中部分内容可证确实作于 1988 年前后。按朱师的设想，这是一整部书的计划，也即文中所说"只想写一部给读者消闲解闷的小书"。全文从秦始皇统一六国开始，到吕太后干政结束，描写了秦汉之际重要人物与儒学转型的关系，虽还没有结尾，但已相对完整。按朱师在本篇中的随文交代，某些他未加涉及的内容，"那是中国经学史的任务"，可知本书并非中国经学史的一部分，而是在处理秦汉儒学的"世俗化侧面"。全文第一、二节标题为朱师原题，第三、四节无题，由编者代拟。全文本无标题，今由编者拟题"从秦到汉：始皇帝、汉高祖和曹参与儒术转型的故事"，与下文"从汉到新：一个老祖母和她的嗣孙与内侄的权力纠葛的故事"对应和承接。

# 从汉到新：一个老祖母和她的嗣孙与内侄的权力纠葛的故事

一

《红楼梦》第二回冷子兴概括贾雨村的历史宏论，用了一句话，"成则公侯败则贼"，这其实是中世纪人们看历史的共同常识。比曹雪芹早五百年，朱熹已经批判了这种世俗见识。他回答门人提问时多次说，要看《春秋》，历史事迹只能依据《左传》，但需要小心，因为《左传》作者的见识太差，最大毛病是以成败论是非。（见《朱子语类》卷八十三《春秋》）

以成败论是非，发明权属于孔子还是《左传》作者，且不去说它。但在公元九年，《左传》首次被一名在位皇帝承认它也是诠释《春秋》的权威著作。那以后出现的第一部完整记录个别王朝兴亡过程的历史巨著《汉书》，贯串始终的历史观念，正是成王败寇的见解。而且，《汉书》作者班彪、班固父子抨击的最大贼寇，不是别人，正是首先将《左传》升格为官方经典的那个皇帝。

那个举石头砸了自己的不幸皇帝，就是王莽。

王莽本是汉朝大臣。公元元年，他成为帝国政府的首席执政，八年后正式称帝，废除了旧国号，将帝国改称为"新"。但这个新朝仅存在十五年，便在全国性内战中被推翻。开国皇帝也成了末代皇帝，被叛乱者杀死，比二世亡国的秦始皇还不如。

曾是新朝太学生的南阳土财主刘秀，成为反王莽内战的最后赢家。他宣称，他比同一时期先后称皇帝的十几名叛军领袖更有做皇帝的资格，因为他不仅具有汉武帝遗下的贵胄血统，而且早在王莽执政前便得到上天的启示，预告他必定在群龙野战中成为君主。所以，他的帝国，并非新建，而是"中兴"，就是旧的汉朝的复兴。

于是，对于失败了的王莽，晦气并没有跟着他的死亡离去。新的汉朝的开国皇帝刘秀，与他的新贵大臣侍从们，竞相否认新朝曾经完全取代旧汉朝的事实。他们把新朝比作孔子憎恶的紫色，因为这种杂色干扰了人们尊敬纯正的赤色的眼睛。他们把新朝比作孔子痛恨的淫声，因为这种邪音淆乱了人们聆听纯正的雅颂的耳膜。他们还把新朝比作历法中的闰月，因为每年十二月正日以外的余数，积零为整，才在十七年间轮到一回称作非正式月的机会。总之，这个邪恶充斥的王朝，决不能称作"新朝"，不得已也只能称作"新莽"。

至于王莽本人，那还用说？他的失败，便证明他绝非英雄，连项羽那样的地区性英雄也不配称，因为他甚至在绝境中也没有自杀的勇气。他是刘氏天下的篡夺者，是帝国政权的僭窃者。上天预言的真命天子终于成功，又证明他做皇帝是伪造天命。上天所以要允许他享有伪天命，无非利用他充当清道夫，拿着令牌替未来的真命皇帝开路，所谓"圣王之驱除云尔"[1]。只是新汉的官方经学家忘记补充说，这种执金棍替皇帝出巡车队清道的角色，恰是他们的真命天子当年充当新朝太学生时的最高志向。[2]

从此，王莽在历史上被唾骂了一千九百年。

　　然而通观中世纪，王朝更迭固然史不绝书，依循的模式无非两类，暴力的与和平的。就统一的新王朝的建立过程来看，暴力模式，又有兼并式（由割据政权而统一）、摘桃式（掠取农民起义或军阀混战成果）、侵入式（边疆少数民族王朝吞并中原王朝）三种差异。而和平模式，仅有一种，即由僭主而成新帝的王莽式，差异也有，但只是手段的文雅与粗鲁的程度不同。

　　从秦帝国统一到东汉帝国建立，两个半世纪内，中国出现过四个王朝。秦、西汉、东汉的建立，都属于暴力模式，秦始皇是兼并式的首创，两汉的刘邦和刘秀则分别属于摘桃式的开创者和效颦者，唯有王莽建立新朝，首开了和平模式的先例。

　　新朝虽然短命，但王莽式却成为中世纪僭主们纷纷仿效的唯一模式。失败者当然如王莽一样备受唾骂，部分成功者呢？三国魏的曹操、曹丕父子，固然备受揶揄，但与偏安江左的宋、齐、梁三代开国君主，包括也是一世而亡的梁武帝萧衍，依然受到后世承认。至于那些追步王莽而取得成功的统一王朝建立者，例如经过三代才学王莽成功，而统一不过保持三十年的西晋的开创者司马懿、司马昭、司马炎祖孙，模拟王莽攘夺外孙君位的隋文帝杨坚，模拟王莽、司马氏从前朝君主的孤儿寡母手中夺取帝位的唐高祖李渊、宋太祖赵匡胤等，在历史上虽也时有非议乃至讥斥，却并未如王莽那样被厉斥作乱臣贼子无道昏君，有的甚至被当作英雄而受到崇拜。[3]

　　同在中世纪，同是王莽式，身后所受荣辱褒贬，反差如此强烈，其中自然各有特殊原因，但以成败论是非的观念在作祟，不是非常明显么？

　　这里姑且按下观念本身不表。讲历史不能不做道德判断，但道德判断不能成为判断历史是非的尺度，况且上述浮面现象的比较已经昭示，即使按照中世纪的道德标准，成王败寇观念也是反道德的。既然王莽式已经成为中世纪带有普遍性的政治文化模式，我们就不能不了解它的原型，并在了解时摘下那副有色眼镜。

二

王莽出身于西汉晚期一个显赫的外戚家族。当公元前四五年他诞生时，姑母王政君已在四年前被立为汉元帝的皇后。

王政君并不受丈夫宠爱，只因替丈夫生了长子，才做了皇后。从刘邦起，西汉历代皇帝多半有双性恋癖好。汉元帝号称好儒，其实更爱好纵情享乐[4]，忙于应付男嬖女宠，也偏爱宠妃所生幼子。太子的才艺不如父亲，却更爱享乐，命运难卜。全靠小心谨慎，王政君才保住了"母以子贵"的地位。

屏息示弱十五年，王政君熬成了皇太后，她的长弟王凤立即成为大司马大将军领尚书事，即以帝国军事首脑身份主持政府事务。从此这个首席执政职务，在长达二十五年内成为太后诸弟侄的禁脔，兄终弟及，叔退侄进，凡历五任方转手异姓。

因此，汉成帝即位以后，"王氏子弟皆卿、大夫、侍中、诸曹，分据势官满朝廷"[5]，便毫不奇怪。一件小事可以作为王氏兄弟权势的注脚。汉成帝初即位，想任命宗室子弟刘歆为中常侍，就非得征求王凤的同意，并由于王凤的反对而被迫收回成命[6]，可知君权旁落程度。

虽然如此，王莽却是家族中唯一的"灰姑娘"。王政君有八个兄弟，七人都封侯，其中五人同一天受封，世称"五侯"，唯独王莽没有沾上姑母的光。因为他的父亲即太后次弟王曼早死，未及等到王政君真的母以子贵。

"莽群兄弟皆将军五侯子，乘时侈靡，以舆马声色佚游相高。莽独孤贫，因折节为恭俭。"[7]他入学读书，专攻《仪礼》，非常用功，而且不特殊化，住校期间铺盖服装都与同学保持一致。他在家既孝且悌，小心服侍寡母寡嫂，尽心抚养早夭兄长的儿子，让人挑不出一点毛病。他在外交的朋友都是英俊人物，在内待叔伯都是恪守礼仪。尤其是他的伯父王凤患病期间，他主动前去服侍，每次进药都先尝，头不梳，脸不洗，倦极仍然和衣而卧，如此好几个月。伯父自然感动，临终特别嘱咐阿妹太后和外甥皇帝关照他。

于是，公元前二二年，二十四岁的王莽被任命为黄门郎，即宫门警卫官，一个常用来安置达官贵人子弟的闲散职位。官级虽低，却是他跨入政界的第一步，并使他有机会结识了刘歆，后者是在受他伯父排斥之后任此职的，但对他本人日后的政治生涯很有用。不久，他又越级晋升为射声校尉，统带京城卫戍部队之一的弓手旅。

但直到三十岁那年，王莽才结束了在皇宫外的八年徘徊。由于叔父王商和皇帝信任的名士们交相推荐，王莽被封为侯爵，从此成为高等贵族，又被拜为骑都尉、光禄大夫侍中，成为皇帝身边高等参议，从此进入宫廷，得到直接亲近姑母皇太后的际遇。

王莽越发谦虚谨慎。除了在宫中恪尽职守，还在上流社会广泛交际中恪守礼节，不摆亲贵架子，不惜私人财物，赢得政府大臣和社会贤达交口称誉。他还利用休假日带着随从和礼物，登门造访侄儿的博士官老师，并慰问侄儿的所有同学，使得"国立大学"的数千学生和先生轰动赞叹。如此等等，都使他的名声迅速超过他的那些叔父。

因此，只过两年，他就说动执政的叔父王根同意，揭发他的表兄，太后外甥淳于长图谋执政等罪。经追查，审出淳于长与废皇后许氏秘密勾结、调情等重大宫闱丑闻。淳于长死于狱中，许后自杀，被牵连的太后六弟王立及其党羽均被废黜。引起朝野震动的这件大案，是王莽不避亲情首告的，因而他深受成帝赏识，称他忠直，而淳于长、王立本来都有资格出任执政，如今一死一废，那么能在王根退休后补其遗缺的，还有谁呢？

三十八岁的王莽终于成为王家第五名大司马。他似乎颇想以身作则，鼓励政府官员节俭，但未及有作为，汉成帝便死了。太子继位，即哀帝，原是成帝异母弟之子。除尊嫡祖母为太皇太后外，本人还有祖母、生母，就是说还有自己的外戚傅、丁两家。三家外戚立即展开争夺权力的暗斗。王莽屡次抑制哀帝祖母、生母在宫中的地位，反而失去自己在朝中的地位，被迫退休，时在公元前六年。两年后，控制政府的丁、傅外戚势力仍根恨不已，撺掇哀帝将他逐出京城，遣返采邑。

王莽的爵号是新都侯。新都是南阳郡的属县，其中一千五百户的新乡，便是王莽的食邑。在这个远离长安的偏僻乡村，他度过了三年闭门不出的生活。尽管如此，他仍然充满不安全感。他的次子杀死家奴，被他严责，迫令自杀。假如不作诛心之论，那就得承认他到这时为止，律己是很严的，不宽恕亲子的罪恶就是一例。

## 三

中世纪的皇帝，是专制主义的化身，无论他本人是否大权在握的独裁者，甚至相反，不过是某个独裁者的傀儡，如汉成帝始终听命于母亲和舅父那样。然而，这些僭主或权臣，仍然必须借助皇帝作偶像，才能行使独裁者的权力。

独裁者权力的名与实的分离，犹如一神教中至上神与教团首脑的关系。但皇帝虽然号称天子，却并不是"予欲无言"的至上神。他既然是人，是至上神在人间的公认代表，他就不会满足于扮演空有其名的独裁者偶像的角色，他就会发生名副其实的欲望，因而他就必定与那些实不称名的教团首脑式的真正独裁者，发生摩擦乃至冲突，而不论彼我关系何等亲密。

汉代经学家喋喋不休地宣扬三纲六纪。三纲说是董仲舒综合儒法两家，提出的处理君臣、父子、夫妇三者关系的原则。六纪说显然是西汉晚期经学家对三纲的补充，着重申说处理诸父、兄弟、族人、诸舅、师长、朋友六者关系的原则。[8]合计九条原则，其中六条与血统联系有关，三条则属于贵族官员必不可少的社会联系。从中可以看到，人际关系愈亲密，注重等级服从秩序中的名实相符便愈要紧。这九条无疑是君主独裁体制的理想状态，但理想状态从来不是救治现实状态的药方。倘说这九条是针对现实生活中的人际关系太不理想而发，或许很难受到反对吧。

独裁权力的名实分离，从中世纪独裁者特有名号"皇帝"出现后便开始了，以后这种现象伴随着中世纪的全过程。

通观起来，在中世纪僭取皇帝权力者，即无名有实的独裁者，大致有这样五种人：一、皇帝的妻妾或母亲、祖母；二、皇帝的家奴或男宠；三、皇帝的内外亲戚家族的首领或核心人物；四、皇帝的教师或智囊；五、皇帝的保护人或劫持者。这五种人，还原成中世纪的通行称谓，依次就是后妃、太后、太皇太后、宦官、佞幸、宗室、外戚、师傅、朋友、将军。

这几种人成为僭主或权臣，有时以个人身份控制独裁权力，多见于同皇帝没有亲属关系的那些人，尤其是宦官和将军，也有皇帝的母、妻如此的，如西汉前期的吕太后、窦太后。而与皇帝有亲属关系的上述那第一、三两种人，尤其是依靠婚姻关系而与皇帝结成亲属的后妃与外戚，则更常见的是内外配合僭取独裁权力。西汉晚期的外戚专政，毫无例外都是属于后一种情形。

皇帝作为独裁者而徒有其名，示人以不喝酒的糟鼻子形象，固然与皇帝个人的性格、意志、感情、识见或能力有关，但多半并不取决于皇帝个人。种种非个人因素的交互作用，使得皇帝作为个人也难以支配个人的命运，即使他聪明能干，有雄心，等等。

例如，皇帝能选择生母吗？不能，于是他就不得不承认父祖辈的婚姻联系造成的外戚，以及与外戚相连的裙带关系。在很多时候，他还无法摆脱父母或权臣替他挑选的妻子所带来的这种关系。

又例如，皇帝能自己选择保护人吗？既由人保护，便是不由自主的。于是他如果不甘当傀儡皇帝，便必须准备与保护人斗争，因而需要甘冒被废黜的危险。汉昭帝死时已二十一岁，但在位十三年间，始终扮演着长不大的儿童天子的角色，因为他的保护人霍光始终不肯结束周公辅成王的演出，而霍光正是他父亲汉武帝临终替他挑选的首席辅政大臣。汉昭帝的继承人昌邑王，由藩王入都登基才二十七天便被废黜，立废都由霍光决定，因为他刚做皇帝就藐视大将军而自行其是。

再说，除了用暴力或阴谋手段做皇帝的所谓创业或篡夺之君，哪个皇帝能自己决定即位与否？君位继承，始终是历代王朝各种政治力量角斗的重心，因而每个所谓继体之君的即位都有偶然性，包括已立的储君在内。有的得登大宝，看来纯属机遇。汉宣帝自幼被宫廷风波甩入社会底层，他怎能料到汉昭帝继承人已登基之后，自己还能成为汉昭帝继承人呢？汉哀帝由帝侄而帝子，假如不是他的亲祖母重贿执政的太后亲弟和得宠的皇帝妻妾，那么他诵说"关关雎鸠"之类诗句再好，足以博得汉成帝称道，也不足以使他被遴选为储君。

尽管如此，皇帝的个性与才干仍然起着重要作用。独裁权力的名与实的分裂，引人注目地呈现为皇帝与僭主之间统治与服从关系的倒置。

权力的有效行使在实不在名。僭主或权臣，如果是能干的政治家，并且重实胜于务名，甚至可能受到英雄式的崇拜。三国蜀的诸葛亮在刘备死后，独揽军政全权，身为蜀国僭主十二年，以致他所保护的皇帝乳名"阿斗"成了一切傀儡人物的代称，但他在整个中世纪都受到异乎寻常的崇拜。在前的霍光的历史知名度远逊于诸葛亮，却是两汉之际家喻户晓的英雄人物，也是显例。

不过，这样的幸运很少落到别的权臣僭主头上。诸葛亮同时代的曹操、司马昭，才智不在他之下，功业在他之上，却一则被目作权奸，一则以"司马昭之心路人皆知"的俗谚驰名。霍光以权臣而自比周公，王莽也以权臣而自比周公。两个假周公，得人心的为后者。可是霍光死后仍受称颂，王莽死后备受唾骂。为什么？别的原因且不论，一大原因则显而易见，那就是王莽、曹操、司马昭等，不安于权臣僭主的地位，在功业有成之后，居然滋长起实至名归的欲求。

要求实至名归，在中世纪既合乎圣经贤传，也合乎古典近故。"君子疾没世而名不称焉"（见《论语·卫灵公》），"如有用我者，吾其为东周乎"（见《论语·阳货》），"当今之世，舍我其谁"（见《孟子·公孙丑下》），这类求名沽名的话头，不是屡见于孔子及其徒的语录么？汤、武杀桀、纣，取代天子地位，分明是以臣弑君，但在儒术独尊后的官定诠解，则是应天顺人的"革命"。犹如汉高祖代秦即天子位，也是实至名归的"受命"一样。

既然开国君主可以要求实至名归，何以有实无名的权臣僭主不可以有此欲求？

因而，用下犯上、臣逼君、阴侵阳之类理由，唾骂王莽及其后继者，从历史所提供的先例或反例来看，从逻辑所推出的正论或悖论来看，都是站不住脚的。需要的是从历史本身来说明历史。

## 四

汉哀帝元寿元年（公元前二年），正值正月初一，出现日食。年青的皇帝被这一非同寻常的上天谴告吓坏了，赶紧下罪己诏，要求公卿大夫帮他认识错误并推荐敢直言的贤良方正。

果然有两名被举的贤良直陈己见，极力称颂被放逐的前大司马王莽的功德。在这以前，已有成百名官员上书替王莽申冤，但皇帝都置诸不理。如今有这样重大的灾变发生，皇帝还敢否认当初放逐王莽是犯了错误么？

于是王莽奉命回京城居住。尽管还是处在退休状态，但宫廷内外的信息远比昔日灵通，如此生活又一年多。

被迫脱离政治漩涡中心四年多，王莽在思考什么？历史记载阙如。或许他在担忧自身命运，或许他在盘算重登政坛，或者他在窥测政治气候，谁知道呢？但有一点是肯定的，他不可能绝望，不可能想在偏远乡村安度余生。这不仅因为他刚年届不惑，更因为他的姑母仍然作为帝国第一老祖母沉默而威严地接受皇帝的定期礼拜。

西汉全部的宫廷政治史表明，外戚集团间的权力争夺战，胜负成败常系于在位皇帝的生母或亲祖母的存亡。即使与皇室缺乏亲属联系的权力集团，也要设法制造一个未来的太后，霍光便是显例[9]。

因此，汉哀帝的亲祖母傅氏，在前述那次日食六天后突然死去，而他的生母丁氏也已在两年前死去，[10] 王莽的姑母作为皇帝的嫡祖母依然健在，便预示着王莽复出的契机，假如皇帝夭寿的话。

真是鬼使神差，汉哀帝即位六年便死了，年仅二十五岁。

与他的祖父元帝、伯父成帝不同，哀帝不好声色，却好武技，不过只能观赏，因为他患有严重的小儿麻痹症的后遗症。[11] 他十七岁过继给成帝为太子，十九岁即位。他目睹王氏家族专政，刘氏天下岌岌可危，不甘心如成帝那样扮演有名无实的傀儡皇帝角色，因而力求将权柄收归己有。他模拟汉武帝和汉宣帝，不仅打击专权的王氏家族，也打击跋扈的大臣，包括自己的师傅在内。他虽拗不过自幼养育自己的亲祖母的任性要求，不断抬举自己的两个外戚家族，却还能提防他们僭取独裁权势[12]。因而，连憎恶西汉晚期政治的司马光，也对他初期作为有好评[13]。

历经元、成两代软弱无能皇帝的四十年统治，西汉帝国的没落已成定局，官方经学家的情绪愈来愈低沉。在四十年前，经学家倘据灾异，引经典，议论帝国所受天命可能失去云云，那是很危险的。昭帝时的《春秋》学家、董仲舒的再传弟子眭弘，宣帝时经学家出身的司隶校尉盖宽饶，都因此死于非命。但四十年来，这类危言，已逸出经学家密语的私室，公然形诸给皇帝的奏章。

"陛下日撞亡秦之钟"[14]，"凡为王者，恶者去之，弱者夺之，易姓改代，天命应常"[15]，"天道有常，王道亡常，亡常者所以应有常也"[16]等预言汉朝可能重蹈秦朝覆辙的话头，已涌至汉元帝前。

汉成帝即位，劈头便遇到祖庙火灾、彗星出现、黄雾四塞、大旱大水、地震日食同日发生等异常现象。以后人事似乎比天象更不安宁，因而他不得不听取经学家们更难听的言论。"臣闻灾异，皇天所以谴告人君过失，犹严父之明诫。畏惧敬改，则祸销福降；忽然简易，则咎罚不除。"[17]这话还算是客气的，以后越说越难听。"夫贱人当起而京师道微，二者已丑。"[18] "汉家逢天地之大终，当更受命于天。"[19] "自古及今，未有不亡之国也。"[20] "近事不远，即汉所代也。"[21] 天立王"非为天子"，"非为诸侯"，"皆以为民"，"垂三统，列三正，去无道，开有德，不私一姓，明天下乃天下之天下，非一人之天下也"[22]。这些话，简直像在呼唤"革命"，革去汉高祖所受的天命。

当初汉哀帝面临的就是如此局面。

显而易见，这样一个病入膏肓的帝国，由这样一名病夫皇帝治理，除非出现奇迹，才能使"国家"——汉代人对帝国和皇帝的通用称谓——重获生机。

汉哀帝似乎明白这一点，他的行为表明，他需要奇迹，也期待奇迹。

公元前七年汉历六月，即位只两月的汉哀帝，等不及明年正式改元，便急忙自己动手给帝国创造奇迹，企图一举消除导致贫富激烈分化的财产占有不受限制的状况。那时衡量私人财富的尺度，是占有土地和奴隶的数量。还在百余年前，董仲舒便向汉武帝建议"限民名田"，即限制私人占有土地的数量，并且禁止私人杀害奴婢，以为不如此便不能稳定统治。百余年来，不断有人向帝国政府重提类似建议，却没有一个皇帝或权臣打算采取这样的措施。如今，危机的发展，使皇帝的经学教师师丹记起了董仲舒当年的设想，作为"救急"之方献给皇帝[23]。岂知皇帝立即采纳，不顾"三年无改于父之道可谓孝矣"（见《论语·里仁》）的圣训，指示政府起草法令。

限田法很快制定。私人占有田宅一律不得超过三十顷，占有奴婢数量依身份有等差，但诸侯王也不得超过二百人，附带还有限制贵族大臣特权的几条规定。[24]

限额应说很宽，既没有触动贵族显宦的基本特权[25]，更没有保障贫民特别是奴隶的生存权利。然而尚未颁行，便开始出现奇迹。太皇太后抢先命令自己的家族，凡坟茔以外的私有田地，全部分给贫民[26]，而田宅和奴婢的市场价格，也普遍下跌[27]。这既可见那时财富不均的严重程度，也可见法令对特权者确有限制作用。

然而，法令唯独对一个人没有设置限制，那就是奇迹制造者本人。汉代皇帝有世袭私产，设专官管理，因而是全国最大的地主兼奴隶主。他私人占有的田地奴婢不受限制，怎能限制其他特权者兼并无度？法律的适用范畴一旦规定，则在同一范畴中出现任何例外，便不可能保证规定的有效性，甚至造成零效应或负效应。而例外总是无例外地出现在规定首先应该生效的环节。果不其然，限田法没有正式颁行，便受到强烈反对，带头反对的正是汉哀帝的祖母和母亲家族以及他的男宠董贤。他们属于攀龙附凤而暴发的新贵，还没有享受暴发的甜头，便要同尝应由旧贵先尝的苦味，不反对才是不合逻辑的，况且正需要他们支持的新君自处例外。于是皇帝不得不屈服于亲幸的压力，宣布限田法推迟实行，就是说它成了一具足月而生的死胎[28]。

生产死胎比胎死腹中更令人失望。制定限田法，本为示人以公，造成新君乃名实相符的真天子的效应。然而法令制定了，公之于众了，引出正效应了，突然由于私人考虑而夭折，能使那类因统治危机日趋严重而导出的，对"一人之天下"的普遍反感消除吗？对于汉哀帝及其外戚宠臣来说，更糟的是法令尚未生效，而皇帝的嫡祖母便带头命令自己的家族执行。这个来自对立面的例外，与皇帝为了私人感情，竟不惜借用废除皇帝传统猎场的名义，赏赐给男宠董贤超过最高限田额七十余倍的私人田地的例外[29]，形成那样鲜明的反差，以致朝野舆论都倾向于失势的老外戚王氏家族[30]。倘说限田法的效应，这难道不是恰好与奇迹制造者主观愿望相反的负效应么？

相信奇迹可能出现，然而制造奇迹失败，必定转向真正的迷信，即期待奇迹。

汉哀帝是否意识到他差点造出奇迹而又功败垂成，史无明文。但他是残疾青年，由藩王而太子而皇帝，地位愈高，对于自身健康的忧郁与悲观愈增，则是必然的，因而他的种种行为，用传统或常识的尺度衡量，都令人费解。

即位时刚十九岁的汉哀帝，便开始为后嗣担忧。这种反常的非青年应有的想法，正体现病夫皇帝的心态。他为个人的生命恐惧，他为帝国的延续恐惧，他似乎比同时代人更迷信天子存亡与天下兴亡是一回事。他生活在这样的恐惧中，因而他相信自己的久病与天灾的频仍，都是上天对帝国的谴告，于是，他不顾自己经学顾问刘歆的劝阻，接受一派术士关于这种天谴的神秘含义的解释。

这派术士在汉成帝时已经活跃。为首人物就是前面提及的齐人甘忠可。此人假造了两部天书，《天官历》和《包元太平经》。两书均佚，内容大致是占星、历数与董仲舒三统说的混合，而以历数作为推算手段[31]。伪天书预言，当前汉朝正值"天地之大终"[32]时期，二百年前所受天命已经完结，非"革命"不可，但可以采取"更受命"的措施禳解，而他甘忠可便奉天帝特命而获知这一"天道"。由于宗室元老刘向的严厉否定，甘忠可下狱而死，但他的学说仍在秘密流传，连两名经学家出身的高级官员也相信，帮助说服汉哀帝。理由是动人的："成帝不应天命，故绝嗣。今陛下久疾，变异屡数，天所以谴告人也。宜急改元易号，乃得延年益寿，皇子生，灾异息矣。"[33]建平二年（公元前五年）初，彗星出现，时间长达七十多天，越发使皇帝相信这是上天督促他从速自我"革命"的征兆。[34]

于是这年六月甲子日，帝国执政大臣突然接到皇帝命令，他决定遵照天赐"受命之符"，"必与天下自新"，改元为太初元年元月，易号为"陈圣刘太平皇帝"，并更改计时方法。[35]

用巫术当然治不好小儿麻痹后遗症。"再受命"已月余，汉哀帝健康依然在恶化，而这帮术士却归罪于执政大臣不知天命，认为必须改组政府。期待奇迹而发觉上当的皇帝既悲且愤，立即将这帮术士送进监狱，并下诏罪己，取消了这次自我"革命"的试验。他没有想到，他的不成功的试验，在身后便由王莽重复，并取得了成功。

然而汉哀帝虽然对自身健康不能够靠奇迹复原感到失望，却仍然期待出现奇迹拯救帝国危机。他记起了《尚书》中尧、舜禅让的故事。

从汉高祖刘邦起，历代皇帝几乎都是双性恋者。《史记》《汉书》中记载的"佞幸"大臣，无不是皇帝的男宠。但汉哀帝的同性恋倾向更厉害，他在二十岁时一见十七岁的禁卫军官董贤，便为董贤的漂亮容貌所倾倒，从此宠爱日甚，以致留下"断袖之癖"作为同性恋的隐喻[36]。不过两三年，董贤的政治地位便扶摇直上，二十二岁（虚龄）便当上大司马、卫将军，即首席执政，"权与人主侔矣"[37]。就在拜董贤为大司马的册文中，汉哀帝引用了《尚书·尧典》中尧让君位给舜的文告，"长老见者，莫不心惧"[38]。但汉哀帝在宫廷宴会上，仍然当众表示，"吾欲法尧禅舜"，激起太皇太后王政君的侄儿王闳当场抗议[39]。皇帝自动让位的计划流产了。董贤当然不是以异姓取代刘氏做皇帝的合适人选，然而汉哀帝也没有想到，他引经据典公开说出的这个想法，授以王莽怎样的口实。

总之，汉哀帝在位六年，他的表现不能说是庸主昏君。他曾经成功地驱除了前朝外戚，部分成功地抑制了本朝外戚，差不多恢复了名实相符的君主独裁权力。然而他的病态心理，导致他制造奇迹和期待奇迹的努力都归于失败，而这一系列失败，还证明他在宫廷政治中远非嫡祖母的对手。从王莽被逐后，这个老祖母表面不干预嗣孙行使皇帝权力，并对亡夫宠妾傅太后咄咄逼人的骄横态度，表现出非凡的忍让气概。其实她老谋深算，在哀帝六年期间，仅出面说话两三次，便使皇帝和新贵们的政治信誉受到很大打击[40]。

结果呢？刘邦后裔中最后一名享有实权的皇帝，他为了挽救"刘氏天下"的一切作为，都仿佛只在为这个帝国掘墓，因为他的作为，恰好用事实表明，这个帝国真的是病入膏肓，无药可救了[41]。

# 五

公元前一年，汉历六月，汉哀帝死去当天，退居深宫多年的太皇太后王政君，出现在尸床前，立即采取两个措施，收取了皇帝玺绶，派使者急召王莽，并命令宫廷机要处（尚书），所有发兵符节、百官奏事、宫廷警卫、京城诸门禁卫军，都归王莽主管。这实际是发动宫廷政变，首先夺了大司马董贤的权，而授予王莽以非常权力。

王莽已是退休的贵族，任何实职都没有。他重返宫廷，且置皇帝丧事于不顾，首先逼死董贤，自己复任大司马[42]，接着与姑母密谋，立了一名九岁的藩王作为汉成帝的儿子继承帝位，因而一箭双雕，既使王政君作为未成年皇帝的监护人代行皇帝权力，又使汉哀帝的外戚失去要求权力的合法理由。然后汉成帝、汉哀帝的两名皇后都被废自杀，宫内又成为姑母的垄断禁区。汉哀帝的外戚和反对王莽的大臣，都一一安上罪名逐出政府，乃至举族流放，朝中便成为侄儿的一统天下。

但侄儿比姑母走得更远。姑母意在"复古"，即从政治到宗教，恢复她六十岁前的旧貌[43]，这个年逾古稀的老人就满足了。因而即使报复死去的宿敌，她也主张勿为已甚[44]。正当盛年的侄儿却志在"致太平"，向往朝野上下都换新颜。不消说，他认定能够当此大任的，唯有他本人，因而他复任大司马，便不满足于现状，而要求成为大权独揽的真正僭主。非但对于前政敌，他要斩草除根，而且对于本家族的元老，他也要防患未然，借口"力用公正先天下"，将年位均在其前的叔父王立、堂兄王仁逐回采邑[45]。这样，他刷新政治的要求，主体表现便是勃发的个人野心，势必导致刚赢得胜利并共作僭主的姑侄冲突。

相传西周初年，伟大的周公背负其兄周武王的遗孤周成王，代理幼小的天子处理军国大事，使纷乱的天下很快变成太平盛世。这个迷人的传说，四百多年前便使在野伟人孔子那样心醉，以致晚年的孔子将很久没有梦见周公，当作自己面临死亡的征兆。

公元前一世纪初，晚年汉武帝重新记起周公辅成王的故事，在临终前将新立的小太子汉昭帝托付给霍光，便说他希望霍光学习周公。霍光不通经术，想当然地将自己作为僭主的一切行为，都比作周公的行为，从此周公的名号，成为中世纪一切僭主权臣个人野心家的代称。最足以显示画虎不成的学周公的先例者，就是王莽。

公元元年，王莽执政已半年，正值新立小皇帝第一次改元之际，远在中南半岛南端的所谓蛮夷之邦越裳氏，派使者通过多重翻译，到长安献上了三只土产野鸡，白一黑二。事后人们才知道这是王莽密令西南地方长官干的好事。野鸡即雉，商朝武丁时偶有一只飞到祭祀先祖的鼎上，那以后便成为时常引起朝廷大惊小怪的奇异飞禽。但纯色雉在中原无有，不知从何时起，——因为经典未载，《史记》未提，可能出自霍光专政以后——白雉便成了周公致太平的神秘象征。

可恶的是姑母。这个身居宫廷第一夫人高位已五十年的老太，一眼便看穿侄儿的心思。她虽然同意将白雉奉献宗庙，却坚持拒绝满朝文武大臣借祥瑞而赋予侄儿等同霍光权力的请求。但侄儿早料定姑母除自己以外别无依靠，于是侄儿就生病了。姑母先示安慰，侄儿病仍加重。姑母不得已，下诏封赏侄儿的四名亲信，侄儿的病稍有起色。姑母完全让步，下诏承认侄儿功比萧何，堪称当代周公，因而接受文武大臣建议，封他为"安汉公"，这时侄儿才表示非常惶恐，抱病起身接受册封，但坚决辞让"安汉公"名下应有的财源，更建议从诸侯王到低级小吏，全都增加俸禄。于是，由姑母做出的决定，好名声均由侄儿独享。在信息迟钝的时代，"安汉公"受到远胜于前代周公的霍光的崇敬，岂非当然？

小皇帝（汉平帝）幼弱多病，对于新周公毫无妨碍，起妨碍作用的倒是姑母。但侄儿虽然无缘学习近代心理学，却揣摩透彻姑母心理。他知道老太太既愿少事又喜热闹，于是命大臣奏言"小事"均交安汉公处理，而他则亲自给姑母安排一年四季出宫巡游的节目，抚慰孤儿寡妇啊，率领宫人养蚕啊，亲临水边祭神啊，夏天到城外避暑啊，秋天到长安城外登高观景啊，冬天在皇家公园观看狩猎啊，总之老姑母玩得既合礼又快乐，觉得世道真的已趋向太平，没料到侄儿正在策划挖她的墙脚。

前面已提到霍光制造未来皇太后的故事。当初霍光或许没有想到，他为后世的僭主权臣，制造了怎样一个方便易行的先例。第一个效颦者便是王莽。[46]

公元三年，病弱的"成王"十二岁了，"周公"开始操心他的婚姻大事，皇后候选人也预定了，就是他的女儿。

　　姑母虽老，却不糊涂，极不情愿侄儿的代理人侵入自己的禁区。可是，就在侄儿忙于引经据典，"博采二王后及周公、孔子世列侯在长安者适子女"供姑母选择的同时，宫门前天天有上千人请愿，宫廷内日日有众大臣跪恳，说是非安汉公女儿不足以"为天下母"。安汉公亲自派人劝说那些公卿和太学生们停止请愿，但越劝上书者越多。七十多岁的老太后能抵挡这股压力么？于是，什么周公孔子的纯种后裔统统靠边，十三岁的安汉公女成了未来皇后。

　　天子娶亲就是天下的节日。三公九卿全部动员，纳彩、纳吉、纳征、告庙、请期等，严格依礼而行。后父又是那样礼让为国，增封的采邑，纳聘的黄金，都辞让，这更增加了大臣们劝说的辛苦，后来不得已，从聘钱二万万中，分两次才收下六千三百万，又将大半分赠陪嫁诸女家和穷亲戚们。那种周公式的谦逊，简直可使人感动得掉泪。

　　也有人真在此时掉泪，这就是小新郎的生母。她正在日夜啼哭，原因也在于王莽，但不是由于王莽嫁女给其子，而是由于王莽已将她和幼子隔绝三年。

　　王莽的理由，是防止哀帝祖母、生母的故事重演。但这种非人道的行为，连他的长子王宇也不赞成。

　　王宇没料到其父并不以做周公为满足。《尚书》不是分明记载成王长大后曾迫使周公逃亡吗？他也"恐帝长大后见怨"，因而早已私下与平帝的母家交往。他得知平帝生母思子悲极，便去信教她上书请求进京，然而王莽不理。他于是同自己的老师《尚书》博士吴章和妻兄吕宽私议原因。吴章说此人不可劝谏，但怕鬼神，可以吓唬，于是王宇使吕宽乘夜用血洒王府大门，但被发觉。

　　人们已看到王莽早有杀子前科，此人为自己是六亲不认的。王宇的行为虽不佳，那动机还是为父子前途忧虑。岂知王莽恼怒之余，却又看到一个显示当代周公另一面的良机。周公不是曾经诛管、蔡吗？管叔、蔡叔虽是亲弟，居然听信流言，勾结亡殷余孽，起兵讨伐周公，如今自己"居周公之位，辅成王之主"，岂可以亲亲害尊尊，而对亲子不行管、蔡之诛？于是他亲自捉拿长子，送进监狱，迫其自杀，再报告太后。太后在侄儿亲信草就的诏书上盖印，对侄儿表示嘉勉。于是当代周公便大举追究，除皇帝生母外，其外家灭族，并从吕宽追查起，株连及宗室外戚现存元老，包括亲叔王立、堂兄王仁，全部迫令自杀，"死者以百数，海内震焉"。

大义灭亲还不算，大司马助理又上书太后，提到安汉公有感于王宇事，"喟然愤发作书八篇，以戒子孙"，并认为这八篇可以颁行全国各地作为教科书。大臣会议当然同意，比作《孝经》[47]。可惜八篇已佚，否则后世的王孙公子读后将受益匪浅。

皇帝的婚姻大典，虽因以上插曲而蒙上阴影，但皇后父亲的权威却因此而更高了。他对自己的儿子、叔父、兄长、姻亲、师友，都毫不手软，要杀就杀，那么对于非其六纪内的反对者呢？不待说更加毫不容情。

还在皇帝订婚后，大司徒司直即丞相府秘书长官陈崇，就请著名学者张竦代他起草了一份长篇奏章，称颂王莽的功德[48]。全文引经据典，论证安汉公的德行功业都已超过周公，在安汉公做出周公都没有做过的亲手处死继承人的大事以后，谁还能怀疑这个结论呢？

于是，女儿出嫁了，正式立为皇后，父亲也升级了，由安汉公升为"宰衡"，即将商汤贤相伊尹、周成王贤辅周公的称号合而为一，并且封其母、封其子及增封本人户邑。

于是，超周公的当代周公又不敢当，又极力辞让，又恐惧生病，又劳太后操心，又让大臣力争，又勉强抱病办公，又将受赏钱财俵散。当然，最后还是不得已而让步，接受了与皇帝相似的礼仪待遇。

宰衡嫁女真是适得其时。他的女儿结婚不过年余，皇帝小丈夫便病死了。这回侄儿不与姑母商量，就擅自做主，在汉宣帝的上百名玄孙中，选了最幼小的一人，年仅两岁（虚龄）的刘婴，作为汉平帝的嗣子，然后迫使姑母同意。

这一来，十五岁的平帝遗孀，真成了预制的皇太后。她的姑祖母、太皇太后王政君呢？当然升级成为幼帝的嫡曾祖母，连封号都难加。有史以来，嫡祖母以太皇太后身份临朝听政，不乏先例，但谁见过以嫡曾祖母身份仍然不肯退休的先例呢？

身历四朝的王政君的政治生涯，其实到此已经告终，因为侄儿不再需要她的地位作护符了。留给她的任务，就是交出传国玺，并代表旧帝国承认它的死亡。

## 六

从公元四年晋为"宰衡"那时起，王莽的僭主面目已如此彰显，因而假如不再出现突发变故，似乎没有任何力量能够阻挡他成为一个新王朝的开国皇帝。

但是王莽本人却感受到一股阻挡力量，那就是传统。西汉帝国的存在，已逾二百年，传了十二世十一帝，举国上下都已习惯了把国家等同于刘氏天下的观念。汉高祖的遗言"非刘氏而王者，天下共击之"（见《史记·吕太后本纪》），犹如幽灵在世代追随着那些僭主权臣，以异姓称王尚且不敢，何况称帝？

这股传统力量那样顽强，甚至王莽本人的姑母子女，都不敢想象他竟然敢于超越。他的长子竟想借助巫术行为，迫使他重视与皇帝的日后关系，是一例。他的女儿虽受他的怜爱，却在日后成为父亲称帝的反对者，最后投火自焚时还说"何面目以见汉家"[49]，又是一例。

更明显的例证还是王政君。这个妇女同样热衷于僭取权力，保持权力，同样致力于架空皇帝，即使皇帝是她的亲子义孙，并且同样在暂失权力后以凶猛的手段将它夺回。正因如此，她才在晚年与侄儿合作，并放纵他的擅权行为。但当她发觉侄儿竟然开始爬上帝座，纵容立即化作敌意，尽管这是由她支持所造成的既成事实。她的敌意如此强烈，以致她听到有人起兵要杀王莽时，居然这样说："人心不相远也。我虽妇人，亦知莽必以是自危，不可。"当侄儿自立为真皇帝而派人向她逼索传国玺时，她激怒中痛骂王莽的那通言辞，自称"我汉家老寡妇"，完全站在亡国之君的立场指斥他背叛汉朝[50]。很难认为她这种保卫"刘氏天下"的态度不是真诚的，因为侄儿称帝，她还是家族的第一长老，仍被侄儿尊为太皇太后，只是前冠国号改变了[51]。

同样的例证，还有曾经出力支持王莽做僭主的一群亲信大臣。下文还将说到。

家族亲信尚且持这样态度，其他人的态度呢？元、成时代已有不少经学家预言汉运将尽，但都是想用危言耸动皇帝，使其自行解救统治危机。即使当时盛行于朝野的神秘谣传，假托圣人预言的"谶"，冒充经典诠释的"纬"，从客观上反映社会的精神危机何等深重，但从主观意识来看，包括预告天下大乱的所谓符咒，还是寄希望于刘家再出英雄来收拾局面。

王莽能战胜这股传统力量么？

我们已经看到，王莽并非不知天高地厚的小丑。恰好相反，他具有中世纪独裁者所必须有的性格和意志，令人很难辨别那是刚强还是顽固，是坚定还是死硬，是严格还是冷酷，是守志还是暴戾，是自信还是任性，等等。但透过有关他的种种矛盾的历史陈述，可以清楚地看出，他随着地位日尊，权势日隆，便日益显露类似疯狂的自我崇拜，就是上天生他，专为救世，因此天下必须服从他一人的意志，谁挡道谁就得被消灭。他的道德信念在于斯，他的价值准则在于斯，他处理政治人事的一切手段均服从于斯。

面对横亘在自己面前的那种传统观念，王莽究竟怎么想的，人们只能根据他的行为推知。

看来他也如同汉哀帝，需要制造奇迹，也期待奇迹。但汉哀帝想靠奇迹来恢复传统的皇帝权威，王莽则想靠奇迹来击破传统的皇帝权威，即唯有刘家的血胤才能承受天命的信仰权威。在传统的根基已被蛀蚀的地方，传统的信仰就像枯萎大树上的不能结果的空花，这时破除传统总是要比守护传统省力。因此，在汉哀帝失败的地方，王莽却取得了相当的成功。这并不令人意外，尤其因为他的政治经验和健康状况，都远胜于汉哀帝。

在取得"宰衡"的权位之后，王莽立即转向追求文治武功，以显示他"致太平"的能力和实绩。

年轻时受过礼学教育的王莽，十分了解孔子所谓"克己复礼"的政治含义。不同于一般缺乏政治头脑的冬烘经学家或浮躁太学生，王莽深知兴文教是得人心的第一要紧手段，因为那些受过教育的才智之士，不仅是候补文官的一大来源，而且在朝在野都能影响人心，进而影响世道。他任宰衡后首先实行复礼措施，便表明他的见识。

"是岁（汉平帝元始四年，公元四年），莽奏起明堂、辟雍、灵台，为学者筑舍万区，作市、常满仓，制度甚盛。立《乐经》，益博士员，经各五人。征天下通一艺教授十一人以上，及有逸《礼》、古《书》、《毛诗》、《周官》、《尔雅》、天文、图谶、钟律、月令、兵法、《史篇》文字，通知其意者，皆诣公车。网罗天下异能之士，至者前后千数，皆令记说廷中，将令正乖缪，一异说云。"[52]

我故意引这段原文，是因为从十九世纪九十年代康有为的《新学伪经考》到二十世纪二三十年代顾颉刚等主编的《古史辨》，都或多或少无视历史事实，将王莽描绘成在理论上受刘歆愚弄的可怜存在。此点虽屡经学者驳斥，但在若干哲学史或思想史著作中仍被视作定论。理由仍如康有为的诡辩，谓此段记载出于刘歆的经古文学派传人之一班固之手。其实班彪、班固父子修《汉书》，在政治上攻击最甚的正是王莽。他们的全部努力，便在于证明王莽的新朝是"闰统"，必须排斥在天命"正统"之外。但连这样偏见极强的作者，都不得不承认王莽破坏传统，是在尊重传统名义下进行的。在汉哀帝初年刘歆争立博士官的四种经典，除《左传》外，另外三种即《逸礼》《古文尚书》《毛诗》，仍被王莽排除在扩大了的三十名博士官正式传授的官方经典之外，而被廖平、康有为、胡适等指斥得最厉害的，所谓刘歆为王莽登台制造舆论的《周官》即《周礼》，仍被王莽排除在官方教科书之外。

斯宾诺莎说过："偏见比无知离真理更远。"康有为辈的偏见，已成近百年来学者如实认识中国思想文化史上这一重要时段的障碍。所以，我虽然很抱歉，但涉及前辈或朋友们的错误，如从历史事实出发，仍然要说这是错误。

上引王莽措施的记载，表明他关注的不是学派式学说的争执，而是罗致"天下异能之士"。这些人在朝比在野更好，向朝廷公开陈述自己的思想见解比在州府县乃至三家村私下发表自己的牢骚不平更好，这无疑是王莽复礼措施的动机。当今宰衡亲自下令征召，政府免费提供进京车辆食宿，对于仅仅"教授十一人以上"的文士学究们，更是旷代殊荣，他们到京后还不异口同声歌颂宰衡么？这又无疑是王莽复礼措施的效果。

王莽在重视文士的同时，没有忘记依靠性交大批繁殖的那班刘家无赖儿郎。汉平帝元始五年，"正月，祫祭明堂，诸侯王二十八人，列侯百二十人，宗室子九百余人，征助祭。礼毕，封孝宣曾孙信等三十六人为列侯，余皆益户赐爵，金帛之赏各有数。"[53] 如此众多的破落户子弟，忽然得到王莽的封赏，能不感激不拥戴"复礼"者么？

王莽在克己方面也一贯下功夫。

西汉晚期，权势与奢侈，个人进退与家族荣辱，纠结得那样紧密，以致偶尔出现清廉方正的达官贵人，其事迹便很快传得神乎其神。

王莽二度任大司马，便劝说太皇太后节衣缩食，作天下表率。他本人就曾一次捐钱百万，献田三十顷，"付大司农助给贫民，于是公卿皆慕效焉"[54]。

洪水干旱是人民最畏惧的灾难，执政大臣照例应该承担责任。[55] 每逢有自然灾害发生，王莽便夙夜担忧，减损私人饮食。"肉食者"本是贵族官员的同义语，因而全国第一号大贵族，与贫民同样吃野菜，盘中不见肉达数月之久，这样的消息自然不胫而走。那时不知曾否有过螃蟹是不是肉的问题，但蔬菜品种肯定比后世少，因而安汉公不食肉便引起朝廷极大不安，累得老太后亲自下诏劝说："闻公菜食，忧民深矣！今秋幸孰，公勤于职，以时食肉，爱身为国。"[56]

王莽对家族权势也有限制，甚至亲子犯法也毫不容情，在前已述。

动机无论，其效应为示人以克己甚严，则可以得知。

可贵的是王莽还注意武功。从西汉统一后，所谓武力从来指外不指内。由汉高祖被围平城那时起，北方的匈奴帝国就成为西汉帝国的最大威胁。匈奴不平则"四夷"交侵，这几乎成了规律。霍去病的豪语"匈奴未灭，何以家为"在汉武帝以后便成为衡量皇帝武功的尺度。王莽当然没有忘记这个尺度，但他好像比汉武帝聪明，懂得金钱可能比战车更有威力。他暗中派人用黄金钱帛从重贿赂匈奴单于，果然换得匈奴帝国略愿臣服的表示。北方如此。东边是大海，从秦始皇以来就不清楚那海外居民是仙人还是凡人。南方的越人早在汉初便消除敌意。唯有西方的羌人，继续征抚交施，也不愿总是对抗。那么，"致太平"的目的，不是在"四夷"和平中间显示了么？

应该承认，那两年王莽真得人心。他女儿成为皇后，他作为后父，采邑增封满百里，统治地域不过相当于两周时代一个小小的百里侯，权势还不及后世一个在皇帝眼中鹰犬不如的县令长，却仍然坚辞不受。引起的反应不能都说是投机拍马的行为。"是时，吏民以莽不受新野田而上书者前后四十八万七千五百七十二人。"[57] 考虑到那时的信息交通等技术条件的落后，任何人征集签名都做不到一呼百应的地步，这个统计数字格外值得玩味。

于是朝廷大小官员贵族九百零二人联名上奏，请求太皇太后和皇帝给予"宰衡"以前无古人的荣誉，即赏加"九命之锡"[58]。这上千人也未必个个都是阿谀取容的马屁精。

然而王莽谨慎地争取朝野支持，向皇帝宝座前进的策略，意外地被打断。公元六年初，不满十五岁的汉平帝突然死亡。五十六岁的后父兼宰衡被迫提前做出抉择，通过遴选君位继承人，撇开姑母，自己直接作为皇帝的监护人。但他遴选的皇帝实在太幼小，仅两岁，而他非但不愿姑母临朝称制，也不愿自己的女儿抱子听政，唯一的选择是他继续模拟周公，背负襁褓中的外孙皇帝南面听政。但既然已坐上帝位，便应有相宜名号。大臣们奉天意，考经典，举行会议反复讨论，决议："臣请安汉公居摄践祚，服天子韨冕，背斧依于户牖之间，南面朝群臣，听政事。车服出入警跸，民臣称臣妾，皆如天子之制。郊祀天地，宗祀明堂，共祀宗庙，享祭群神，赞曰'假皇帝'，民臣谓之'摄皇帝'，自称曰'予'，平决朝事，常以皇帝之诏称'制'。"[59] 就是说除了在姑母前仍需称臣外，他在全国臣民前都是皇帝，不管假也罢，摄也罢。

假作真时真亦假，那是《红楼梦》作者堕入禅宗的相对主义的论调。公元初期中国还没有佛教，更勿论禅宗。其实即使有，我们的王莽也没有那样不争气。他一贯追求弄假成真，绝对想不到假即是真。

遍查中世纪史，从来找不到僭主权臣自动交还权力给皇帝的先例，如周公在成王成年后所作所为。因此，王莽既然尝到半真半假的皇帝滋味，——对神是假，对人是真——那么他自己也逃不脱弄假成真的诱惑。正如由于偶然机会服毒成瘾者，靠自己戒毒必不可能那样。

因此，不过三年，假皇帝变成真皇帝，又有什么奇怪呢？

这中间传统力量不是没有发动抗拒。

公元七年，即王莽称代理皇帝的第二年，前代丞相之子翟义，便拥立刘氏宗室子为天子，以代表汉朝"共行天罚诛莽"作为号召，聚结武装十万人向长安进军。连太皇太后都赞成这个行动，可知王莽遇到的挑战的严重性。

王莽除派遣禁军精锐部队前往镇压，还派遣著名学者桓谭等四处宣传摄皇帝必依周公故事还政于长大后的汉孺子。为表明还政诚意，王莽模拟《今文尚书》周公因管、蔡叛乱发布的文告口吻，也作了一篇《大诰》[60]。这是一篇有趣的文献，很能反映僭主权臣在危机时刻如何嫁祸于人以欺骗民众的伎俩，正如两年前平帝病危时他仿周公祈祷天神愿意代死而做的怪异举动那样[61]。

仓促发难的翟义，所部声势虽大，都是乌合之众，一击即溃。王莽大悦，借机大大宣传一通，封赏平叛有功者为侯伯子男爵位达三百九十五人之多[62]。

这个事件，岂非证明假皇帝"大得天人之助"么？在那个迷信盛行的时代，连翟家狗咬死鹅都被其兄看作翟义必败的预兆，翟义的败亡岂非表明上天眷顾王莽，预兆他应该做真皇帝么？[63]

## 七

不过，王莽想做真皇帝，最大的传统阻力，既非表现于贵族官员，也非表现于经师儒生。这些人与独裁权力联系如此紧密，除了拥兵自重，那么只消独裁者动一动小指，他们转瞬便可失去全部权势富贵。王莽昔日被逐出京师，一夜间便由权力顶峰坠入管制对象行列，连讨好小小的县长都受到冷面相待[64]。王莽重登权力顶峰后，玩弄这班人物易如反掌，不能不说与他在浮沉中参透此理有关。

最大阻力表现在哪里？在那些沉默的大多数，在农村和市镇的贫民。他们穷困、愚昧、落后，作为个体永远处于无能不幸的状态，连生命都没有保障，然而他们一旦铤而走险，集结起来，就颠覆了秦帝国，迫使晚年汉武帝向全国请罪，并使批评的声音通过曲折途径在皇帝耳边聒噪。翟义起兵，给了他们一次警告王莽的机会。三辅即京畿地区，有二十三县贫民同时为"盗贼"，攻烧官府，劫杀官吏，聚众达十余万，大火烧到皇宫前殿，因而引起王莽极大恐慌，京城戒严，自己"昼夜抱孺子祷宗庙"[65]。

经过此番领教，王莽再蠢，难道还不知妨碍他做真皇帝的阻力何在吗？

说起来，中国中世纪的农民，既难对付，也好对付。一个半世纪前，著名政治家晁错在给汉景帝的一篇奏疏中，便指出对付农民的奥秘极为简单，就是"地着"，也就是设法将他们牢固地束缚在小块土地上。他说，贫苦农民失去土地，便会"离乡轻家"，而这恰是农民聚众造反的温床。从汉武帝以后，所有替帝国长治久安担忧的经学家，包括著名的董仲舒、贡禹、匡衡、鲍宣等，所出主意都不离此谱。王莽本人熟悉汉朝政治史，手下又集结了一批善于用经术缘饰政治的智囊，岂会不懂此理？

但王莽似乎比他的顾问大臣更洞悉贫民心理。世代拘守于狭小土地，而又没有文化，对任何反常现象都骇怕不已的农民和贫民，比任何同时代居民都更加轻信奇迹。然而他们轻信奇迹，又与权力的考虑无关。他们可怜的生活状态，使他们对任何特异现象，思考范围不出于己有利抑或有害的范围。

因此王莽同样需要制造奇迹，期待奇迹。贫苦农民既迷信又实际的矛盾心态，使得奇迹制造者必须兼能满足这种二律背反式的要求。

然而王莽究竟比汉哀帝有经验。汉哀帝先企图制造人为奇迹，即通过限田法给贫苦农民以改善现实处境的某种希望，失败后再乞灵于天降奇迹，表示自己是得以再受天命的救世主。但是，改善实际生活的希望化作泡影，谁还能相信这个病歪歪的皇帝是救世主呢？

王莽则不然。他首先关注的是扮演救世主，激起人们笃信他必将带来奇迹的幻想，然后再企图制造人为奇迹，使他的救世主地位得以永存。

战胜翟义给王莽造成"大得天人之助"的形象。他不失时机地尽情夸张这次胜利的意义。

在中世纪，权力财富比往古晚近更依赖于独裁者个人的好恶，因而趋炎附势之徒，无论数量、质量都远胜于非中世纪。

还在王莽通过选立孺子婴表示他不再借助姑母权威初期，有两个无耻文人便假造奇迹，说是从废井中得到一块白石，上写红字"告安汉公莽为皇帝"。如此拙劣的伪造神谕，居然被王莽当作天帝降下的"符命"，用作自称假皇帝的依据，而两个骗子也大受表彰。这不是分明在鼓励人们为自己登基伪造奇迹吗？于是，翟义败后，奇迹愈出愈多，但谁也没有一个叫作哀章的蜀人太学生那样大胆无耻。他做了两个铜匣，每匣都装入一份图书，说是皇太后应依天命承认王莽为真天子，而王莽当得天降辅佐十一人，每人都预署官爵，其中八人是现任大臣，另三人尚在民间，包括他本人应封美新公，官国将，位上公，作为新天子四辅之一。这个骗子也真大胆，居然在一天黄昏，穿着黄衣，跑到汉高祖庙，亲手将两个匣子交给主管官员。而王莽得到报告，立即择吉日前往汉高祖庙，举行隆重的祭神仪式，接受了这所谓"金匮策书"，然后便一本正经地按照这两份假造符命的指使，举行了一连串仪式，正式登基做真皇帝，废除旧国号，改国号为"新"。

不待说，伪天书所列十一人，全部照封如仪。哀章当然平步青云，但他假造的另外两个平民姓名，却带来小麻烦。王莽按图索骥，仅在长安就找到王兴、王盛两个同名人十多个，没奈何只能用卜筮决定，总算选定看守城门的警官王兴任卫将军，封奉新公，卖大饼的摊贩王盛任前将军，封崇新公，都与原已担任正副丞相、禁军首领、京师长官的大臣同列。那些同姓名者也非不幸，无论原是流氓还是平民，一律拜为郎，当了禁军军官。[66]

这样做成真皇帝，不是一出喜剧吗？是的，但只是在哀章伪天书真相披露后，才暴露它的讽刺意味。那时代，即使头脑远比尸位素餐的昏聩公卿们清醒的文化精英，多半也不敢怀疑任何奇迹都是可能的。因而，毫不奇怪，王莽据此伪天书，装作不得已的虔诚姿态，举行隆重的"革命"又"受命"的大典，"百僚陪位，莫不感动"[67]。

不妨提前交代一下那位西汉末代皇帝的下场。他被废时年方五岁，就被王莽永远囚禁。他的母家早已被诛灭，但新皇帝甚至禁止他的乳母与他说话。他就在四堵高墙中间，活到二十岁，被禁锢生活训练成人事不知的白痴。后来他被反王莽的一支军队拯救出来，立为皇帝，但这支军队被自称汉武帝后裔的刘秀消灭。这个东汉帝国的开国皇帝，对受到王莽如此迫害的刘婴，并不因为他已成白痴而有怜悯之心，将他杀死了。他两度做皇帝，都是行尸走肉。没人想到，事隔一千四百年，在明成祖夺取侄儿建文帝的君位之后，禁锢高墙竟成了叛逆的藩王子孙的常规处罚。李自成起义军占领明朝"龙兴"之地凤阳，便意外地发现那里的高墙中禁锢着一批龙子龙孙，有的看来已年逾花甲，但全部已成为"植物人"，除吃喝拉撒外没有任何意识。如此处置自己的潜在敌手，发明权应归于王莽。

然而王莽仍然需要制造人为的奇迹，以向贫民尤其是农民证明他真是奉天承运的救世主。

王莽直接继承的是汉哀帝的遗产。在哀帝前一百六十年前后，贾谊在他的不朽论文《过秦论》中就说过："夫寒者利裋褐，而饥者甘糟糠，天下之嗷嗷，新主之资也。"[68]可惜王莽虽是新主，继承的遗产却相反。汉哀帝不过表示限制豪强兼并的意愿，略微提倡皇室贵族的节俭，便收到出乎意料的效果："宫室苑囿府库之臧已侈，百姓訾富虽不及文、景，然天下户口最盛矣。"[69]

这就使王莽处在两难境地。一方面，政府财政危机缓和，使他有进取的资本，另一方面，从汉哀帝那里接受的"府库百官之富，天下晏然"[70]的遗产，又使他除旧布新的行为难以解释。

倘以为王莽会被这类课题难倒，那就错了。他属于那种在任何时候都能找到充足理由的人。

他抓到了一条否定汉哀帝政绩的充足理由，就是贫富分化仍在扩大。

没有人能否定他的以下控诉。从汉文帝起一百五十年来，帝国政府屡次减轻田租，轻到只占年收入的三十分之一，但人头税不是连年加重，连丧失劳动能力的老人、残疾人都不放过吗？就说田租，土地所有权在富人手里，他们转租给贫民，侵夺贫民收入，国家的田租只占收成三十分之一，贫民实际缴纳的却占总收成一半以上，这样的分配公平吗？[71]

所谓天子爱民的优惠措施，实惠全都落入居于中间地位的贵族豪民的腰包。贫民怨恨政府，政府的财政却日益困窘。社会富裕程度在增长，但人民对汉帝国的离心程度却在加深，这难道不是汉哀帝改革的失败症结吗？

土地问题，租赋分割问题，抑制通货膨胀问题，这就是真正横亘在王莽面前的三大问题。他能解决其一，即可称英明。解决其二，便可称圣明。全部解决呢？当然属于神明。

王莽从来没想过自己居于神明以下。当然他着手制造奇迹，也会避难就易。他以为容易解决的首推通货膨胀问题。不是么？通货膨胀，无非是货币贬值。汉兴以来的通行货币是铜钱。铜钱的信用不好，一是由于分量不足，二是由于私人盗铸。因此，废除旧钱，发行新钱，并且严厉禁止民间采掘铜矿，问题不就迎刃而解了么？还在做假皇帝时，王莽便实行货币改革，只允许值一与当五十的两种大小钱流通。他做真皇帝后，虽然放宽限值，在废除西汉货币的同时，更名钱币为"宝货"，除铜铸钱、布作为基本货币外，还规定金银龟贝四种都可做货币，并再次严禁私人发行以上六种货币。但以上六种，共二十八品，其中大部分在近代只能称作债券，投入流通领域，引起市场混乱、伪币横行和通货膨胀，比汉哀帝时还要厉害。王莽只好用严刑抑制，但经济规律难道会服从主观意向吗？王莽在这一点上栽了跟头，是不奇怪的。

王莽居然还想解决土地和租赋分割问题。

我们已经看到汉哀帝的限田法如何无疾而终。汉哀帝君臣的设计行不通，并不等于问题消失了。其实问题无非延宕下去而已。

既然"分田劫假"的问题严重，王莽能证明他有能力解决以得民心吗？

新朝始建国元年（公元九年），刚即真皇帝位的王莽便发布诏书，宣称天下的土地都更名"王田"，奴婢都更名"私属"，每个成年男子占有土地不得超过九百亩，即上古的一"井"。超出部分都限期分给亲族同乡，并禁止土地奴婢的买卖。

如果说这道王田令使所有乡村私有土地主人唬了一跳，那么次年颁布的五均六筦令便使城镇乡村的大部分平民怨声载道。

两种没有列入西汉官方经典的往古文献《周礼》《乐语》，隐约提出了由政府管制人民主要消费品和生产资料的设想，而汉武帝时代早已制定过盐铁专卖政策。新朝的大臣鲁匡等，便将二者结合，制定了由政府统制几大部类的产品价格、税收和贷款利息的政策。筦者，管也，本意是开门的钥匙。王莽颁布的经济统制政策，统制范围包括盐、酒、铁、"名山大泽"（深山大海的稀有产品）、钱布铜冶（货币及其原料）和"五均赊贷"，共六项，因而称作六筦，或作六斡。

六筦五均其实是将前代各项制度整齐化，并扩大国家统制的范围[72]。所谓五均，意为国家与四民，五者都得其利。[73]新朝政府在长安及五都[74]各设置五均官，职责一是管制货币资源，凡是采集金银，铸钱原料（铜铅锡）和龟贝的工商业者，都必须向这个部门登记并取得许可。二是管制市场物价，包括每年四次颁布所辖地区统一物价，收购市场剩余的粮食布帛等，并在市场匮乏时平价出售，以防囤积居奇。三是向有急难的平民发放无息或低息贷款，以制止高利贷[75]。最后一项就是"赊贷"[76]。

按照逻辑，五均六筦付诸实施，应该对多数平民，尤其是贫困者有利。然而实施后的反应却是平民都叫苦。王莽认为一是百姓不知统制的长远利益，二是由于豪民富商从中作梗。因而他下诏对百姓进行诱导，并规定对犯禁者进行制裁，包括处以死刑[77]。但他却忘记了主要破坏者正是他任命的执法者，即建议实行酒类专卖并推行五均六筦的羲和（大司农）鲁匡。此人深得王莽信任，号称"智囊"[78]，任新朝政府财经大臣达十二年以上。然而他任用的五均六筦督导官，都是富商，无异于请强盗做巡捕。本来囤积居奇、高利盘剥，还只是受到贪官污吏的默许，如今奸吏猾民互相勾结，借助执法的名义，恰好使这种行径公开化[79]。

## 八

王莽知不知道他种种改革的实效？

似乎他胸中是有数的。他的经济政策，朝令夕改，夕令朝改，法网刑律，忽密忽疏，畸重畸轻。这除了他的个性因素（后将述及），都透露出他对各种措施引起的社会响应极度敏感，一有不利反响便急忙采取对策，或者取消原颁法令，如"王田"法实施不到三年，"莽知民愁，下诏诸食王田及私属皆得卖买，勿拘以法"〔80〕，或者变通原定法禁，如货币改革，造成社会巨大混乱，犯法者不可胜数，"莽知民愁，乃但行小钱直一，与大钱五十，二品并行，龟贝布属且寝"〔81〕，等等。

然而从根本上说，他是胸中无数的。原因很简单，因为此人尽管觉察得民心很要紧，尽管觉察只有给被统治的四民，尤其是贫苦人民以实际利益，才能使新帝国获得必需的广泛支持，可是他却以为，解决土地兼并、租赋分割、物价混乱、高利盘剥之类困扰社会的积弊，要比他登台夺权容易得多。

其实帝国易姓也不容易。当初刘邦依靠"暴力"革命，以汉代秦，也用了十五年之久，直到死前才征服了最后一名叛乱的异姓诸侯。而贾谊后来著《过秦论》，仍然特别强调秦帝国灭亡，根本原因在彼不在此，说是包括二世、子婴那样的昏君懦主，都有机会转危为安，却自己坐失良机，就是说假如不是秦始皇父子屡犯错误，刘邦未必能由流氓而变成汉高祖。

王莽是在非暴力情形下实现易姓称帝的。连中世纪的史学家都明白，他以新代汉，是一个过程的结果，而非这个过程的开端。这个过程至少可以上推至四十余年前元、成之际。一连串的偶然事件，如元后的长寿，哀帝的早夭等，使王莽绝处逢生，终于成为王氏家族兄弟叔侄世袭专权的最终受益者，将易姓称帝由可能变作现实。

但王莽似乎虑不及此。他明白他由家族中的"灰姑娘"，沿着权力的阶梯攀登至"安汉公"的高位，紧紧抓住"红姑娘"即太后姑母的裙带，是重要的，因而在姑母对他毕露的野心怒不可遏之时，依然不改恭敬的态度。可是这种态度愈来愈限于相见的礼仪，每次一转身，他就显示自己是唯一的独裁者。家族世代积累的显赫声望，造成人们心目中非王氏莫能执政的惯性思维，加上哀帝煽起人们希望又招致人们幻想破灭而失望，使王莽重返政坛得到朝野的拥戴。王莽逐渐陶醉了。先前我们已经看到的那种中世纪独裁者的性格和意志，在他的行为方式中愈来愈趋向彰显，很快达到一意孤行的程度。

不能说王莽改制没有抓到西汉晚期社会弊病的症结。但他忘记了，他的家族，他的集团，包括他本人，恰是首先应该为积弊日深负责的祸根。既然四十年来帝国权力基本操纵在王氏五大司马手中，除了哀帝在位六年外，皇帝不过是世袭罔替的诸名王大将军的傀儡，那么真想改制，第一刀应斫向何处，还消问得么？因而汉哀帝那份胎死腹中的限田令，首先引起王氏家族首脑王政君的恐慌，便可看到其中奥秘。

王莽的"王田"令，第一刀斫向哪里？他打着复古的旗号，宣称三代的井田制是最公平的土地分配方式，做了一篇铿锵的文章，将眼前积弊归咎于秦国的无道，汉初的荒唐。控诉是有力的，但祸首止于一二百年前的死人；罪责是分明的，但板子要由全国所有的"富者"的屁股背脊平均分担；措施是严厉的，但"敢有非井田圣制，无法惑众者，投诸四裔，以御魑魅"的那个行列里，没有一名属于王氏家族亲戚或新朝公卿大臣[82]。

货币改革实施得更早。还在半世纪前，经学家出身的大臣贡禹，已经提出币制不改，物价难以抑制，贫富分化难以缓和。他建议废除金属货币，恢复实物交易传统，固然迂腐得可以，但建议中隐含铸币权应收归国有，则是合理的[83]。王莽的货币改革，其实正是贡禹建议合理部分的应用措置。然而此公的币制改革令，却撇开铸币权收归国有的经济意义，大谈此举象征"皇天革汉而立新，废刘而兴王"的神圣意义[84]。谁在流通领域使用货币作为商品交换媒介时，考虑它的非实用意义呢？这首先引起普遍的心理恐慌，而金属与非金属的多本位制，成色与兑换率多达二十八品的新币杂行，更使心理恐慌化作市场混乱，汉朝历史早有先例。王莽把经济问题化作神学问题，然而在人民出于实际生活而不顾新币的神学价值的时候，他甚至更早于人民而采取世俗措置，币制改革令发布的同时，他就下令禁止民间经营铜器制造业，"欲防民盗铸"[85]。

王莽自己制造了货币混乱。因而，新币制实行后，人民拒用新币，暗用旧币，盗铸私钱更盛，钱币黑市大兴，导致通货膨胀，市场混乱，官商勾结，苛剥平民，商品紧缺，税收锐减。而王莽却以为是法令不严的缘故，下诏说，谁敢批评"王田"令，并用汉朝五铢钱进行黑市交易的，统统以"惑众"罪，流放到边荒地区。"于是农商失业，食货俱废，民涕泣于市道。坐卖买田宅奴婢铸私钱抵罪者，自公卿大夫至庶人，不可称数。"[86]

我不再引用五均六筦令的社会效应实例了，前面已约略说过。

总之，王莽从欲得人心为出发点的一切实际措施，无一不得到相反的归宿。他期望受到一切人拥护，效应是受到一切人反对。他期望以改制为新朝长治久安奠定稳固基础，效应是他的改制为新朝及自身之亡备下崩溃前提。

得人心者得天下，在逻辑上是正确的。然而历史证明，真得人心与否，只在得天下之后。王莽在哀、平之际大得人心，真实原因在于人们对旧帝国的沮丧和失望。那样的历史条件，所谓"公天下"仅限于个别学者对原始的氏族或部落民主制的模糊回忆，普遍的情绪则将改善不堪忍受的现状的希望，寄托于名实相称的圣君贤相。出身于名族而个人有佳誉的王莽，被看作必能带来奇迹的救世主，有什么奇怪呢？

然而王莽从幻想的云端降临到扰攘的俗世了，奇迹没有出现，灾难却更严重。假如他上面仍有成年的皇帝，假如他身旁仍有掣肘的幸臣，假如他自己仍满足于安汉公的地位，那么，无论他的改制最终是否都成空文，无论后代以诛心著称的史评家对他如何挑剔，他依然可能不失为伊周霍光的继承者。不幸他的个人野心，一发而不可遏制，遂使所有假如终成假如。于是，尽管他在生前已位兼伊周，权倾霍光，但他生前已备尝千夫所指的苦味，死后更留下乱臣贼子的恶名。

其实，当王莽陶醉于自己得人心而想做摄皇帝那时起，离心倾向便已悄悄滋生了，而且正从他身边发轫。

公元前一年王莽复任大司马，"于是附顺者拔擢，忤恨者诛灭。王舜、王邑为腹心，甄丰、甄邯主击断，平晏领机事，刘歆典文章，孙建为爪牙。丰子寻，歆子棻，涿郡崔发，南阳陈崇，皆以材能幸于莽。"（见《汉书·王莽传上》）这份名单屡被以后的史学著作引用，并且根据它判断助王莽称帝的就是这群人。

王舜、王邑是王莽的堂兄弟，但王邑没有作为[87]。王舜是王政君的堂弟王音之子，虽论血统比王莽与姑母更隔了一层，但姑母钟爱这位从内侄更胜于亲内侄，因而他便被王莽派定为沟通姑侄关系的密使。甄丰身世不详，但王莽初任安汉公，即要挟王政君封他为"四辅"之一，说他"宿卫三世，忠信仁笃，使迎中山王（汉平帝）辅导共养，以安宗庙"[88]，则此人从祖父起已三代连任宫廷禁军首领。其本人早与王莽私相勾结，没有他的支持，纵然太皇太后抓到了皇帝玺绶，王莽也绝不可能让一个年仅九岁的藩王进入皇宫。甄邯与甄丰有无亲戚关系，史无明文，但甄邯是汉哀帝末年的丞相孔光之婿，却史有明文。平晏是前代著名经学家出身的丞相平当之子，在王莽时位高权卑，可置勿论。刘歆在前已介绍，后将另说。孙建以下不足道，但孔光的作用，则应该一提。

据说孔光是孔子的十四代孙。

孔子有子名鲤，孔鲤有子名伋，孔伋有子字子上，都见于《论语》《礼记》等典籍，都可以相信或勉强相信。因为子上是否名帛，已无从考证。

稍有谱牒学常识者，都知道所谓祖孙、父子关系，除了合法婚姻形成的血统联系以外，不可能有任何其他材料佐证。孔子到孔伋，三世"出妻"，就是说与明媒正娶的太太离婚。孔鲤是孔子正妻之子，毋庸怀疑，但孔伋是孔鲤的妻生子还是妾生子，已颇有疑问。至于子上，是否妾生子，连《礼记》也没有交代，但他总算是孔子后裔。他以后呢？婚姻与否，有子与否，不见于先秦和秦汉之际的任何记录。到秦二世间陈涉造反称王，忽然有个自称孔子八世孙的孔鲋，前来投奔。他被任命为张楚国博士，不到半年就被打死了。过了十七八年，忽然有个自称孔鲋之弟的孔襄，投奔新统一的汉朝。那时当权的将相都是不读书的王陵、周勃、陈平之徒，就拿他做了个博士，类似后来政府低级顾问。孔光就是此人的玄孙，但他是否孔子的十四世孙，已说不清楚。他能通经，汉元帝时便有名，汉成帝时由博士累升而为副丞相，又升为丞相，汉哀帝时一度被罢免，末年又复出为丞相，于是号称"旧相名儒"[89]。

王莽岂有不重孔光之理？但他决不使孔光为难。他的办法是重用孔光的女婿甄邯，凡处理人事关系都由女婿知照妇翁，然后丞相上奏太后，然后侄儿关照姑母批准照办。[90] 如此，王莽既尊重丞相，又尊重太后，既为所欲为，又责有旁贷。此中奥妙，新朝灭亡三五十年后宫廷档案不再成为秘密，后人才得以了解。但在汉末新初，即使九卿以下高中级官员，也难以窥知内情。因而王莽任安汉公，将孔光拉扯入他的集团的首要成员群体，"光忧惧不知所出，上书乞骸骨"[91]，该是实情吧。*

## 注释：

〔1〕"自书传所载乱臣贼子无道之人，考其祸败，未有如莽之甚者也。昔秦燔《诗》《书》以立私议，莽诵六艺以文奸言，同归殊途，俱用灭亡，皆炕龙绝气，非命之运，紫色蛙声，余分闰位，圣王之驱除云尔！"见《汉书·王莽传下》赞。

〔2〕"光烈阴皇后讳丽华，南阳新野人。初，光武适新野，闻后美，心悦之。后至长安，见执金吾车骑甚盛，因叹曰：'仕宦当作执金吾，娶妻当得阴丽华。'"见《后汉书·皇后纪上》。

〔3〕正如历史本身从来不是单纯的一样，这里所举采取王莽式改朝换代的例证，必须限制在帝位国号转移的意义上。就重建帝国统一而言，同时采取兼并或摘桃等暴力模式，是必然的，包括新朝在内，下文当述及。

〔4〕"臣外祖兄弟为元帝侍中，语臣曰：'元帝多材艺，善史书。鼓琴瑟，吹洞箫，自度曲，被歌声，分刌节度，穷极幼眇。'"见《汉书·元帝纪》赞。臣即班彪，他隐讳了元帝好男色，多女宠的事实，参见同书《外戚传》《佞幸传》的有关记载。

〔5〕《汉书·元后传》。

〔6〕"大将军凤用事，上（成帝）遂谦让无所颛。左右常荐光禄大夫刘向少子歆通达有异材。上召见歆，诵读诗赋，甚说之，欲以为中常侍，召取衣冠。临当拜，左右皆曰：'未晓大将军。'上曰：'此小事，何须关大将军？'左右叩头争之。上于是语凤。凤以为不可，乃止。"见《汉书·元后传》。

〔7〕《汉书·王莽传上》。

〔8〕"三纲者，何谓也？谓君臣、父子、夫妇也。六纪者，谓诸父、兄弟、族人、诸舅、师长、朋友也。故《含文嘉》曰：'君为臣纲，父为子纲，夫为妻纲。'

---

\* 编者按：作者此文原稿部分文字已佚。据此文内容推测，此段文字后尚应有部分段落。

又曰：'敬诸父兄，六纪道行，诸舅有义，族人有序，昆弟有亲，师长有尊，朋友有旧。'"见《白虎通·三纲六纪》。一般认为，三纲六纪的伦理体系完成于东汉章帝年间，即公元七六年后。其实仅从此段引文，便可知它至少在《礼纬·含文嘉》出现的时代，便已完成。依照历代学者中较保守的估计，纬书大批出现是在西汉哀、平之际，即公元元年前后。从六纪内容看，处理亲族关系的原则就占四项。其中提及诸舅、族人、诸父，用在皇帝身上，就是如何处理外戚与宗室的关系。我推测它的形成时间还要早半世纪。

〔9〕霍光本与金日磾、上官桀、桑弘羊四人，在汉武帝死后组成辅政集团。霍光与上官桀是姻亲，共决政事。昭帝即位后，上官桀设法使年仅六岁的孙女，即霍光外孙女被立为皇后。不久辅政集团分裂，霍光诛灭了上官氏全族，唯独保全外孙女的皇后地位，并禁止昭帝与后宫其他妇女接近，"欲皇后擅宠有子"。昭帝死，无子，霍光力排众议，选年已二十余岁的昌邑王为昭帝嗣子。年方十五岁的上官后因而被尊为太后。霍光寻废昌邑王，又立时年十八岁的汉宣帝为昭帝嫡孙，其外孙女因此成太皇太后。霍光举大事，都用奉太后诏的名义。参见《汉书·霍光金日磾传》《汉书·外戚传上》。

〔10〕傅氏原是汉元帝宠妾，有子，即有意谋夺无宠的皇后王政君地位，废其子汉成帝而立己子为储君，未果。汉哀帝即位，她又援引"母以子贵"先例，自立为"帝太太后"，与成帝母王政君"太皇太后"并列。同时立成帝后与哀帝母并列太后，造成一朝四太后，三太后共挤一太后的局面。她通过哀帝遍封丁、傅两家亲戚为侯、大司马、将军、九卿等。政府要津均为两家盘踞，而将王莽以下王氏族人尽行逐出政府。她在宫中恣意欺负王政君，当面称王氏为"妪"，即今语"老太婆"。死前不久又易尊号为"皇太太后"。倘迟死，则王政君本人地位将不保。参见《汉书·外戚传下》《汉书·元后传》《汉书·王莽传》。

〔11〕哀帝"雅性不好声色，时览卞射武戏。即位癃痹，末年浸剧，享国不永，哀哉"，见《汉书·哀帝纪》赞。颜师古注引如淳说："病两足不能相过曰癃。"可知他死于小儿麻痹后遗症。

〔12〕"丁、傅以一二年间暴兴尤盛。然哀帝不甚假以权势，权势不如王氏在成帝世也。"见《汉书·外戚传下·定陶丁姬传》。又，前引《汉书》本纪赞：

"孝哀自为藩王及充太子之宫，文辞博敏，幼有令闻。睹孝成世禄去王室，权柄外移，是故临朝屡诛大臣，欲强主威，以则武、宣。"

〔13〕"哀帝初立，躬行俭约，省减诸用，政事由己出，朝廷翕然望至治焉。"见《资治通鉴》卷三三，成帝绥和二年。

〔14〕汉元帝永光元年（公元前四三年），御史大夫薛广德上书，见《汉书》本传。薛乃《鲁诗》学者，宣帝时曾任博士。

〔15〕京房《易传》语，见《三国志·魏书·文帝纪》裴松之注引许芝奏。西汉有两京房。此京房为《易》学家焦延寿弟子，以用《易》六十卦配合历法预测灾变知名，一度深受汉元帝信任。曾当面质问元帝："今陛下即位已来，日月失明，星辰逆行，山崩泉涌，地震石陨，夏霜冬雷，春凋秋荣，陨霜不杀，水旱螟虫，民人饥疫，盗贼不禁，刑人满市，《春秋》所记灾异尽备。陛下视今为治邪，乱邪？"后受宫廷亲幸排斥，以诽谤政治罪名被杀。见《汉书》本传。

〔16〕汉元帝初元三年（公元前四六年），中郎翼奉上疏，见《汉书》本传。翼奉为《齐诗》学家，以律历阴阳占验未来出名。

〔17〕汉成帝建始三年（公元前三〇年）冬，谷永应举方正直言极谏之士对策语。见《汉书》本传。

〔18〕建始四年（公元前二九年）夏谷永疏，见前引本传。王先谦《汉书补注》引王文彬说："丑犹比也，言二者之征兆已相连比而见。"

〔19〕"成帝时，齐人甘忠可诈造《天官历》、《包元太平经》十二卷，以言'汉家逢天地之大终，当更受命于天，天帝使真人赤精子，下教我此道'。……中垒校尉刘向奏忠可假鬼神罔上惑众，下狱治服，未断病死。"见《汉书·李寻传》。

〔20〕汉成帝永始元年（公元前一六年），刘向谏延陵制度疏，见《汉书·楚元王传附刘向传》。

〔21〕汉成帝阳朔二年（公元前二三年），刘向论王氏封事，见前引本传。按，"汉所代"谓秦朝。刘向以为汉朝将亡早于甘忠可，因而他以后指斥甘忠可妖言惑众，应该另有原因。

〔22〕汉成帝元延元年（公元前一二年），谷永受诏就灾异对策。按，四年前刘

向上疏,已说"王者必通三统,明天命所授者博,非独一姓也"(前引《汉书》本传)。他反对王氏专权,谷永则依附王氏。立场相反,见解相同,可见当时朝野舆论的普遍取向。

〔23〕师丹几乎完全重复董仲舒的设想,说彻底制止土地兼并,只能恢复井田制,但井田制不可能恢复,唯有限制民田及奴婢数量,才能改善贫民处境,"盖君子为政,贵因循而重改作,然所以有改者,将以救急也"。见《汉书·食货志上》。

〔24〕此次限田令,《汉书·哀帝纪》及《食货志》均有记载,内容以前者所记较详。其中规定"除任子令及诽谤诋欺法",便限制高级官员可以引用兄弟儿子一人进入政府的特权,并鼓励对名田畜奴婢过品的检举。

〔25〕西汉贵族本有采邑,收取租税。此次限田令只限制他们将采邑土地转化为私田的数额,即限制他们既享受采邑租税又收取私人地租的双重剥削量。

〔26〕见《汉书·哀帝纪》建平元年(公元前六年)正月。以往学者几乎无人注意此则记载与限田令的联系。

〔27〕见《汉书·食货志上》。

〔28〕限田法制定,"时田宅奴婢贾为减贱,丁、傅用事,董贤隆贵,皆不便也。诏书'且须后',遂寝不行"。见《汉书·食货志上》。董贤是汉哀帝的同性恋对象,哀帝屡次为加宠于他而破坏旧例新法。公元前二年,丞相王嘉因日食而上秘密奏章,便指责哀帝曾借口废除传统的皇帝私人猎场,"而以赐贤二千余顷,均田之制从此堕坏"。见《汉书·王嘉传》。

〔29〕董贤成为汉哀帝男宠,时在公元前六年、五年之际,被封侯则在公元前三年,而被赏以皇帝苑田二千余顷,也在此年。次年丞相王嘉上封事引此事,谓限田法从此破坏,可知限田法虽未正式颁行,但作为对贵族官员的一种威慑,至少在制定后五年内仍有影响。《汉书》《汉纪》作者均谓哀帝在位期间,百姓的富裕虽不及文、景时代,"然天下户口最盛矣",可由此得到解释。

〔30〕参看《汉书·元后传》《汉书·王莽传》。

〔31〕与天文星占相联系的历法天文学,对于帝国统治的重要性,由下列引文可证:"故圣王必正历数,以定三统服色之制,又以探知五星日月之会。凶厄之患,吉隆之喜,其术皆出焉。此圣人知命之术也,非天下之至材,其孰与焉。"

见《汉书·艺文志》历谱家后序。由此可知改朝换代必以"改正朔"为首要大事的主体含义。

〔32〕甘忠可伪天书概要,见《汉书·李寻传》。"大终"本是汉代历法天文学概念,又称"纪"或"遂"。它指制定历法的一个计算周期,等于一千五百二十年,相当于三统说中的一"统"即一千五百三十九年。在这个周期内,阴阳合历所需的朔望月与回归年相协调的总日数可成整数,故而历数家、占星家都十分重视这个神秘的数。

〔33〕《汉书·李寻传》。李寻是今文《尚书》学者,好据《洪范》说灾异,时任骑都尉,与司隶校尉解光,同以"明经通灾异得幸"。他们向哀帝推荐甘忠可门人夏贺良等,力陈"汉历中衰,当更受命"。这里所引即夏贺良的说辞。

〔34〕建平二年二月,"彗星出牵牛七十余日。《传》曰:'彗,所以除旧布新也。'牵牛,日、月、五星所从起,历数之元,三正之始。彗而出之,改更之象也。其出久者,为其事大也。其六月甲子,夏贺良等建言当改元易号,增漏刻"。见《汉书·天文志》。

〔35〕详见《汉书·李寻传》,参同书《哀帝纪》《天文志》。国号改称"陈圣刘"的神秘含义,说者纷纭。钱穆谓:"今考睦孟已言汉家尧后,有传国之运。今夏贺良等言汉历中衰,当再受命,故改称'陈圣刘',其意谓尧后之汉既衰,继起者必当为舜后,此据五德转移之说推之也。今自号'陈圣刘',所以为厌胜。"见氏著《刘向歆父子年谱》建平二年八月。

〔36〕"贤宠爱日甚,为驸马都尉侍中,出则参乘,入御左右,旬月间赏赐累巨万,贵震朝廷。常与上卧起。尝昼寝,偏藉上袖,上欲起,贤未觉,不欲动贤,乃断袖而起。其恩爱至此。"见《汉书·佞幸传》本传。按,这是董贤初宠情形。

〔37〕同前引《汉书》本传。

〔38〕参看《汉书·佞幸传·董贤传》。

〔39〕"后上置酒麒麟殿,贤父子亲属宴饮,王闳兄弟侍中、中常侍皆在侧。上有酒所,从容视贤笑,曰:'吾欲法尧禅舜,何如?'闳进曰:'天下乃高皇帝天下,非陛下之有也。陛下承宗庙,当传子孙于亡穷。统业至重,

天子亡戏言！'上默然不说，左右皆恐。"见前引《董贤传》。

〔40〕前已提及，哀帝初即位，王政君便"诏莽就第，避帝外家"。而王莽正是王家相继专权的五大司马中最得人心者，因而王政君这一措施，不仅消除人们对王氏专权的恶感，并将注意力引向皇帝的外戚新贵。因而王莽被逐出京师，"天下多冤王氏"，见《汉书·元后传》。哀帝初期制定限田法，按其规定，首受打击的便是前朝的宗室外戚等老贵族。但王政君在法令未实施前，便下诏王氏家族将坟地外全部私田散给贫民，连限额以内数量也不留，这就更加映照新贵的贪婪和皇帝的言而无信。参《汉书·哀帝纪》《汉书·王嘉传》。建平三年（公元前四年），哀帝请求太皇太后下诏，恢复被成帝废除的祭祀天神地祇的两个主要神祠。王政君诏书谓："皇帝宽仁孝顺，奉承圣绪，靡有懈怠，而久病未瘳。夙夜惟思，殆继体之君不宜改作。《春秋》大复古，其复甘泉泰畤、汾阴后土如故。"见《汉书·天文志》，又《郊祀志下》略同。《哀帝纪》载事不载诏，显然因为此诏把哀帝久病不愈的原因，归诸哀帝行事多违背先代传统，尤其是前年那次"再受命"。其中"《春秋》大复古"一语，亦见于成帝永始三年（公元前一四年）太后诏书，说同一事，但太后用以自责，十年后却用以责孙，颇可玩味。

〔41〕"汉世衰于元、成，坏于哀、平。哀、平之际，国多衅矣。主疾无嗣，弄臣为辅，鼎足不强，栋干微挠。一朝帝崩，奸臣擅命，董贤缢死，丁、傅流放，辜及母后，夺位幽废，咎在亲便嬖，所任非仁贤。"见《汉书·佞幸传》。

〔42〕董贤自杀，王太后命公卿推举大司马人选，正副丞相均推王莽，但前将军何武、后将军公孙禄则互相推举以示抵制，他们都是经学名家出身的军队实际主帅，可知当时军队并不拥护王莽。参见《汉书》的何武、王莽诸传。

〔43〕从汉元帝起，相继任公卿的经学家贡禹等，都以为"汉家宗庙祭祀多不应古礼"，因而开始了持续元、成二世的礼制之争。争论的动因是政府的财政危机，遍及全国的列祖列宗庙宇和几万所神祠，每年消耗大量租税劳力，成为政府财政的沉重负担，也引起社会的动荡。但争论的表现则为废罢祭祀是否蔑祖渎神。成帝曾从匡衡议，废罢京畿近五百所神祠和郡国山川中自高祖至宣帝所置的所有官方神祠。以后成帝无继嗣，太后王政君认为是背祖渎神的结果，下令恢复汉武帝所置主要神祠，诏书内便强调她六十岁

了，不希望变更祖制，"《春秋》大复古，善顺祀"。见《汉书·郊祀志下》。

〔44〕公元五年，王莽追究汉哀帝祖母、生母葬礼违制，提出发冢改葬，便受到王太后反对，"以为既已之事，不须复发"，而王莽仍然掘墓焚椁。见《汉书·外戚传下》。

〔45〕王莽复出，"红阳侯立，莽诸父，平阿侯仁素刚直，莽内惮之，令大臣以罪过奏遣立、仁就国。……后遂遣使者迫守立、仁令自杀"。见《汉书·元后传》。王太后初不听遣亲弟就国，王莽谓她代幼主统政，"力用公正先天下，尚恐不从，今以私恩逆大臣议如此，群下倾邪，乱从此起"。感到恐惧的太后只得听从。见《汉书·王莽传上》。

〔46〕平帝即位，"莽欲依霍光故事，以女配帝，太后意不欲也。莽设变诈，令女必入，因以自重"。见《汉书·外戚传下·孝平王皇后传》，此事在《王莽传上》曾详载。本节即据二传。

〔47〕《汉书·王莽传上》。

〔48〕以上均见《汉书·王莽传上》。参见同书《外戚传下·中山卫姬（平帝生母）传》。

〔49〕见《汉书·外戚传下·孝平王皇后传》。

〔50〕王政君拒交传国玺时一段话颇有意思，照录如次："而属父子宗族蒙汉家力，富贵累世，既无以报，受人孤寄，乘便利时，夺取其国，不复顾恩义。人如此者，狗猪不食其余，天下岂有而兄弟邪！且若自以金匮符命为新皇帝，变更正朔服制，亦当自更作玺，传之万世，何用此亡国不祥玺为，而欲求之？我汉家老寡妇，旦暮且死，欲与此玺俱葬，终不可得！"见《汉书·元后传》。

〔51〕王莽后尊王政君为"新室文母太皇太后"。见《汉书·元后传》。

〔52〕《汉书·王莽传上》。

〔53〕《汉书·王莽传上》。

〔54〕《汉书·王莽传上》。

〔55〕经学家认为执政大臣燮理阴阳，因而水旱灾害表明执政失职，为此罢免执政乃至迫令自杀事都有，参《汉书·翟方进传》。这是古代巫术遗风。

〔56〕《汉书·王莽传上》。

〔57〕《汉书·王莽传上》平帝元始五年（公元五年）。

〔58〕九锡礼不见于儒家经传，初见于纬书《礼含文嘉》：“九锡者，车马、衣服、乐悬、朱户、纳陛、武贲、铁钺、弓矢、矩鬯也。”谓这九种礼仪都等同于天子。见《汉书·王莽传上》颜师古注引。

〔59〕《汉书·王莽传上》。

〔60〕全文见《汉书·翟方进传附翟义传》。

〔61〕“平帝疾，莽作策，请命于泰畤，戴璧秉圭，愿以身代。藏策金縢，置于前殿，敕诸公勿敢言。”见《汉书·王莽传上》。周公祈代武王死事，见《今文尚书·金縢》。

〔62〕参见前引《汉书·翟义传》《汉书·王莽传上》《汉书·元后传》。

〔63〕翟义兄翟宣居长安，教授诸生，在翟义发难前家中发生外狗入庭啮雁断头事，翟宣即判断其弟“恐有妄为而大祸至也”。之后王莽灭翟义三族，并对葬坑实行巫术镇魇措施。见前引《翟义传》。

〔64〕王莽就国后，南阳郡太守选引下橡孔休任新都相。王莽曲意与此人结纳，曾赐玉具宝剑，被此人当面拒绝，甚至王莽被哀帝批准返京，此人亦拒见。见《汉书·王莽传上》。新都相的地位，在西汉仅相当于秩五百石以下的小县县长。

〔65〕参见前引《汉书·翟义传》《汉书·王莽传上》。三辅二十三县“盗贼并发”，打击对象如此一致，正是中世纪农民暴动的特色。

〔66〕《汉书·王莽传上》《汉书·王莽传中》。

〔67〕均见《汉书·王莽传中》。

〔68〕参见《史记·秦始皇本纪》太史公曰引《过秦论》。

〔69〕见《汉书·食货志上》。

〔70〕同前引《食货志上》，并参同书《王莽传》。

〔71〕王莽下令曰：“汉氏减轻田租，三十而税一，常有更赋，罢癃咸出，而豪民侵陵，分田劫假，厥名三十，实十税五也。富者骄而为邪，贫者穷而为奸，俱陷于辜，刑用不错。”见《汉书·食货志上》。

〔72〕论王莽者常谓六筦五均是王莽的创造，那是误解。秦汉的奉常（太常）、少府都设有均官，主管皇陵和山海池泽的采薪税。汉武帝时为解决财政困难，在郡国及水衡都尉（苑囿官）都设均输官，令民输纳土特产，由官转

售他处。又在京师设平准官，掌握全国物资，贱买贵卖，调剂物价。二者均属大司农（除水衡外）。又曾在少府下设斡官，主管盐铁专卖事务，后相继改属主爵中尉（掌列侯）、大司农。名山大泽物产税本属少府，是宫廷经费的主要来源。王莽时加强了货币资源的统制，但也非创造。因而六筦及设五均官，可说是前代制度的整齐化，并将平准、均输、斡官的职责合并，扩大至主要都市。新朝的创造，是酒类专卖和赊贷制度。参见《史记·平准书》《汉书·百官公卿表》等。

〔73〕参见《汉书·食货志下》颜师古注引邓展、臣瓒曰。

〔74〕时以洛阳为中都，邯郸、临淄、宛、成都各以方位称四都，见《汉书·食货志下》。

〔75〕内容详见《汉书·食货志下》。胡适早年所作《王莽》（《胡适文存二集》卷一），以为五均官名指其所主五种职能，且不察六筦内容的历史，以为都属于王莽等的创造，称之为"国家社会主义政策"，均误。

〔76〕王莽诏书称赊贷政策来自《周礼》，乃附会，实则欲与民间高利贷抗衡。

〔77〕"夫盐，食肴之将；酒，百药之长，嘉会之好；铁，田农之本；名山大泽，饶衍之臧；五均赊贷，百姓所取平，卬以给澹；钱布铜冶，通行有无，备民用也。此六者，非编户齐民所能家作，必卬于市，虽贵数倍，不得不买。豪民富贵，即要贫弱，先圣知其然也，故筦之。每一筦为设科条防禁，犯者罪至死。"见《汉书·食货志下》。钱，原作铁，据王先谦补注引钱大昭校改。

〔78〕见《后汉书·鲁恭传》："祖父匡，王莽时为羲和，有权数，号曰'智囊'。"李贤注："匡设六筦之法以穷工商，故曰权数。"按此注据《汉书·王莽传下》载公孙禄斥鲁匡说。

〔79〕"羲和置命士督五均、六斡，郡有数人，皆用富贾。洛阳薛子仲、张长叔，临菑姓伟等，乘传求利，交错天下，因与郡县通奸，多张空簿，府臧不实，百姓俞病。……奸吏猾民并侵，众庶各不安生。"见《汉书·食货志下》。

〔80〕见《汉书·食货志上》。关于新朝的"王田"令，决非用所谓复古措施可以解释。从中世纪经学家到近代某些经济史著，在此问题上的诸种皮相之论，尚待认真的研究予以澄清。

〔81〕见《汉书·食货志下》。与王田问题相同，王莽的币制改革，并非心态问题，然而不能忽视心态。此非本文范围，姑置不论。

〔82〕参见《汉书》的《王莽传中》、《食货志上》有关记载。

〔83〕贡禹议上于汉元帝时，见《汉书·食货志下》。

〔84〕这是把经济问题化作神学问题的一篇典型文献。诏谓"自孔子作《春秋》以为后王法，至于哀（鲁哀公）之十四而一代毕，协之于今，亦哀（汉哀帝）之十四也。赤世计尽，终不可强济。皇天明威，黄德当兴，隆显大命，属予以天下。今百姓咸言皇天革汉而立新，废刘而兴王。夫'刘'之为字，卯、金、刀也。正月刚卯，金刀之利，皆不得行"。见《汉书·王莽传中》。

〔85〕见《汉书·食货志下》，同书《王莽传中》。

〔86〕见《汉书·食货志下》，参见同书《王莽传中》。

〔87〕王邑是王氏家族第三任大司马王商次子，王莽很可能仅利用他的族望，此外他的事迹，《汉书》《汉纪》均未载。

〔88〕《汉书》未为甄丰立传，其事迹仅见于该书《王莽传》。

〔89〕"初，哀帝罢黜王氏，故太后与莽怨丁、傅、董贤之党。莽以光为旧相名儒，天下所信，太后敬之，备礼事光。"见《汉书·孔光传》。

〔90〕"莽以大司徒孔光名儒，相三主，太后所敬，天下信之，于是盛尊事光，引光女婿甄邯为侍中奉车都尉。诸哀帝外戚及大臣居位素所不说者，莽皆傅致其罪，为请奏，令邯持与光。光素畏慎，不敢不上之。莽白太后，辄可其奏。"见《汉书·王莽传上》。

〔91〕"莽以光为旧相名儒，天下所信，太后敬之，备礼事光。所欲搏击，辄为草，以太后指风光令上之，睚眦莫不诛伤。莽权日盛，光忧惧不知所出，上书乞骸骨。"见《汉书·孔光传》。

## 编者附言：

本文著期未详。从内容和写作风格来看，都与《从秦到汉》一文连接，故判断为同一时期，或者稍后的作品。朱老师在1988年前后曾有意以秦汉儒学为经，以宫廷政治为纬，写成一部"学随术变"的思想史，且作为他所主持的"中国文化史丛书"中的一部。这部著作的写法，不同于他同时期经学史研究时的考据和发微，而以较为通俗文字的叙述为主。这部书稿描写"从秦帝国统一，到东汉帝国建立，两个半世纪内中国出现过的四个王朝"，亦即从先秦儒学转为两汉经学的关键时期。全部书稿需要处理的一系列关键人物如嬴政、刘邦、曹参、王太后、王莽等，都已经包括在《从秦到汉》和《从汉到新》两篇文章中。尚缺汉武帝刘彻、博士官董仲舒等人还没有完稿。我们在朱老师的遗稿中发现两三篇未完成的作品，关于刘彻和王莽，和这两篇文章相似，而且相关，或许正是这部书稿的一部分。附录于后，以备参考。

# 【附】纨绔皇帝和他的宠臣 *

## 1

从秦始皇到袁世凯，中国到底出过多少名皇帝，至今没有见到精确统计。

其实也难以精确统计。中世纪的历史家，大都不敢违背孔夫子传下的势利见识，把创业称帝失败者都称作"乱臣贼子"，即在近代仍在人们头脑中作祟的"成王败寇"思想。因此，连司马光那样的大史学家，都拒绝承认王莽建立的新朝、武则天建立的周朝，是曾统一过中国的独立王朝。我们还能指望那些平庸的历史著作，提供革命易代之际，曾有几人称帝几人称王的确切记载吗？

不过，即使依据所谓"正史"的记载，中国中世纪至少出过七八百名皇帝，大概可说是保守的估计。

这个估计，也足以使中国享有一项世界历史记录，那就是皇帝的数量。除了中国自身外，这项纪录在世界上绝不可能被打破。

中世纪中国的皇帝，按照老例当分作正统与非正统两类。非正统的情形颇为复杂，暂且不去说它。所谓正统，依据中世纪的尺度，只能以被明清两代统治者追认是正式王朝者，即列入所谓正史者。

---

\* 作者此文为未完稿。

到十八世纪，经过清朝统治者承认的正史共有二十四部，记载了统一的或分裂的二十七个王朝，连清朝在内共二十八个。这些朝代的皇帝大多数可称为承袭正统。

近几十年来，人们习惯于将这一堆皇帝称作专制君主，这未免失诸笼统。从汉朝起，凡皇帝死后，照例要有个谥号，即用一个或两个字，概括死皇帝在位期间的品格功业。这一两个字，往往包括不止一种含义，譬如汉武帝，"武"是他死后的谥号，这个字便至少有五种含义[1]，从歌颂到批评都有，看你怎么理解。这种谥号，代表继承者一代的评语，当然说好话的多，说坏话的少，即使有批评也尽量含混。但民间便不大客气，说起哪个皇帝，往往径直称作明君、暴君、淫君、昏君、荒君、庆君等等，多半没有好话。

不过，尽管在中世纪，人们往往迷信皇帝，仍然很难承认皇帝都是圣明的，那就难怪反专制反独裁已成普遍意识之后，中国人总把皇帝当作专制的同义语。

皇帝未必是专制的同义语。这一点，在二十世纪初，那些君主立宪派早已争辩过了。皇帝也未必个个暴虐淫昏。这一点，在二十世纪中，那些爱替古人翻案的论者也早已逐一立过专案了。以为马克思主义见帝王就骂，那是误解。马克思本人早就说过，他所考察的资本家和地主，作为人，都不过是经济范畴的人格化，因此他的观点，比起任何别的观点，都更不能要任何个人对这种不能超脱的社会关系负责。[2]

但无可否认，中国的中世纪，以"大一统"为表征的专制主义，笼罩着社会生活的各个领域，而皇帝便高踞于专制主义的极峰。按照传统，所有皇帝都是终身制，因而，除了自然死亡，只有采取阴谋或暴力，才能迫使臣民们憎恶的皇帝从峰顶掉下来。

在这样的时代，皇帝的个人素质，他的信念和抱负，他的性格和才智，他的眼界和魄力，他的机智和手腕，诸如此类，当然对他所统治的政府、社会和臣民有重大影响，从而给他的时代和历史以重大影响。

一个帝国，无论它曾经何等强盛，倘若接连出了几个平庸的无能的乃至荒唐的皇帝，那么它就会趋向衰弱、没落乃至混乱，西汉后期便是例证。

## 2

谁都知道汉武帝。虽然他同时代的大史学家司马迁对他似乎并不佩服，但后来的史学家和非史学家却对他非常钦仰，称之为雄才大略的皇帝，列之为中世纪罕见的英主。批评也有，说是他的文采还差一点，那无疑是同行相妒之语。就说作诗，他的篇什流传不多，但一曲《秋风辞》便曾使鲁迅倾倒，说是"缠绵流丽，虽词人不能过也"[3]。

汉武帝不仅诗作好，文化素养也颇高，熟悉往古的哲学和历史，还精通音乐。所谓"罢黜百家，独尊儒术"，始作俑者固然不是他[4]，但重视教育，批准候补文官主要从博士弟子中间选拔的则是他。他也封禅，也求仙，但与感情冰冷而徒想为延长个人统治求长生的秦始皇不同，他的举止都富有浪漫主义的色彩。他真相信有神仙，但他感兴趣的，是神仙生活与帝王生活的差异何在。他尤其感兴趣的是那些与凡人不同的女神，后人以此为题材的《汉武帝故事》《汉武帝内传》等，叙述他与美貌的西王母夜半相会的传说，其事则无，其情当有[5]。

令人不解的是司马迁对汉武帝的否定态度。司马迁佩服孔子，但不拘泥于儒家教条。司马迁尊重历史，但不斤斤于褒贬大义。他敢于同情农夫的厄运，敢于讴歌英雄的末路，从逻辑来说自然应该对皇帝的人情味持平和态度。今本《史记》中的《武帝本纪》并非原作，但《封禅书》尚无人认为是假冒。看此篇，其中记载的汉武帝，虽由于迷信碰得头破血流而不知忏悔。这是司马迁挟私丑化吗？[6]不然，根据历代学者多方考察，证明司马迁描述的是事实，证明汉武帝是个纨绔子弟。

## 注释：

〔1〕依据《逸周书·谥法解》，谥作"武"者，有五种含义："刚强直理曰武""威强敌德曰武""克定祸乱曰武""刑民克服曰武""夸志多穷曰武"。末二义很难认为是赞颂。

〔2〕参见马克思《资本论》初版序，郭大力、王亚南译本，第一卷，人民出版社 1963 年版，页 XⅡ。

〔3〕《汉文学史纲要》第六篇，《鲁迅全集》第九卷，人民文学出版社，1981 年，页 386。

〔4〕俗以为此文化政策乃汉武帝所定，非，参见拙作《经学史：儒术独尊的转折过程》，《上海图书馆建馆三十周年纪念论文集》1982 年版，页 291—305。

〔5〕西王母初见于《山海经》，是个半人半兽的可怕形象，但在《汉武帝内传》中已化为"容颜绝世"的中年佳人。这个变异，盖与汉武帝与宠姬李夫人的浪漫故事有关，但这里不是讨论的地方。

〔6〕司马迁因替李陵辩护而受宫刑。东汉末王允曾说汉武帝不杀司马迁，令他作"谤书"，是个大错误。其实司马迁在受宫刑前，已完成了《史记》大部分初稿，包括《武帝本纪》。

**编者附言：**

　　本文为刚刚开头的未完稿，原有标题，用阿拉伯数字分节，内容也与《从秦到汉：始皇帝、汉高祖和曹参与儒术转型的故事》《从汉到新：一个老祖母和她的嗣孙与内侄的权力纠葛的故事》一致，拟定要写的人物汉武帝，正是其中的关键空缺，应该属于同一作品。二十世纪九十年代后期，朱老师曾说还缺一个汉武帝，再加上刘向、刘歆，他就可以交一部稿子出来，或许指的就是这本书。

# 【附】王莽：中世纪的大怪物 *

—

从公元前三世纪末，即秦帝国建立以后，中国统治者便逐渐养成了引经据典的习惯。

所谓经，本来不专指由孔子整理编定的五种著作，但在公元前一三五年西汉帝国政府推行独尊儒术的政策以后，便专指所谓由孔子编定的著作，并且特指受到帝国政府正式承认的那些著作。其中包括受到政府承认的关于五经的诠释性著作，即所谓传。这类经和传，在政治生活中享受同等权威。引传也等于引经，这在前章已有讨论。

所谓典，含义不那么确定，可以指官方认可的经书，可以指成文的或者不成文的法规，可以指现实存在的种种制度，也可以指列祖列宗乃至本届帝王大臣处理某些事件的先例即所谓故事。从西汉起，中世纪统治者据的典，含义一直比较模糊。

但有一点是清楚的，那就是引经也罢，据典也罢，在引据者的主观意向中间，都是为了重申或引申某种既定的权威性东西，所谓常道或常法[1]。

有一种意见，以为中世纪统治者总在引经据典，就证明经典，尤其

---

* 编者按：作者此文属未完稿。

是儒家经典，在中世纪享有莫大的权威。

那是误解。从西汉起，统治者引据的经典，无不是得到官方承认的，也无不是具有官方承认的标准解释的。就是说，在中世纪，经典之所以成为经典，并不取决于它们本身如何，而是取决于他们在统治者眼中的价值如何。因而，所谓经典享有的权威，其实是统治者赋予的一种外在的东西。

更何况自西汉起，历代统治者尊经崇儒，都着眼于术，所谓经术或儒术。他们引经据典，不过是应用这种统治术的习见方式。应用成习，固然会抬高经典在人们心目中的地位，却不意味经典本身具有权威性。

不难明白，暂时撇开其他的理由，例如信仰主义之类，单是为了统治的更迭而改换统治术的色彩，就使所引据的经典品种及其标准解释有了改变的必要。

王莽改制对此提供了很好的例证。

二

王莽堪称中世纪的一大怪物。

他出身于一个显赫的贵族家庭。姑母王政君，是汉元帝的皇后，汉成帝的皇太后，汉哀帝、汉平帝的太皇太后，在丈夫死后以皇帝的生母和嫡祖母的身份，控制、影响政府长达四十年，远过于她的先辈吕太后和窦太后。

帝国第一号外戚，家庭成员还愁没有荣光和权势吗？在王莽的表兄汉成帝继君位后，不到十年，王家累计封侯的已有十人，任大将军的已有四人。所有男性成员都得到姑母的恩泽，唯独这位侄儿仍是平民[2]。

令姑母和伯父警异的，是这位侄儿对于"孤贫"的境遇毫无怨言。他像普通儒生一样上学，勤奋研读《礼经》。他赡养寡母寡嫂和孤侄，表现为标准的孝行。他在外交朋友很谨慎，在家待长辈极有礼。他的伯父大将军王凤病了，他尽心服侍，亲自尝药，衣不解带数月，连梳头洗脸都顾不上，弄得蓬头垢面。[3]

这样的节操，与那班成天比赛谁最会享乐的纨绔堂兄弟们相形，真是太引人注目了。难怪姑母总把这位侄儿的困境挂在嘴边[4]，难怪叔叔们都公开赞美这位贤侄[5]，难怪身为大家长的伯父王凤临死时，要特别请求太后妹妹和皇帝表侄务必照顾这个好侄儿[6]。因此，他终于成为宫廷禁卫军的高级将领，终于也被破格封侯[7]，又有什么奇怪呢？

王莽节节高升了。更难得的是他"爵位益尊，节操愈谦"。好马好衣都送给客人，贫困名士都收养门下，更注意与将相大臣结交。不消说，他的名声很快传遍朝野，成为太后家族最杰出的人物。[8]

因此，公元前八年，三十八岁（虚龄）的王莽，代替申请离休的叔父王根，被汉成帝任命为大司马，即掌握全国军权的第一副首相，成为王家的第五个大将军，其实早在人意料中[9]。

可以想见，王莽将越发克己。[10]不幸他还没有来得及显示他处于如此高位仍然谦恭不已，他的表兄汉成帝便死了。继位者是先帝的侄儿汉哀帝。这个年轻皇帝，虽然尊王政君为嫡祖母，却听从亲祖母傅太后的摆布，而且此人还是著名的同性恋者，迷恋自己的男宠董贤，甚至到了要效法尧舜禅让的地步。内外夹攻，王莽还能安于权位吗？他只好被迫退休，回到采邑，"杜门自守"，唯恐新任皇帝为防患起见杀他的头。在他幽闭三年期间，他的次子杀了一名家奴，这在贵族中间习以为常。即使被人检举，无非挨皇帝一顿骂。但王莽则怕得要死，竟然强迫次子自杀，以保护自己[11]。

果不其然。汉哀帝听到的都是关于王莽的好话，因而他允许王莽回首都长安居住。

真是天佑王莽。汉哀帝刚跨入二十五岁（虚龄），便尾随他的亲祖母和生母，病死了。曾在姑娌斗法中屈居下风的太皇太后，闻报就直奔停尸床前没收了皇帝玺缓，随即召回侄儿，授予他实施首都处于紧急状态的全权："诏尚书，诸发兵符节，百官奏事，中黄门、期门兵皆属莽。"[12]

从这时起，王莽才显露出他并非善类。大权方握，立即逼迫汉哀帝的同性恋对象、大司马董贤自杀，从而使自己复任此职，合法地控制了全国军队。接着，姑侄串通，选了刘氏一名九岁男孩，作为成帝的继子登极为帝。于是，姑母得以嫡亲祖母身份代替皇帝发号施令，侄儿得以姑母委托名义为所欲为，哀帝的外戚家族被褫夺了利用血亲关系夺取王氏家族权柄的可能。一石三鸟，政权、军权、官内大权都落入王莽掌中，因而从内宫到外朝，都出现大清洗[13]，是当然的。但王莽是懂得"克己"的。虽然经过大清洗，宫廷内外遍布他的党羽，然而太后年老，皇帝年少，倘若老姑母撒手归阴，而皇帝年龄渐长，他还能躲在太皇太后的荫庇下为所欲为吗？他能避免汉哀帝将他放逐出京的故事重演吗？因此，当他开始实行大清洗时，就非常注意整人须合法，每次都让已是三朝元老的大司徒即首相孔光出面定罪，而让太后批准首相的奏议[14]。整掉了政敌，自己却保持干净的手。不过怎样从姑母的阴影中走出来呢？

这就用得着引经据典了。

## 三

趁汉哀帝夭死而无子，发动宫廷政变，将最高权力夺回王氏手中，这本是成帝、哀帝两个系统的外戚集团的一场火并。对于刘氏皇室来说，军权早已丧失，问题只在于皇帝做哪个外戚集团的傀儡而已。

然而，王莽一党，却将这场火并的意义，愈抬愈高，直到"定国安汉家"的吓人高度。

他们首先找到近典，那就是霍光的先例。霍光是汉武帝临终托孤的顾命大臣之一，后来成为汉昭帝的岳父。汉昭帝早死无子，由霍光做主立了一个刘氏宗室做皇帝。但此人在位不及百日，便以"淫乱"罪被霍光废掉，重立汉武帝的曾孙刘病已作为昭帝的嗣孙。他就是王政君的公公汉宣帝，而霍光又成为宣帝的岳父。霍光死时，宣帝曾给他最高的褒扬，比诸汉初的萧何，而阿谀者更将他比诸周武王死后辅佐周成王的周公[15]。王莽一党将王莽比作霍光[16]，显然是将姑母发动夺权的功劳转移给侄儿。

但这个近典也有毛病，即霍光死后两年，汉宣帝便以谋反罪名，将霍光的遗孀、长子及家属亲戚全部消灭，并废掉了霍后。难道王莽也要步其后尘吗？

好在除了近典，还有古经，就是周公辅成王的故事。周武王灭殷后两年就死了，留下幼小的遗孤成王。他的叔父周公受命辅政，背着成王代行天子事，虽然被内外怀疑有篡位的野心，但他还是克服重重困难，保护成王长大，稳定了周朝的天下。他的故事，如此吸引人，连分明是殷人后裔的孔子，也把周公当作最大的偶像来崇拜。王莽能据霍光之典，岂可不引周公之经？

困难在于如何令人相信王莽就是当代周公。汉成帝不是周武王，汉平帝也不是成帝生前所托之孤，何况中间还夹着一个汉哀帝。他倒是成帝生前所立继承人，然而他自始便讨厌王莽。幸而那时盛行的谶纬帮了大忙。有一种以诠释《孝经》为名的纬书，唤作《孝经纬援神契》，其中有这样的话："周成王时，越裳献白雉。"纯白的野鸡本来罕见，况且经过重重翻译由越南南端献出给王者。虽然这则神秘传说没有涉及与周公的关系，可是周成王全靠周公保护，因而当然可以解释成由于中国出了周公这样的大圣，才能导致白雉这样的祥瑞。

王莽立即利用了这则神秘传说。他暗示西南地区长官，在化外部落中寻找白雉并献给朝廷。果然找到了。王莽请求太皇太后将白雉奉献给宗庙。不知其中奥妙的老姑母欣然同意，没想到立即引来一大堆奏章，说是王莽的功德犹如周公，应该像汉宣帝封赏霍光那样，赐号"安汉公"，"益户，畴爵邑，上应古制，下准行事，以顺天心"〔17〕。姑母吃惊之余，似乎悟出侄儿贪她之功为己功的意向，因而命令内阁成员进行讨论。

侄儿呢？他深知姑母的脾气。这个老太婆，一方面极力扩大自己家族的特权，一方面又极力显示自己是刘家的好媳妇。所以，同样名不副实，实大于名，她不在乎，但名盛于实，她就犹豫。而且这回侄儿自比周公，人所共知周公相成王没得到太后撑腰，她怎能不对侄儿的动机感到怀疑呢？但是，论斗智，姑母究竟不敌侄儿，王莽得知姑母不同意照霍光的先例对他进行封赏，便立即上书，不是为自己争功，而是极力谦让，道是立汉平帝，定策者乃他与首相孔光等五人，他不能独居功劳。这样既排斥了姑母的定策功劳，又拉拢了自己的私党。姑母不同意侄儿的真实意向，于是谦虚的侄儿忽然生起病来。老太婆没了主意，左右建议下诏说要讨论的仅是孔光等的功劳，"莽乃肯起"。老太婆又下诏封赏侄儿推荐的那些人，"莽尚未起"。大臣们又哄然施加压力，老太婆不得不完全让步。"以莽为太傅，干四辅之事，号曰安汉公。以故萧相国甲第为安汉公第，定著于令，传之无穷。于是莽为惶恐，不得已而起受策。"〔18〕

姑母既然公开承认"安汉"的全部功劳属于侄儿，那么侄儿以后公开自居当代周公，愈来愈把姑母当作可以随便摆布的傀儡，还用举证吗？

在姑侄争权中，王莽始终没有忘记斜视小皇帝。他发现他被姑母承认为周公之际，他作为筹码的当代成王即汉平帝已经十二岁了，想背负行天子事早嫌太大，于是又记起了霍光的近典。他说应该替皇帝择偶，而根据《五经》，未来皇后必须"博采二王后及周公、孔子世列侯在长安者适子女"[19]，以备选择。周公、孔子的子孙在那时有没有断绝，谁也不清楚，剩下在首都长安可供选择的对象，唯有王氏家族的嫡生女儿。不幸王政君的亲兄弟有八人，亲侄儿数不清，而嫡侄孙女更不知凡几，王莽的嫡女不过其中之一，他怕自己的女儿竞争失败，于是故意上书请求退出竞争。姑母上当了，以为他是真心诚意，于是下诏所有王氏女儿都退出竞争。岂知接着而来的是成千封上书，都宣称王莽的嫡女是未来皇后的最佳人选。"莽遣长史以下分部晓止公卿及诸生，而上书者愈甚，太后不得已，听公卿采莽女。"[20]

于是王莽除了是姑母的侄儿，又成为表侄的岳父。历史没有记载周公是否将女儿嫁给成王，但故事却分明记载霍光先后将女儿嫁给昭、宣二帝，尽管他们是叔祖与侄孙，因而王莽似乎稳稳做成了当代霍光。

假如王莽对目前地位仍不满足，那么除了取代他的刘氏女婿，自己做皇帝，还有别的阶位可升吗？

## 四

真的，从汉高祖到汉哀帝，即使不包括吕后称帝的八年，刘氏地位已传了十人，二百年。虽然成、哀二世三十一年，政权都已不在皇帝本家手中，但从政府大臣到民间百姓，国号为汉而皇帝氏刘，似乎已是天经地义。

公元前三二年汉成帝即位后，政权的腐败，已使帝国政府的威信降到冰点。民间盛行天子即将易人的谣言，但谣言中的未来天子，唤作"刘秀"，仍然是刘氏子孙。

王莽尽管已引导舆论赞赏自己是当代周公，然而周公至死都是成王之臣的传言，明著于《尚书》等经典。如果王莽越过周公当年恪守的界限，即决不做真天子，那么他能成功吗？

也许真是利令智昏吧，人们看到王莽事事模拟周公，却处处在显示他已超越周公。

一瞥《汉书·王莽传》及相应记载，便令人对此点具有强烈印象[21]。

譬如说，汉平帝元始三年（公元三年）大司徒司直（首相助理）陈崇上奏章歌颂王莽的功德。这道由一名无耻文人捉刀的马屁奏章，历数安汉公十二大功德，便非但将他比诸周公，而且大引经籍典故，说他做了连夏禹、后稷（周朝始祖）都做不到的事，简直是孔子理想中的圣人原型。[22]而王莽却居之不疑，这不是他自以为功盖周公的旁证吗？

还有反证。就在陈崇上奏后，忽然发生了王莽长子因巫蛊而被杀的大案。原来，王莽立汉平帝后，便禁止小皇帝的生母和舅父与他见面。王莽的嫡长子王宇，顾虑皇帝成年后进行报复，与自己亲信密商，"以为莽不可谏，而好鬼神，可为变怪而警惧之"[23]。事情败露，王莽非但将儿子送进监狱，迫令服毒自杀，还乘机消灭了平帝生母卫氏全族，而且把不顺从自己的本家姑母（太后妹）、叔父、堂兄弟等全部逼死。假如他真是大义灭亲，自然值得称赞。然而谁都知道他意在清除亲族中妨碍他专权的隐患，这由他的亲信将此举比作唐尧、周文王对付亲子，已经了然[24]。

既然圣明已超越周公，那么王莽还能甘居周公之位，不再高升一步么？

# 五

　　王莽作为僭主的时代，上距"儒术独尊"的汉武帝初期，已有百年了。自从公孙弘将博士官改为教育官，而博士弟子成为政府官员的主要候选人以后，百年间文官必须通经，大臣擢用名儒，逐渐成为惯例。王莽本人是学《礼》出身，言必称经，动必据典，也早已变成他的积习。这个积习，有助于掩饰他不择手段谋取权力的真相，但也对他造成相当的妨碍。

　　妨碍来自当时的博士官。

　　汉宣帝不喜欢儒者，但也没法改变博士官控制候补官员教育权的祖制。他在位末期，召开了石渠阁经学会议，树立皇帝对于经术争论有最终裁决权的先例，然后将五经博士扩充为十二家，承认每种经典可以同时有两三种官方诠释。这就促使博士官们互相争吵，以保证皇帝兼充教主的权威。

## 注释：

〔1〕经、典都有常的意思。《礼记·中庸》"凡为天下国家有九经"，郑玄注"经，常也"，凡常道、常法皆曰经。《尔雅·释诂》："典，常也。"《文选·典引》李善注："典者，常也，法也。"

〔2〕"王莽，字巨君，孝元皇后之弟子也。元后父及兄弟皆以元、成世封侯，居位辅政，家凡九侯，五大司马，语在《元后传》。唯莽父曼蚤死，不侯。"见《汉书·王莽传上》。按王凤嗣父为侯，故云九侯。

〔3〕参见前引《汉书》本传上。

〔4〕"太后怜弟曼蚤死，独不封，曼寡妇渠供养东宫，子莽幼孤不及等比，常以为语。"见《汉书·元后传》。

〔5〕前引《汉书·元后传》："平阿侯谭、成都侯商及在位多称莽者。"按，王谭、

王商，均为王莽叔父。

〔6〕"阳朔中（公元前二四年至公元前二一年），世父大将军凤病。莽侍疾，亲
　　尝药，乱首垢面，不解衣带连月。凤且死，以托太后及帝。拜为黄门郎，
　　迁射声校尉。"见《汉书·王莽传上》。

〔7〕"久之，上（成帝）复下诏追封曼为新都哀侯，而子莽嗣爵为新都侯。"见《汉
　　书·元后传》。

〔8〕详见《汉书·王莽传上》。

〔9〕"是时，太后姊子淳于长以材能为九卿，先进在莽右。莽阴求其罪过，因大
　　司马曲阳侯根白之，长伏诛。……根因乞骸骨，荐莽自代。"见《汉书·王
　　莽传上》。

〔10〕"莽既拔出同列，继四父而辅政，欲令名誉过前人，遂克己不倦。"前揭《汉
　　书》本传上。

〔11〕"莽杜门自守，其中子获杀奴，莽切责获，令自杀。"见《汉书·王莽传上》。

〔12〕《汉书·王莽传上》。中黄门，武职宦官，实即皇帝在宫中的卫队（按此名
　　称东汉始出现，班固常以东汉制度述西汉事）。期门，驻守首都诸门的中
　　央禁卫军名称。

〔13〕王莽立汉平帝后，即废除成帝、哀帝皇后，迫使她们自杀。凡哀帝外戚及
　　忤莽大臣均罗织罪名，罢官并举家流放。他甚至强迫自己的叔父王立离京
　　师回采邑，因为怕此叔在其姊前揭他的短，详见《汉书》本传及诸有关人
　　物传。

〔14〕"莽以大司徒孔光名儒，相三主，太后所敬，天下信之，于是盛尊事光，
　　引光女婿甄邯为侍中奉车都尉。诸哀帝外戚及大臣居位素所不说者，莽皆
　　傅致其罪，为请奏，令邯持与光。光素畏慎，不敢不上之。莽白太后，辄
　　可其奏。"见《汉书·王莽传上》。参见同书《孔光传》。

〔15〕"昔周成以孺子继统，而有管、蔡四国流言之变。孝昭幼年即位，亦有燕、盖、
　　上官逆乱之谋。成王不疑周公，孝昭委任霍光，各因其时以成名，大矣哉！"
　　见《汉书·昭帝纪》赞。

〔16〕参见《汉书·宣帝纪》地节四年秋七月，又同书《霍光传》。

〔17〕参见《汉书·王莽传》。

〔18〕详见《汉书·王莽传上》等。《资治通鉴》卷三五据诸种史料，对此段史实作了颇为精彩的描述，可参看。

〔19〕《汉书·王莽传上》。二王后指周文王、武王的嫡系女儿。

〔20〕同前引《汉书》本传。

〔21〕《汉书》作者班固，迎合东汉皇帝，以新朝为非正统，书中叙王莽事，具有明显的"成王败寇"倾向。但也因不为尊者讳，而意外地保存了不少当时的原始记录。因而，如以为《汉书》记王莽事，全属丑诋，未必是平情之论。

〔22〕由张竦（西汉宣帝时丞相张敞之孙）起草的陈崇奏，全文见于《汉书·王莽传上》。

〔23〕事见《汉书》王莽本传，《外戚传下·中山卫姬传》。按此策为宇师吴章所献，吴是大夏侯《尚书》博士，事发被诛。

〔24〕当时甄邯等代替太后起草的诏书，便有此比，且称赞王莽"居周公之位，辅成王之主，而形管、蔡之诛，不以亲亲害尊尊"。更可笑的是王莽还借嫡子事，"愤发著书八篇，以戒子孙"，而授意大臣会议将此书颁行地方，令官吏诵习，比作《孝经》。见《汉书》本传。

## 编者附言：

按文章内容和写作体例来判断，本文和《从秦到汉：始皇帝、汉高祖和曹参与儒术转型的故事》《从汉到新：一个老祖母和她的嗣孙与内侄的权力纠葛的故事》，以及《纨绔皇帝和他的宠臣》属同一系列，即论述汉代经学之外，与经学史相关的朝廷政治历史。原文无标题，由编者代为拟定。

# 史汉论衡

# 司马迁传*

## 一 小 引

十九世纪初叶,黑格尔在著名的《历史哲学》演讲录里,便曾说过,"中国'历史作家'的层出不穷,继续不断,实在是任何民族所比不上的","而尤其使人惊叹的, 便是他们历史著作的精细正确"( 见《历史哲学》,王造时译,生活·读书·新知三联书店1956年版,页161、168。黑格尔在讲演中没有直接提到司马迁,但德国是选译《史记》最早而且版本最多的欧洲国家,今存《史记》德译本,最早发表于1857年,参见王尔敏编《中国文献西译书目》,台湾商务印书馆1975年版,页527—531 )。

列在古代中国大史学家名单上的, 第一位无疑当数伟大的史学名著《史记》的作者司马迁。

然而, 生活在两千一百年前的《史记》作者,尽管给古中国众多的人物写过传记,从英雄豪杰到引车卖浆者流都没有忘记,尽管对自己的家族史和著作史也没有忘记,却竟然忘记在自序中补上一笔,介绍自己生于何年何月。同时, 他在晚年致一位死囚朋友的信里,述说了对于生死意义沉思后的独白,留下了千古传诵的"死有重于泰山,或轻于鸿毛"( 见《汉书·司马迁传》)的名言,但以后就神秘地失踪了,没有留下任

---

* 本文原载《十大史学家》,上海古籍出版社1989年版,今据以收入。

何材料可供人们判断他卒于何年何月。

由于《史记》的巨大影响，后人对于作者的谜一般的生平，更加好奇，因此考证日多，歧说愈甚。《史记索隐》、《史记正义》的作者司马贞和张守节，属于八世纪初叶的同代人，关于司马迁的生卒年代便提供了不同说法。后代学者据此争议更加热烈。二十世纪初，王国维的名文《太史公行年考》发表，断言司马迁生于汉景帝中元五年（公元前一四五年），约卒于汉昭帝始元元年（公元前八六年），大概活了六十岁，这以后总算暂时众喙息响。

不幸王国维的考证行文匆促，留下疑点很多。四十年代李长之已作纠谬，认为他将司马迁生年算错了十年。五十年代，人们准备纪念这位世界文化名人诞生二千一百周年，郭沫若作了《〈太史公行年考〉有问题》一文，得出与李长之同样的结论，重开了关于司马迁传记的三十年争端。

于是，我们讨论司马迁和《史记》，仍不能不从清理历史事实做起。

## 二 "天官世家"

司马迁，是复姓单名，字子长。出生于西汉左冯翊夏阳县，故城在今陕西省韩城市南。在夏阳故城西北不远的高门原，又称马门原，就是司马迁怀念的故乡。

夏阳在黄河西岸，与汾阴隔河相望。距离故城东北百余里，便是相传由夏禹凿开的龙门。它那壮丽的自然景观，已足以催人遐想，而这里作为河东河西的津渡，在楚汉相争之际，曾留下过韩信巧用疑兵计偷渡，击破魏王豹大军的故事，更增添了它的传奇色彩。《太史公自序》自报"迁生龙门"，而不按自己立传惯例说是"夏阳人也"，显然是为自己生于英雄的神和英雄的人建功立业之地而感到自豪。

可惜，司马迁忘记交代自己"生龙门"时在何年。据我考察，以李长之、郭沫若的考订比较可信，就是说他生于公元前一三五年，当西汉武帝建元六年。

建元六年，控制朝政长达二十二年的窦太后死了。她的孙儿汉武帝这时已二十一岁，从此开始了他个人将近半个世纪的真正统治。在把老祖母尸体送进棺材之后，这个青年皇帝转身就改组政府，重新任命自己的母舅担任丞相，随即恢复被老祖母绞杀了的制礼改制的事业，打击藩国势力，限制贵族特权，建立由地方推荐和御前考试选拔才士的文官制度，并在此过程中实现集权于君主一身。如此等等，都是在用儒术代替黄老术的名义下进行的，历史上便称为"独尊儒术"。

司马迁便降生在中国文化重大转折的这个年头。

正像屈原自称"帝高阳之苗裔"一样，司马迁也把自己的家世追溯到传说中的颛顼高阳氏时代。据他说，自己的远祖，便是自颛顼至夏、商"世序天地"的重黎氏。到西周宣王时，才失去职守而变成司马氏，但仍然"世典周史"。直至春秋早期，才因周王室内乱，举族迁居晋国的少梁，即后来更名的夏阳。此后宗族星散，有一支流入秦国，就是他的直系祖先。

司马迁的本意在于证明司马氏是有悠远历史的天官世家，却无意中透露了他们父子何以被汉武帝选中，而相继担任太史令的原因。

为什么这样说？据司马迁自述，从他的九世祖司马错入秦起，便弃文就武，世代为秦将。不幸七世祖靳追随白起犯下活埋赵国降军四十万的大错误，同白起一道被迫自杀，从此家族日趋破落。他高祖便改任铁官，曾祖在汉初又降为管理集市贸易的市长，祖父仅剩下军功爵第九等五大夫的空名，类似近代的退役上校，只在本乡享有免费乘车之类小特权。

由于汉代军功爵可以花钱购买，司马迁也没有提到祖父上过沙场，因此可能自他祖父起，就已沦为平民，无非靠祖上余荫略有田产牛羊，还能混充绅士。

到司马迁的父亲司马谈，大约家道破落得连空爵位也买不起了。然而如同所有破落户子弟最爱缅怀祖先的光荣一样，司马谈记起了远祖的显赫历史。上古巫史不分，都是巫师，只是巫主接神，史序神位。但神职的分工，却导致被称作史的巫师，因为记录群神出没序列等需要，首先掌握了文字，逐渐由专记神事到兼记人事，变成古代有学问的宗教家。甲骨文研究已表明商代卜人是世袭的，既是宗教官又是档案官。所谓重黎氏"世序天地"，所谓司马氏"世典周史"，从这点来理解，很可能是真实的。证以司马迁晚年自白，"仆之先人非有剖符丹书之功，文史星历近乎卜祝之间"，更说明司马谈已沦为布衣，选择了远绍先祖以重振家声的道路。

然而司马谈继承的并非"家学"。《太史公自序》记载过他的学历："太史公学天官于唐都，受《易》于杨何，习道论于黄子。"就是说，他的学问都来自异姓学者。

唐都是西汉著名的占星家，占星一定兼通天文学。杨何是汉初《易》学大师田何的再传弟子。因为被看作占卜书，《周易》在秦朝免于焚书之祸，汉武帝仍然用它来占卜军国大事，因而杨何在建元六年汉武帝亲政后，也被专人迎至长安担任备顾问的博士官。黄子当为汉景帝时黄老学派的领袖黄生。"子""生"都是尊称，《史记》提到他都不称名，可知在他们父子心目中，他的地位高于唐都、杨何，很可能是司马谈的本师。他的遗说表明他是个矛盾人物，既主张尊君卑臣，又主张维持现状。司马谈的名论《论六家要指》，证实他曾受到黄生道论的深刻影响。

司马谈大约生于汉文帝十五年（公元前一六五年），在汉武帝元封元年（公元前一一〇年）去世，享年大约五十五岁。

据此推断，司马谈先从黄生习道论，约在公元前一四五年，即汉景帝中元五年前后，时约二十岁。从杨何学《易》，则必在公元前一三四年，即汉武帝元光元年以后，约三十一岁后。《周易》卜筮属于术数，以数占星需要有天文星占知识做基础，而唐都曾参加司马迁主持的"太初历"制定工作，时年最多七十岁。他起码比司马谈年长十岁才能充当老师，因此可判断司马谈从他学天官，大约在景、武之际，即公元前一四五年至公元前一三五年之间。

司马迁出生那年，他的父亲正值"而立"之年。司马迁是独子，因而他降临人间，使司马谈快活匪浅。古代诗人请求朋友帮助自己脱离低谷而攀上大树，便吟唱道："伐木丁丁，鸟鸣嘤嘤。出自幽谷，迁于乔木。嘤其鸣矣，求其友声。"（见《诗·小雅·伐木》首章）司马谈给独子取名为迁，字子长，不正是倾注了自己的心境吗？

"太史公仕于建元、元封之间。"（见《史记·太史公自序》）司马谈开始做官，可能就在这一年。虽然起初充当的只是太史丞，月俸不过三十斛小米（秩二百石），却终究是太史令（即"天官"）的副手，象征着远绍祖业的凤愿实现有望，正好此时得子，怎会不以"迁于乔木"指日可待呢？

司马谈终于升任太史令了，时间大约在他迁居茂陵（今陕西兴平东北南位镇）以后。茂陵是汉武帝为自己营造的坟墓，照例要移民充实陵县，于是在元朔二年（公元前一二七年）下诏"徙郡国豪杰及资三百万以上于茂陵"（见《汉书·武帝纪》元朔二年）。司马谈的家财未必值钱三百万，但他祖宗八代内有五代获得秦汉官爵，便足以登上"郡国豪杰"的名单，何况他当时已跻身于朝廷命官行列。

于是，司马迁便成为"茂陵显武里"人。那时他大约八九岁。

## 三　宦学生涯

未来的历史学家司马迁，由僻远的夏阳到了喧闹的茂陵，无异进入了一个难得的课堂。

汉朝的陵县户口政策，在首都长安附近，造成了一个又一个卫星城市。茂陵是最新的一个，集中了来自全国各地的绅士富豪家族，多半都是景、武之际的新贵和暴发户。他们带来了自己的财产和奴婢，带来了自己的生活方式和文化心态。诸陵县的共同特点，所谓五方杂处，风俗不纯，"其世家则好礼文，富人则商贾为利，豪桀则游侠通奸"（见《汉书·地理志下》），在茂陵更是如此。不消说，这里堪称汉武帝时代社会生活的一个缩影。

在茂陵，司马迁由少年成长为青年，度过了人生求知欲和好奇心最旺盛的十年。从这里，他看到了各色人等的脸谱，看到了不同等级的生活，也看到了当代上层社会的概貌。我们有理由相信，他所描述的秦汉之际和汉兴以后各类人物的活动，如果没有这一段经历，那就不可能如此栩栩如生。

汉武帝元朔三年（公元前一二六年），司马迁十岁了（虚龄）。

"人生十年曰幼学。"（见《礼记·曲礼上》）他已到了那时人们认为应当接受正规教育的年龄。司马谈对儿子既然抱有那么大的期望，对他的教育当然格外费心。启蒙教育，大概是父亲自己承担的，不过，正规教育则非拜名师不可。

说来也怪，司马谈本人属于黄老学派，可能算是这个学派在理论上的最后一位大师，但他替爱子寻得的两位导师，却是西汉儒家学派两位赫赫有名的大师，即孔安国和董仲舒。

据司马迁记载，孔安国为孔子的十一世孙，他是西汉《鲁诗》学派宗师申培的弟子，但以通晓《尚书》知名，而他由以起家的《尚书》，版本却不同于汉武帝时立为官方教科书，用汉朝通行文字隶书记录的《今文尚书》，而是从曲阜孔子故宅墙壁里发现的用秦朝文字改革前古文字写成的《古文尚书》。它比《今文尚书》多十六篇，由孔安国首先将它译成通行的隶书。但这个版本没有得到西汉政府的承认，所以孔安国虽然因为老师的缘故在汉武帝亲政后被任命为博士，但只准传授《鲁诗》。他希望把《古文尚书》等"孔壁古文"立为官方教科书的打算，终生也没有实现，但在私下仍然传授用古文写成的儒家经典，其弟子中，最出名的就是兒宽和司马迁。

司马迁自称"年十岁则诵古文"（见《史记·太史公自序》）。《汉书》特别指出"司马迁亦从安国问故"（见《汉书·儒林传·孔安国传》。按"问故"，或以为"故"乃"古文"二字连文，但只要知道古书直行书写，便知不可能有此错误）。因而，孔安国是他的本师，给他以难忘的影响，而且教给他的是用秦以前古文字写成的经典，都是可以证实的。

董仲舒在历史上曾被赋予过大的名声，常被称作说服汉武帝"罢黜百家，独尊儒术"的作俑者，那与历史实际不符，在前已有说明。但他是西汉的《春秋》学专家，运用所谓《春秋》诛心"的原则，为西汉王朝企求通过法律形式推进君主专制提供了理论说明，把荀况以来世俗化的儒学改造成神学化的经学，则是他的历史业绩。

《史记》作者自序屡说"余闻董生曰"，可谓司马迁确曾拜董仲舒为师的自白。董仲舒卒于元鼎二年（公元前一一五年*），而司马迁于前一

---

* 董仲舒卒年有公元前一一五年和公元前一〇四年两说，朱师取前说。今保留原文，另说供参考。

年便外出旅游，可知他跟随董仲舒问学，必定在十九岁前家居茂陵期间。

司马迁相当了解董仲舒的《春秋》学，并采取半肯定半否定的态度。

那时代，书籍是手抄的，做学问全靠老师口授，得投一位名师已是莫大幸运，而年轻的司马迁在十年间却接连得到三位大师指授。从父亲那里，他学得了天文、星占、卜筮和黄老学说。从孔安国那里，他学得了用今文解说的《古文尚书》，也许还有属于经古文学派的其他古籍，当然还有古文字学。从董仲舒那里，他又学得了以《春秋》公羊学为轴心的经今文学派理论。

于是，年甫弱冠的司马迁，便成为通晓当代主要学问的青年学者了。

汉武帝元鼎元年（公元前一一六年），刚举行过成年礼的司马迁，离家出外游学。

至迟从春秋晚期起，有志于仕的士人要去官府边服役边学习，叫作"宦学"。以后私人收徒教学的风气渐盛，可在官府以外寻访名师，于是外出游学的士人日多，目的仍在于学习做官本领，仍称"宦学事师"（见《礼记·曲礼上》，参见孔颖达疏引《左传》服虔、杜预注）。司马迁正是依照这一老习惯外出游学的。

他的旅行路线，大概地说，由长安出发，先到长沙寻访屈原遗迹，乘船在沅水、湘江巡游，再登九嶷山找舜的遗迹，又向东登庐山考察相传是禹所疏导的九江，而后直奔东海之滨，到会稽山探禹穴，即传说中这位治水英雄的葬处。由此北上，渡过长江，去淮阴寻访汉朝开国元勋韩信的故事，并考察淮、泗、济、漯的水利状况，再渡过汶水、泗水，到达齐国和鲁国的故都，在那里讲习学业，参观孔子故居，并在孟轲的故乡演礼，回头南下，在项羽的西楚王国故都彭城遇险，后来经过孟尝君的封地薛邑，去丰、沛参观刘邦和他那群布衣将相发迹的地方。最后西返，中途游览了魏国故都大梁的遗墟，又返回长安。

这番游学，对他做官未必有好处，对他成为大史学家却是必需的。"读万卷书，行万里路"，司马迁堪称那个时代的第一人。

## 四　初登仕途

汉武帝元鼎四年（公元前一一三年）前后，约二十二岁的司马迁开始做官了，担任秩比三百石的郎中。

郎中是皇帝的末等侍卫官。级别虽低，俸钱也少，在以前却是贵胄子弟才能获得的职务。司马谈不是贵族，没有资格让儿子充当禁卫军官。唯一的解释，只能是司马迁靠自己得到这份光荣。

充当皇帝的侍卫官，当然既神气，又易被信用，何况司马迁是那样才华横溢。元鼎五年（公元前一一二年），汉武帝就派他担任特使，随军出征西南夷。跋涉了巴山蜀水，深入自大的夜郎，到第二年新正（元鼎六年十月），司马迁才返朝报告。那时他二十四岁。

司马迁风尘仆仆回到长安，发现汉武帝已经去东部巡视，准备封禅，即登泰山祭天，下梁父（泰山旁小山）祭地。他尾追而去，跑到洛阳，却意外地见到父亲，并且父亲已经病得奄奄一息。

从秦始皇二十八年（公元前二一九年）举行封禅礼以后，一百多年过去了，经过两朝八帝，这时才决定重新举行封禅大典。太史令理应充当这次大典的司礼官，岂知半途病倒，怎么不使司马谈伤心之至呢？

"予先，周室之太史也。自上世尝显功名于虞夏，典天官事。后世中衰，绝于予乎！汝复为太史，则续吾祖矣。今天子接千岁之统，封泰山，而予不得从行，是命也夫，命也夫！予死，汝必为太史。为太史，无忘吾

所欲论著矣。"（见《史记·太史公自序》）

这是司马谈临终前对司马迁的嘱咐。

汉武帝元封元年（公元前一一〇年），司马谈死了。二十五岁的司马迁立即辞官服丧。按照那时的礼制，除皇帝以外，任何人为父母服丧都得三年，实际时间是二十五个月。

## 五　继任太史

果然不出父亲所料，司马迁服丧期满，便被任命为太史令。时在元封三年（公元前一〇八年），他二十七岁。

西汉的太史令，类似后来的皇家天文台台长，但职责要宽得多。诸如天文、历法、星占、候气等涉及"天"的迷信与科学事宜，都归太史令掌管。

在西汉，凡"史"都同文书档案有关系。那时全国图书秘籍都集中于宫廷，被任命为太史令的司马迁，很自然地获得了饱览宫廷藏书的特权。没有这一点，他不可能写出《史记》。

但这位青年天文官，刚上任便发现历法混乱。

原来，当时通行的还是秦统一后改定的颛顼历。它以十月朔为岁首，应用已有百年。古代计算不精密，历法愈久，误差愈大。到汉武帝时期，依照这部历法，当晦而月见，当弦而月圆，已成常事。误差使节令失时，贻误生产，妨碍生活，影响祭神祀祖之类宗教活动，影响封建王朝的收益，还间接危及皇帝个人的权威。事实上，当时可能还有十多种历法，在各地流传。

元封六年（公元前一〇五年），司马迁已逾"而立"之年了。下一年，经过著名经师兒宽主持的博士会议赞同，汉武帝决定接受司马迁和中大夫公孙卿、壶遂联名提出的建议，从这年起改历，并指定司马迁等主造新历。

于是，一个二十多人的改历班子组成了，其中包括著名的占星家唐都、历算家落下闳，以及从官员和民间选出的治历者，在学术上总其成的是精通数学的历算家邓平。司马迁是一位称职的学术组织者，在他主持下，不到一年，便制定出新的授时历。经过验算和实测，结果令人满意，因而汉武帝下令颁行全国，并明令禁用过时历法十七家。新历造成后，元封七年便改称太初元年，因此历史上称作《太初历》。

限于当时的观测手段和计算技术，《太初历》当然还不够精密，还为了附和皇帝那种一切由我从头开始的专断心意而带有强烈的神秘气息。但以正月为岁首、阴阳合历等原则，一直沿用到清朝，因而在科学上具有重大意义。

# 六　草创《史记》

改历的大事完毕，司马迁便致力于《史记》的写作。

"史记"本是汉以前史书的通称。《逸周书》就有"史记解"，司马迁在书中也屡称"史记"，那都泛指古史。

司马迁《自序》中提到"为太史公书"，似乎《太史公书》是他所著书的原名，但东汉初的桓谭对此已有疑问，王国维更详考西汉太史令没有自称"太史公"的规矩，从而以为"原书本有小题而无大题"。这一推断，可由两汉间对本书称谓的不确定得到间接支持。但王国维以为《史记》成为司马迁书的专称乃魏晋以后的说法，却受到传世碑铭研究者的直接否定，后者证实早在东汉后期已有此习惯。

在司马迁以前，历史记录形式，已有注意历史事件的时间联系的编年史，同代历史的空间差异的国别史，个人或群体的事迹活动的传记史，并且已有多种形式组合而成的历史记录的雏形，那就是《世本》。

正是综合了以往历史编纂学的成就，司马迁开创了历史记录的新形式。它由五类著作组合而成。

本纪，采用编年史形式，记载古今王权更迭的系统大事记，又分合记一姓列王的王朝纪，单记在位君主的帝王纪。在《史记》内凡十二篇。

表，以简明的表格，概括排列历代要人要事，凡十篇。也分两种，一是事件表，综合介绍秦楚以前各时期的重要政治军事活动；一是人物表，分别反映汉初以来统治集团重要人物的升迁浮沉。

书，专叙制度史，凡八篇，分述礼仪、音乐、兵制、历法、天文、宗教、水利、货币等领域的历史变异。

世家，原是《世本》所立周代封国诸侯宗谱的名称，司马迁移用来记叙自西周至西汉主要的贵族之家兴衰史，凡三十篇。同样分两种，对秦以前独立诸侯国的宗族史，以国名篇，对先秦两汉作为国君辅弼的大贵族，则以人名篇。

列传，依次叙述人物事迹以传诸后世的著作形式，由战国已有的个人传记发展而成，凡七十篇。司马迁立传的标准在于取类型，对象包括社会生活各个领域的代表人物。形式有：独传，即一人一传；合传，即二人以上共立一传；类传，描写同类特殊人物的活动与影响；专传，以记周边少数民族统治人物的活动为主。

五类著作总共一百三十篇，相互配合，形成整体。按照司马迁的自述，本纪犹如法令的规条，作为全书主干，而用表说明时势变化，用书说明治道变化，写世家可见得君行道受土的重臣变迁史，叙列传可见因时立功扬名的群英面面观。司马迁以为，这样的组合形式，可以"原始察终，见盛观衰"，交织成历史的全景。

全书以写人为主，十二本纪、三十世家和七十列传互为经纬，十表和八书作为补充。这种编纂形式，旧称纪传体，固然可以显示它以人物传记为主的特色，但不如称之为综合性通史，更可表现司马迁"通古今之变"的初衷。

写作这样一部通史，本是司马谈的遗愿。现存的《史记》中间，除了保存于《自序》里的《论六家要指》一文明白出于司马谈之手以外，还可能有司马谈的其他遗篇。这由司马迁在其父弥留之际流泪保证"请悉论先人所次旧闻，弗敢阙"云云，已可窥见消息。

合理的解释，只能是司马迁对乃父遗篇都进行过修改，现存那些带有司马谈痕迹的篇章，正是修改未尽或者未及修改的反映。

司马迁何时开始写作《史记》，目前也只能存疑。他自己说继任太史令后便"细史记石室金匮之书"。石室、金匮都指非有特权不得入内的宫廷藏书处，从这里可以看出他正式着手编书，大约就在太初元年（公元前一〇四年）改历的次年，那时他三十二岁。

## 七 直言招祸

自公元前一〇三年起，司马迁除了克尽天官职守，便在从事《史记》写作。岂知草创未就，就遭横祸，因为替李陵辩护，被汉武帝投入牢狱。那是天汉二年（公元前九九年），他三十六岁。

祸事的起因，仍得从太初改历说起。

太初元年，汉武帝刚过五十岁。在这以前的三十年里，他连年发动战争，北击匈奴，南征南越，打通了西域，收服了西南夷，扬威于朝鲜，四面出击，大抵得胜，使统一帝国的版图空前扩大，王朝也到达开国百年从没有过的鼎盛局面。这一切，怎么不使汉武帝感到上帝对他特别眷顾呢？因此，新历完成，汉武帝便不顾天寒地冻，亲至泰山向天帝报告改历改元事，祝词说："天增授皇帝太元神策，周而复始。"（见《史记·封禅书》）就是说，从此一元复始，万象更新。

不幸，就在此际，潜伏的社会危机却加速发展。除战争需求外，汉武帝日益膨胀的个人奢欲，使他追步秦始皇的后尘，求仙，巡狩，封禅，起明堂，造行宫。单由元封元年到七年，便两度北巡南狩，三度登临泰山，扈从骑兵多达十八万，陆行则"旌旗径千余里"，水行则"舳舻千里"（见《汉书·武帝纪》。关于汉武帝的求仙与封禅，《史记·封禅书》记叙颇详，可参看）。如此豪奢，抽调多少农业劳动力，加派多少额外负担，可想而知。然而改历告成那年，汉武帝立即发动对大宛的新战争，次年又再次发动对匈奴的战争，下一年又东巡海上，求仙封禅。大宛远征军蒙受巨大损失，不过夺得一批"天马"。北征匈奴的两万骑兵全军覆没，还引来匈奴入侵内地杀掠吏民。

"余从巡祭天地诸神名山川而封禅焉"（见《史记·封禅书》太史公曰），司马迁跟着汉武帝东西南北奔波，身历目睹的一切，引起他的深思，也激起他的忧闷。这样的心情，在《史记》中能不表露吗？

《史记·太史公自序》中详记作者和壶遂的一次对话，很能说明问题。壶遂是《太初历》的建议者和主持者之一，颇受汉武帝赏识，有希望擢升丞相（参见《史记·韩长孺列传》太史公曰对壶遂的评论）。他得知司马迁著史，便说司马迁竟想模仿孔子作《春秋》，而孔子所以作《春秋》，是因为"上无明君，下不得任用"，"今夫子上遇明天子，下得守职，万事既具，咸各序其宜，夫子所论，欲以何明"？这个谴责是严厉的。尽管司马迁申辩著书只为履行职守，旨在宣扬天子圣德，不敢自比孔子作《春秋》云云，但能消除汉武帝及其亲信大臣的疑心吗？

不行的。司马迁是真正的历史学家，凡自己相信是事实的，就照述不误。在专制者眼里，这种品格够可恶了，而他写到当今皇帝及其父祖的历史，竟然也临文不讳，当然更属大逆不道。

东汉起便有传说，道是司马迁得罪汉武帝，真正原因就在汉武帝索取他已成的《景帝本纪》去看，发现他对自己父子的错误都有记载，"于是大怒，削而投之"，"后遭李陵事，遂下迁蚕室"（见《三国志·魏书·王肃传》记王肃对曹叡语。《太史公自序》裴骃集解引东汉卫宏《汉书旧仪注》已有此说）。对此传说，有疑有信，我看没有理由不信。今本《景帝本纪》是否原作，尚有争议，但"今上本纪"则确实不存了，为后人取《封禅书》填补。只消一瞥《封禅书》，便可发现那位"今上"既专横又怕死，既自负又迷信，形象酷似秦始皇。而重用的田蚡、公孙弘、卫青、霍去病之类将相，不是谄谀起家，便是裙带得宠，任人甚至不如秦始皇。这样直言少忌，怎会不招祸呢？

就在天汉二年，汉武帝又发兵击匈奴，亲自部署作战方案，由贰师将军李广利率主力西出，而派骑都尉李陵率偏师奔袭单于龙庭。李陵孤军深入，遭受重围，转战千里，杀敌盈万，终因寡不敌众，五千将士战死十分之九，自感"无面目报陛下"，降于匈奴。

汉武帝本希望李陵用自杀表示尽忠，岂知李陵在最后关头降敌保身，于是大怒，而那些只顾保全自己身家的大臣们，也竞相翻脸说李陵的坏话。司马迁与李陵没有私交，但对他印象很好，以为有国士风格，这回见此炎凉情状，既痛心又不平，很想说几句公道话，劝慰武帝。因而便直陈己见，"以为李陵素与士大夫绝甘分少，能得人之死力，虽古之名将不能过也。身虽陷败，彼观其意，且欲得其当而报于汉。事已无可奈何，其所摧败，功亦足以暴于天下矣"（参看《报任少卿书》，据《文选》本。按《汉书·李陵传》所记司马迁为李陵辩护语，即约此书语，但将司马迁自述"私心"与对武帝语混淆了，不可全信）。

司马迁太老实了。他不惜冒犯权贵，以说言回报主上垂询之恩，没想到首先感到被触痛的正是皇帝本人。

原来，这次战争的汉军主将李广利，就是那位"一顾倾人城，再顾倾人国"的绝代佳人李夫人之兄（见《汉书·外戚传上》）。但这位无赖出身的"国舅"将兵实在无能，几年前统帅远征军西击大宛，直属部队既不缺粮又没打仗，回师时却减员一半，非饿死即病死，"天子为万里而伐宛，不录过"（见《史记·大宛列传》），反而因为前敌诸将主动立功而封海西侯。这回他又率三万铁骑西击匈奴别部于天山，岂知全军进入匈奴的伏击圈，"几不脱，汉兵物故什六七"（见《史记·匈奴列传》，按此传叙至李广利降匈奴的征和三年，即公元前九〇年为止。据梁玉绳《史记志疑》说，传中记天汉二年伐匈奴等事，乃后人所续，但无据。《汉书·匈奴传》所记略同）。当他率领残兵败将狼狈突围之后，正值李陵事件发生，于是这位败军之将再次变成有功之臣。

司马迁显然没意识到自己在说李陵如何浴血奋战，如何立有奇功，句句都是实话，却句句刺痛着汉武帝。这不是明捧李陵而影射李广利吗？这不是借说李陵非战之罪来暗讽"朕"命将不当、指挥失措吗？这不是以史谤主的前科重犯吗？真是"其心可诛"！

"初，上遣贰师大军出。财令陵为助兵，及陵与单于相值，而贰师功少。上以迁诬罔，欲沮贰师，为陵游说，下迁腐刑。"（见《汉书·李广苏建传

附李陵传》)

就这样，天汉二年秋天，司马迁锒铛入狱。罪名也由皇帝钦定，那就是"诬罔"。

据汉律，被判犯有"诬罔"罪，应该腰斩处死。但犯人也可请求免死，条件要么是交纳"赎死金二斤八两"，要么是甘愿接受腐刑。

所谓腐刑，又称宫刑，是上古遗留的肉刑中最重的一种。施刑即用手术割去男性生殖器，以使犯人永远丧失生殖能力。原是惩罚所谓淫乱罪的酷刑，但汉朝改为赎死手段以后，就变成次于死刑而含有凌辱人格意义的重刑。

司马迁下狱时，任廷尉的是著名的酷吏杜周。此人外表厚重而"内深次骨"，"专以人主意指为狱"，"上所欲挤者，因而陷之，上所欲释者，久系待问而微见其冤状"。有人责备他不依法办事，他还反唇相讥："三尺安出哉？前主所是著为律，后主所是疏为令，当时为是，何古之法乎！"（见《史记·酷吏列传·杜周传》）

然而奇怪，杜周并没有立即对他判刑，次年即天汉三年（公元前九八年）继任廷尉的吴尊仍然没有宣判。这只能说他们还没有摸准武帝的"意指"。

看来武帝的确没有拿定主意。或许是司马迁说李陵降匈奴是想待机立功报答汉恩的话在起作用吧，武帝终于承认李陵兵败是自己的失误，并在天汉四年（公元前九七年）春天再度大举发兵击匈奴时，特派公孙敖率一军深入匈奴迎回李陵。岂知此人一战失利，便赶紧撤退，还篡改俘房口供，编造谎言以掩饰自己怯懦，说是李陵在匈奴教单于造武器防备汉军，他才没完成使命。多年后汉朝政府方知，那是另一降将李绪干的事，公孙敖有意将李绪说成李陵。这一谎言没有救成公孙敖自己，却同时害了李陵、司马迁两家。汉武帝闻报，立即下令将李陵家灭族。不消说，这也更使他自信当年指斥司马迁犯"诬罔"罪是正确的。

近两年中，司马迁"交手足，受木索，暴肌肤，受榜箠，幽于圜墙之中。当此之时，见狱吏则头抢地，视徒隶则心惕息"（见《报任少卿书》）。这是何等悲惨恐怖的活地狱啊。

不料这样煎熬之后，等到的仍是死刑判决书。他曾经幻想有人劝说汉武帝给予特赦，现实却是"交游莫救，左右亲近不为一言"（见《报任少卿书》）。他也曾想过纳钱免死，眼下却是"家贫，货赂不足以自赎"（见《报任少卿书》），何况当时赎死金价格已上涨到铜钱五十万。唯一的活路，就是被迫接受腐刑了。

想到必须在忍辱苟活与从容赴死二者之间做出抉择，司马迁痛苦万分。他曾在著名的《报任少卿书》里描述过当时无比痛苦的心境。

经过激烈的思想斗争，他终于得出结论，"人固有一死，或重于太山，或轻于鸿毛"。你看，那些历史上既富且贵的人物，不可胜数，有谁还能使后人纪念？可是，那些圣经贤传的作者，周文王、孔子、屈原、左丘、孙膑、吕不韦、韩非，以及作了三百篇的诗人们，谁没有或遭难，或坐牢，或受过刑呢？他们所以能对后世发生那么大的影响，不正是忍辱发愤，著书传道吗？他们才是死比泰山还重的真勇者。

司马迁决定了，应该身死而心不死。"所以隐忍苟活，幽于粪土之中而不辞者，恨私心有所不尽，鄙陋没世，而文采不表于后世也。"（参看《报任少卿书》）于是，他以超人的勇气，接受了最不堪忍受的腐刑。那是在汉武帝天汉四年（公元前九七年），他三十八岁（司马迁受腐刑时间，王国维《太史公行年考》系于天汉三年，当代史家多从其说，其实不确。由上文考证李陵族灭时间，只能在天汉四年）。

## 八 顽强的生

大约在天汉四年末或太始元年（公元前九六年），司马迁出狱了。

入狱前他是大夫，出狱后他却成为阉人。尽管他早有逆料，但由上流人骤然跌落到所谓下流人群，遭到的非议讪谤，仍然使他难以忍受。

"仆以口语遇遭此祸，重为乡党所笑，以污辱先人，亦何面目复上父母之丘墓乎？虽累百世，垢弥甚耳！是以肠一日而九回，居则忽忽若有所亡，出则不知其所往。每念斯耻，汗未尝不发背沾衣也。"（见《报任少卿书》）

然而他仍然顽强地活着，支撑他的精神的唯一支柱，仍然是伟大的史学名著《史记》。

前面说过《史记》的体制是中国历史编纂学史上的首创，但司马迁最重视的却是宗旨。

什么宗旨呢？就是那脍炙人口的十五字，他想通过此书，"究天人之际，通古今之变，成一家之言"（见《史记·太史公自序》《汉书·司马迁传》）。

"成一家之言"，不难理解。它表明，通过计划中的一百三十篇，司马迁要申述自己个人独创的历史见解。

## 九 "究天人之际"

司马迁做过董仲舒的学生，对于那套所谓《春秋》公羊学的理论，包括三世三统说、质文递变说等，不仅满怀敬意，而且董仲舒阐述的孔子作《春秋》的什么"微言大义"，在《史记》的论赞里时时出现，说明他同样深受这套时髦学说的影响。

然而，司马迁到底是史学家。他对历史的过程越熟悉，对董仲舒所说古今之道不变的结论便越怀疑。特别是将近两年的牢狱生活，使他有充分时间反思人生的价值，进而怀疑董仲舒关于天道赏善罚恶的说教。

人们不是把伯夷、叔齐叫作善人，而把盗跖叫作恶人吗？可是夷、齐饿死，盗跖寿终。"若至近世，操行不轨，专犯忌讳，而终身逸乐，富厚累世不绝。或择地而蹈之，时然后出言，行不由径，非公正不发愤，而遇祸灾者，不可胜数也。余甚惑焉。傥所谓天道，是邪？非邪？"（见《史记·伯夷列传》）

"今天子"不是热衷于求仙、封禅吗？三年亲郊祠，五年一修封，风尘仆仆，遍祭五岳四渎，可谓虔诚之至。结果呢？"方士之候祠神人，入海求蓬莱，终无有验。而公孙卿之候神者，犹以大人之迹为解，无有效。天子益怠厌方士之怪迂语矣，然羁縻不绝，冀遇其真。自此之后，方士言神祠者弥众，然其效可睹矣。"（见《史记·封禅书》）

历史与现实，都证明天道无人性，鬼神非实有，难道还能相信有个俯察人间而为祸降祥的老天爷吗？

"太史公推古天变，未有可考于今者。"（见《史记·天官书》）人间历史当然也不会重复，可是人们却总爱讲灾异。为什么？那原因，其实在于人祸，不在于天灾。以春秋历史为例。孟轲不是曾说五霸乃三王的罪人吗？他们偏在春秋时代"更为主命"。不是说夷狄非人，不受天的保护吗？秦、楚、吴、越都是夷狄，偏在五霸中占有重要地位。不是说篡夺君位是反天道吗？田氏代齐，三家分晋，其后代都横行于战国。董仲舒相信巫术，不是战国初期"察机祥候星气尤急"吗？事实是因为那时战争不断，灾荒频仍，"臣主共忧患"的缘故。不是近代占星家的"占验凌杂米盐"吗？事实是因为"近世十二诸侯七国相王，言从衡者继踵"，占星家们"因时务论其书传"（见《史记·天官书》）的缘故。

你看，历史只能证明，恰好是人事反天道，用天道附会人事，而不是相反。

那么，这是否意味着自然规律也不存在，从而天人交会的问题也不存在呢？不然。司马迁曾任太史令，主管天文历法占星候气，主持过修改历法的大工程。实践表明，对于天体运行的观测，主要对于日月和五大行星的视运动周期的观测，精密与否，直接关系着历法的周密程度。而历法的误差，又直接对于农业生产，宗教生活和思想信仰的混乱与否，发生重要影响。这一经验事实，使司马迁不能不相信，天人之间存在着某种相关律。他希望找到这个相关律，而且自以为找到了，那就是以数序为表征的"天运"。

"夫天运，三十岁一小变，百年中变，五百载大变，三大变一纪，三纪而大备，此其大数也。为国者必贵三五。上下各千岁，然后天人之际续备。"（见《史记·天官书》）

这就是司马迁"究天人之际"的总结论。奇怪的是，史学史家迄今为止不注意这一结论，原因大约在于不想触及天文历法史问题。其实，司马迁所用术语的疑问，只消同《太初历》的计算术语一对照，便立即涣然冰释。

中国古代使用阴阳合历。这种历法最困难处，在于同时依据太阳年和朔望月两个基本周期，而二者相除时得不出整数。现在的太阳年（回归年）长度为 365.24219 日，朔望月长度则 29.5305879 日。二者相除，一个回归年等于十二个朔望月，尚余 10.8751352 日。制定历法，倘用纯阴历，则不能预报季节变迁，倘用纯阳历，则又不能预报宗教、政治和日常生活都需要的朔望所在，因此制历便需要进行复杂计算。但古代观测技术落后，数据粗略，历法制定越久，误差越大，需要重新协调，使两个周期再度大致相合，这就是所谓改正朔。

根据制历经验，在司马迁时代已得出以下谐调数据。19 个回归年约等于 235 个朔望月，即 76 年等于 27759 日，称四章或一蔀。27 章等于 513 年，称一会。三会即八十一章，凡 1539 年，称一统。人们发现，制订历法的计算周期，若小于一统，则两个基本周期相除所得总日数，便不成整数，而要使回归年、朔望月和干支六十周期等相会合，最少需要三统，即 4617 年。纪与计算干支周期有关。一纪等于 20 蔀，等于 19×487 个干支六十周期，等于 1520 年，与一统的年数近似。三纪称一大备，又称一元或一首，共 4560 年，接近三统的年数。

这样，司马迁"究天人之际"所用术语，便可索解了。所谓大数，意为成数。所谓五百载大变、三大变一纪、三纪而大备，不正是分别约举一会、一统和三统的成数吗？

于是，"为国者必贵三五"也可了然。所谓"三五"，即指三个五百年，也就是一纪或一统的成数。

为什么治国（或得国）一定要尊崇这三个大变周期呢？"会"的名称便提供了启示。当时占星家已经熟悉五大行星的运行规则，不仅知道五星公转的顺逆速度各不相同，而且知道五星或分别或全体在天空上同一点定期相逢。他们尤其注意三颗外行星的会合周期，认为这预示着人间将有新的圣王兴起，而木、土、火三星每隔 516.33 年会合一次。金、水二颗内行星由于公转周期短，在这年也可能走到同一点附近，形成所谓"五星毕聚"，就是所谓"会"。《孟子》已有"五百年必有王者兴"

的话头，司马迁复述司马谈遗言，强调天历既改，便应有"绍明世，正《易传》，继《春秋》"之作，理由也是"自周公卒五百岁而有孔子，孔子卒后至于今五百岁"（见《史记·太史公自序》。按孔子卒于公元前四七九年，至太初元年即公元前一〇四年，只有三七五年。司马迁说已有五百岁，显然为了主观需要而有意忽略不足五百岁的事实）。可见，五百年必有大变的神秘念头，在战国秦汉间连孟轲和司马迁父子那样的学问大家头脑里也萦绕不绝，只能从占星术与天文学同步发展得到合理解释。

为什么又强调"三五"周期呢？原来，"五星毕聚"，进入会合点的次序有先后。占星家们密切注意谁在领头。在他们看来，五星各表一"德"，显示着不同的天意，因此相会时某星带头，便是告诉新得天命的圣王用何种方式打天下或治天下。司马迁详述过"五星皆从而聚于一舍"时其下之国致天下的方式，说是率先的若为岁星（木星）表征以义致天下，若为火、土、金、水中某星，则分别表征以礼、重（威重）、兵、法致天下（参看《史记·天官书》）。五百岁既然是三外行星的会合周期，那么在占星术看来，木、土、火三星在一纪内应该分别领头一次，因而在此周期内新王之德，也应有义、重、礼三者更迭。太初改历，据说正值"五星如连珠"，又易服色，以黄为贵，可知那时占星家测得率先相聚的是土星，而统治方式应该强调"重"，即天子应享有高度权势才能平治天下。

至于小变周期，显然指土星"二十八岁周天"的成数（不久刘歆就推算出土星的恒星周期为 29.79 年，更接近真值），这符合太初改历时确定汉朝以土德王的理论。但为什么"百年中变"呢？司马迁只好拿百年之中"五星无出而不反逆行"来解释。但行星都会出现反逆行现象，并非以百年为周期，因而这种理由站不住脚。相反，"百年"的界定，却令人想起汉高祖即位时，不是有"五星聚于东井"的说法吗。（见

《史记·天官书》。按《汉书·高帝纪》系于汉元年冬十月。自北魏至清代不断有学者对此表示怀疑。这一争议，参见陈遵妫《中国天文学史》，上海人民出版社 1984 年版，页 812—815）

以上说明，司马迁考察"天运"，基点是自然界在变，这个变服从数的支配，掌握这个数便可对天运知往占来。于是自然有规律而规律是可知的，就被他说出来了。这不同于董仲舒的"天不变"论是显然的。

同样显然的，是司马迁还没有摆脱占星术的信仰，还受孔子定数论和阴阳五行说的影响。因此，他力图证明天在变，但又力图证明这个变体现着先定的宇宙和谐图景，而他所描绘的这个图景，不是别的，正是地上的秩序在天上的投影。在他的天体结构图里，西汉王朝的政权结构和等级差别，统统有对应的表现，甚至没有忘记给天帝安排后宫、仓库和马厩。（《史记·天官书》有详细描绘，可参看）由此出发讨论天变，必然承认变有合于常轨和脱出常轨两种。而脱出常轨的变，就意味着天人合一的和谐图景受到破坏，预兆着人间将有异事发生，自然需要顺应或禳解。这样一来，他不知不觉又回到了占星术，又回到了董仲舒的"天人感应"论，也就不奇怪了。

"日变修德，月变省刑，星变结和。凡天变，过度乃占。国君强大有德者昌，羽小，饰诈者亡。太上修德，其次修政，其次修救，其次修禳，正下无之。夫常星之变希见，而三光之占亟用。日月晕适，云风，此天之客气，其发见亦有大运。然其与政事俯仰，最近天人之符。此五者，天之感动。为天数者，必通三五，终始古今，深观时变，察其精粗，则天官备矣。"（见《史记·天官书》太史公曰。这里所说的三五,指三光——日月星——之占和对待天变的五种态度，与前面所说三五不同）

你看，寻找自然变化规律的努力，最终还是同巩固封建君主专制秩序的意向联结在一起，不正说明司马迁"究天人之际"又成功又不成功的两面吗？

# 一〇 "通古今之变"

相形之下，当司马迁把目光由天上转向人间，追求"通古今之变"，则要成功得多。那原因，固然由于历史不断变异的事实俱在，但也由于司马迁大难不死，反而有机会深刻观省社会的黑暗面，因此对历史的看法，去其天真，增其怀疑，察其幽微，考其成说，力求找到支配变异的秘密。这一来，他的信仰与他的研究，必然发生冲突。司马迁的伟大，正在于他具有史学家的应有品格，坚持从历史本身说明历史，只写出他相信是事实的东西，而不顾经义或时论是否认为悖谬。

有的学者已经注意司马迁写当代史问题。（见施丁《司马迁写当代史》，《历史研究》1979 年第 7 期）但如果把"当代"界定为司马迁所见世，那么他最注意的其实是"近代"。

自从陆贾批评刘邦"以马上得天下不能以马上治之"那时起，秦亡汉兴的历史，便令西汉人困惑。盖公、贾谊、晁错、董仲舒，都探讨过。但他们的答案，无不着眼于当前"治道"的实用需要，人各异说，留给司马迁的是更大疑问。

假定承认一统是天地常经，古今通义，那盖从虞夏商周到秦始皇的统一，为什么都那么难呢？假定承认一统之君都有"天命"，那盖从秦亡到汉兴，不过五年，天下拥戴的共主却换了三个，即陈胜、项羽和刘邦，他们的"受命"与"革命"，为什么都那么快呢？假定承认一统的稳定在于废分封，那秦始皇把诸侯与天下城堡兵器一齐毁掉，为什么好

像在替陈胜、项羽、刘邦相继从民间起兵反秦开辟道路呢？"岂非天哉！"（见《史记·秦楚之际月表》序）

假定天意不足据，那么秦朝短命，真像学者讥笑的那样，因为残暴吗？"秦取天下多暴，然世异变，成功大。"（见《史记·六国年表》序）相反，汉高祖吸取秦朝教训，大封同姓以"承卫天子"，结果百年间"大者叛逆，小者不轨于法"（见《史记·汉兴以来诸侯王年表》序），累得景、武二帝用尽力气，才将割据势力压下去，正好反证秦废分封是安宁之术。

诸如此类的矛盾现象，都是对董仲舒的古今世道不变论的否定，自然也证明治道需"奉天而法古"说的错误。

"居今之世，志古之道，所以自镜也，未必尽同。帝王者，各殊礼而异务，要以成功为统纪，岂可缗乎？"（见《史记·高祖功臣侯者年表》序）

这就是司马迁"通古今之变"的方法。显而易见，它同那种为当代帝王政治需要服务的主观方法，同那种专门揣摩"今上"心意而恣意扭曲古人行事的恶劣伎俩，是对立的。用它来研究历史，便可能较少偏见，较合实际。

正因为司马迁特别注意"世异变，成功大"，所以他对秦楚到楚汉之际的王权更迭史的秘密，比前人有更多发现。

他发现了什么呢？

首先是秦何以亡。他赞同贾谊《过秦论》的说法，以为秦朝易道改政并不错，但忽视民心向背，仍用战争年代的旧手段对付渴求在统一后安宁生活的黎民，结果铸成大错，民心由盼望而失望、怨望、绝望，秦朝便完结了。（司马迁分录《过秦论》三篇，作为《秦始皇本纪》《陈涉世家》的论赞，就是他持相同见解的证明）

其次是楚何以败。项羽归罪于天，自称"非战之罪"。刘邦则归罪于人，讥羽"有一范增而不能用"。（参看《史记·高祖本纪》及《项羽本纪》）司马迁都不赞同，特别批评项羽在亡秦后，已成天下共主，仍然坚持"以力征经营天下"，才是败亡的真正原因。（见《史记·项羽本纪》太史公曰。以往论者批评司马迁对项羽有偏爱，是不对的，但反批评者也没有看出司马迁的真正见解）就是说，项羽的错误正与秦始皇相同，结局也是蹈秦覆辙。

再次是汉何以兴。刘邦自诩那是他善于用人的缘故。真是这样吗？司马迁没有正面驳斥，但他所写各篇传记中间出现的刘邦，足以说明问题。这个刘邦，不仅把无赖与无耻，粗鲁与狡诈，残忍与阴柔一类流氓品格集于一身，而且将其拿来作为用人术对付文臣武将，都是阳信阴疑，外宽内忌，越利用者越猜防，越有功者越妒恨，萧何、韩信的遭遇便是典型。在司马迁笔下，刘邦用人，实际连秦始皇、项羽都不如。但这样一个流氓，居然开创一代帝业，号称"大圣"，那秘密当然不在他本人。

在哪里呢？司马迁认为，在于汉初统治集团，特别是相继任汉相的萧何、曹参，都懂得民心期待脱离战争状态带来的苦难，因而采取放松束缚的措施，让疲惫的士民振作起来，安心从事各自的本业。萧何在战时便致力于"使百姓爱汉"（见《史记·太史公自序》"萧相国世家"提要），在战后又制定各种法规使士民得到安全感。萧规曹随。在曹参继相后，更注重与民休息，"贵清静而民自定"（见《史记·曹相国世家》。按，此语乃盖公对曹参的建议），同时进一步除秦苛法，包括使人民愚昧的"挟书律"，争取各派士人同汉政权合作。这才是汉得以兴的真正原因。

司马迁将汉初这套措施，概括为八个字："承敝易变，使人不倦。"（见《史记·高祖本纪》太史公曰）他认为，人们所艳羡的汤、武之治，奥妙也不过如此（"汤、武承弊易变，使民不倦，各兢兢所以为治"，见《史记·平准书》太史公曰）。所以，他著"八书"，也就是在他看来王者得天下必须面对的社会问题的八个方面，那成功的经验也在于懂得治道必须"承敝通变"。（见《史记·太史公自序》关于"八书"的总述）

问题当然在于如何"使人不倦"。司马迁认为，除了统治者的心态要改，更应设法适应被治者的心态。他说，历史证明，人心无不"患贫"，王侯封君都不能免，何况寻常百姓。历史又证明，"礼生于有而废于无"，国富才能讲礼，而国富的基础便是民富。所以，他认定，最好的治道是因民所欲，听民求富，因为任何说教都改变不了人们追求乐生的愿望。"故善者因之，其次利道之，其次教诲之，其次整齐之，最下者与之争。"（参看《史记·货殖列传》）

一个多世纪后，为司马迁作传记的班彪、班固父子，曾斥责他"崇势利而羞贱贫"（见《汉书·司马迁传赞》引班彪语）。那是不错的。司马迁确实感到贫贱不足称道，假如他自己不是"家贫"，也不至于被迫选择受腐刑作为赎死手段。他由此顾念天下人民所以蒙受屈辱，无非因为穷，所以贱。倘若人人求富，那么都可免于卑贱地位，也都会懂得礼节荣辱的重要。应该说，他的理想不错，错的只是他不懂得分辨剥削致富与劳动致富，而他赞美的富人主要是前者。但他敢于承认现实，敢于否定从孔夫子到董仲舒那套以礼让治国的虚伪说教，不是更接触到观念的本源问题吗？

我以为司马迁作为一位成熟的历史学家，是在他受腐刑之后。从上面所引"究天人之际，通古今之变"的实例，便可证实这一点。忧患的生涯，在司马迁个人无疑是大不幸。没有类似经历的人，极难想象他当时由痛苦化为沉思的心境。但司马迁有此遭际，而形诸笔墨，在中国史学上无疑是大幸。没有他在沉思后留下这部"五十二万六千五百字"（见

《史记·太史公自序》。或以为此字数统计乃后人所增）的空前巨著，我
们也许永远不会系统了解那以前三千年的历史。

## —— 神秘的死

太始元年（公元前九六年）或前一年，司马迁出狱。不久，汉武帝
就任命他担任中书令。

中书令，全称是"中书谒者令"（《汉书·百官公卿表》无中书令，
只有中书谒者，后人多以为是一回事），是汉朝少府即皇帝内务府总管
的属官。职责是收发皇帝的机密文书，包括代皇帝起草和传达诏令。此
职是汉武帝始设。因为常在皇帝身边，而皇帝最不放心的是得以出入宫
禁的人勾引他的姬妾，所以越是身边的人，越要使用宦者。司马迁早以
文学知名，又有充当太史令的经历，如今成为阉人，在汉武帝看来，当
然是中书令的合适人选。而在世俗眼光里，他出任这一职务，当然是"尊
宠任职"（"迁既被刑之后，为中书令，尊宠任职"，见《汉书·司马迁传》。
中书令的权势，见《汉书·王尊传》述石显事）。但司马迁感到的只是侮辱。
由于奉旨说真话而得到用肉刑赎死的报偿，已是对他的莫大侮辱。由于
受过腐刑而得到唯有男伎才能获得的宠遇，不是对他的更大侮辱吗？

所以，当他读到一位老朋友的来信，信中说到他既然担任中书令，
便应做到待人不随和，荐贤要尽力，不可迁就世俗偏见（任安给司马迁
书已佚，大意见司马迁《报任少卿书》），所谓"责以古贤臣之义"（见《汉
书·司马迁传》），那时他胸中郁积的愤懑便开始克制不住了。

任安，字少卿，生平不清楚，但与司马迁私交颇好。古代朋友间有
相互"责善"的义务（"责善，朋友之道也"，见《孟子·离娄下》）。大

约在太始二三年（公元前九五年至公元前九四年）冬春之间，可能听到不利于老友的传闻吧，官居益州部刺史的任安，便给司马迁写了那封信。

但司马迁读到任安来信，大约在一年零四个月之后。为什么呢？因为太始三年正月，司马迁便随汉武帝东巡。先从长安跑到甘泉宫，继至琅邪，在成山祭日，再登芝罘并泛舟海上。次年又在今天的山东兜了一圈。先于三月登泰山封禅，又于四月跑到不其山祭神，五月才返抵长安东南的建章宫。

起初司马迁对任安信"阙然久不报"（见《报任少卿书》）。大约在征和元年（公元前九二年）冬天，任安调至长安任监北军使者。北军是首都卫戍部队主力五部的总称，监军使者相当于皇帝驻北军的特派员，位卑权重，各部校尉都得听其命令。那时已出现用巫术谋害皇帝的所谓"巫蛊"案，武帝怀疑北军参与密谋。这时任安充当监北军使者，繁忙可想而知。与此同时，汉武帝又移驻甘泉宫，生了重病，作为中书令的司马迁当然随侍在旁。于是，司马迁想在任安进京后，做次长谈，诉说胸中郁积已久的愤懑，也因"相见日浅"而失去机会。

就在任安作为监北军使者以后，武帝信用谀臣江充而铸成大错。江充与太子刘据有宿怨，特别害怕武帝死后株连自己，因此于征和二年七月率兵突袭东宫，声称在东宫掘得一个桐木人，作为太子及其母后卫子夫企图谋害武帝的证据。遭诬发怒的太子杀死了江充，却被江充部下诬蔑为谋反。丞相刘屈氂要治太子擅杀皇帝使者之罪，太子被迫动武反抗。他想到了被冤屈的北军，亲至军门用太子兵符调兵。岂知任安接受赤节后，便紧闭军门，"不肯应太子"，使太子只能用乌合之众同丞相调集的禁军作战，最后兵败逃亡。这就是汉武帝晚年的"巫蛊之祸"。

巷战结束，盛怒的老皇帝回到伏尸满城的长安，追究肇祸者。任安不是用计阻止北军参与储君发动的未遂政变么，汉武帝却听信告密者的谎言，认为他受太子节而不出兵，在玩弄老官僚的滑头伎俩，"欲坐观成败，见胜者欲合纵之，有两心"，于是逮捕任安，判处死刑。

任安在巫蛊案中的遭际，与司马迁在李陵案中几乎一样，都是忠而获罪，都被按"《春秋》诛心"的荒诞逻辑由皇帝亲定死罪。这不能不激发司马迁的愤懑和同情。任安下狱定罪，约在征和二年秋冬之间。按照西汉惯例，死刑犯必须在当年十二月前处决完毕。见死却不能营救，已使司马迁痛苦不堪，而念及老友书信几年未复，更使司马迁感到歉仄。正在这时，汉武帝又决定去雍（今陕西凤翔）祭祀五方上帝。司马迁必须随行，连同任安诀别的机会都要失去了，于是赶作复书，那时约在征和二年十一月。

《报任安书》是司马迁向朋友述说生平和思想的又一篇自白。它写于《史记》将成书之际，对于了解司马迁，极有价值。司马迁在《史记》写作之初，便受到皇帝亲信的责难，还可能受到皇帝本人的严斥。但被皇帝用李陵事件为由下狱受刑之后，虽然贵为中书令，依然不知改悔，坚持私修历史，还说即使被杀一万次也不后悔。汉武帝越到晚年越猜疑别人，尤其猜疑同床在旁的幸姬宦者。司马迁此信写给在狱中待决的死囚任安，怎么不很快被汉武帝发觉呢？单是信内将任安称作可以诉说衷曲的"智者"，而将其他人都称作没法对话的"俗人"，已足以使自鸣风雅的汉武帝万分恼火了，何况司马迁居然自比为文王、孔子等一长串前贤，那么汉武帝该比作谁呢？

于是司马迁便非死不可。东汉传说他任中书令后，"有怨言，下狱死"，有的学者力辩不可信，在我看来这种辩驳迁得可以。他们最无法解释的一事，便是司马迁在写了《报任安书》以后，何以就失踪了？

在汉武帝征和三年（公元前九〇年）之后，司马迁便没有踪迹可寻。合理的解释，便是他已经神秘地死去。那时他才四十五岁（郭沫若考证司马迁死于太始四年，即公元前九三年，乃因相信王国维考证《报任安书》作于此年致误）。

# 一二 赘语

孔子说他"五十而知天命"，然而司马迁竟没有活到这把年纪，这是值得惋惜的。然而，在中国史学史上，司马迁则以他的两大功绩，彪炳于人间。其一是他综合以往的历史编纂学成就，开创了一种新的历史记录形式，即纪传体。其二是他综合全部的历史记录和传说，撰成了中国第一部纪传体通史，即后人所称的《史记》。

《史记》一百三十篇，到东汉已不全，据说十篇仅有目录而无文字。现存的足篇，有些内容是后人续补，却无法确定哪些篇章是后人补写，补写者又是谁，只有署名"褚先生曰"字样的，可判断大概由西汉后期褚少孙补写。

《史记》原是司马迁的"一家之言"，也就是私人著作。但它的副本，已经收藏于宫廷图书馆。公元前八六年（汉昭帝始元元年），桑弘羊已引用《货殖列传》，那时距司马迁的外孙杨恽宣布《史记》还有近二十年。汉元帝时整理宫廷藏书的刘向，在《别录》中也屡引《史记》，并与他的儿子刘歆和学生冯商等相继续作。这说明那时统治者已十分重视这部书。汉成帝时东平王刘宇请求皇帝赐予《史记》抄本，经御前会议否决，又从反面说明它在那时便在实际上获得了官方史著的地位。这个地位，经过东汉史学家班彪、班固父子相继著成《汉书》，被统治者承认是《史记》

的续篇，而得到稳定。以后，不论人们对《史记》本身的价值判断如何，司马迁所开创的纪传体，却始终被史学家视作历史编纂的模式，而《史记》也就成为中国第一部"正史"。

自然，对于这部不朽著作的伟大作者，人们也有各种各样的评骘，同情与憎嫌，悲悯与讥刺，讴歌与毁谤，代代并存。那又有什么呢？他就是司马迁。他和他的《史记》，已成为中国史学和世界史学的一座丰碑，永在人类文化史上屹立。

**编者附注：**

1988年上海古籍出版社筹划出版"十大丛书系列"，有"十大史学家"、"十大词人"、"十大才女"等。其时朱老师正为该社修订《中国历史文选》，为支持编辑工作，客串为《十大史学家》撰写其中之司马迁。本书于1989年8月出版，除首篇《司马迁》之外，其余人物班固以下均由华东师范大学古籍研究所裘汝诚（1931—2013）撰写。司马迁为朱师最为赞许的史学家，生前虽未曾有很多相关论文发表，却研究有年，读者自可察鉴。本次据1989年刊本重印，文字改动以朱老师的一份手校稿为据，原刊本的排校错误，则径改，不做说明。

# 【附】司马迁传略稿 *

他是古代中国，不，也是古代世界，最伟大的历史学家。

他的不朽著作《史记》，无论你从什么角度，形式的创新还是内容的丰富，史料的严谨还是思想的深刻，叙事的忠实还是文笔的优美，去审视，去挑剔，都不能不承认是在他那时代——公元前二世纪末到公元前一世纪初——的世界史学史上，都属于最优秀的作品。

他给古代中国那么多杰出人物写过传记，从叱咤风云的英雄豪杰到默默无闻的引车卖浆者，都没有忘记。他也没有忘记说一说自己的家族史，包括自己为什么要写作《史记》的著作史。但是，他竟然忘记了，或者认为没有必要，交代一下一个起码的事实，那就是他究竟生在何年何月。他也许没有想到，自己在做过一次死亡价值的沉思之后，竟然会神秘地死亡，而且他的同代人，他的后继者，也没有一人记录他死去的情形，就像他记录项羽、刘邦等人死前的情形一样。

于是，他生在何年，死于何时？这些都成了谜。为了解开这个谜，从公元一世纪到现在，快两千年了，学者们还在考证，在思索，在争论。

于是，关于他的生年，学术界有两种说法，便是不奇怪的。两种说法的提倡者，都是近现代中国的大史学家。第一说是王国维提出的。他在一九一七年二月写了一篇《太史公行年考》，考证"太史公"生于汉

---

*　编者按：此文为未完稿。

景帝中元五年，即公元前一四五年。此说在三十多年里没有任何异议，以致到新中国成立以后，史学界已在准备纪念他诞生两千一百周年了。岂知就在这时，出现了第二说，见于郭沫若一九五五年发表的《〈太史公行年考〉有问题》，说是王国维的考证错了，"太史公"其实生于汉武帝建元六年，即公元前一三五年，王国维误将时间提前了十年。二说各有依据，学者择信而从，因此便出现出版物中歧异的说法，有的信王说，有的信郭说，似乎信王说的比信郭说的要多。

于是，关于他的死期，学术界也猜测纷纷。东汉初有个卫宏，曾记载他"有怨言，下狱死"。就是说，他第一次从牢狱里死里逃生以后，又因为祸从口出，再度被投入牢狱，并被折磨而死。这一记载，王国维是不相信的，说是"最为无稽"。郭沫若则很相信，并根据它考定"太史公"死于公元前九三年，即汉武帝太始四年，只活了四十三岁。

这位太史公，就是司马迁——复姓司马，名迁。

司马迁生卒年之谜，至今仍然没有解开。学者们还在为此努力，不时发表专门的考证文章。由于缺乏新的材料，比如像一下能解开好多历史之谜的马王堆汉墓帛书那样的文物材料，因此在这个问题上的研究，并没有取得引人注目的突破，也许在二十世纪内还不可能彻底解决。

我们当然不能等待学者们的意见统一之后再来介绍司马迁的生平。那会使急性子的读者不耐烦，就像我们等待解决"京华何处大观园"之谜已有三十年而未知分晓的情形一样。而且，在没有铁的证据摆在面前以前，要学者们停止辩论，也是不可能的。在历史领域，从矛盾的历史记录中间清理出来的历史事实，比任何权威学者的话都更有分量。没有这种证据而出现的意见统一，都是勉强的，靠不住的，最终只能引发新的更激烈的辩论。因此，即使有全新的材料发现，也还有一个被学者们认识和消化的过程。那样，我们要在这辈子等待问题彻底解决，希望就更渺茫了。

可是，对于司马迁的传记作者来说，确定他生在哪一年，又是至关紧要的。我们可以承认王国维、郭沫若二说各有道理，却总不可以在同一本书里二说并存吧？否则，行文到某年，便是"这一年，司马迁二十岁，也许三十岁"，如此反复，成什么话呢？谁都知道，一个人早生十年或者晚生十年，他的遭遇，他的交往，他的履历，他的想法，等等，都会有相当大的差异，含糊其辞是不行的。

怎么办呢？我只能采取一种说法，一种我本人相信是正确的说法。经过我的考察，我认为郭沫若关于司马迁生年的考证是正确的，即是说他生于公元前一三五年。但郭沫若关于司马迁之死的考证，虽然比王国维的考证合乎情理得多，却还有点疵病，那便是他说司马迁卒于公元前九三年左右，将时间提前了两三年。据我的考证，司马迁的卒年，最有可能是在公元前九〇年，也就是汉武帝征和三年。因此，司马迁活了四十六岁，按实足年龄计算则是四十五岁。由于司马迁在《史记》的自序里提到自己的年龄时，说的都是虚岁，因此我在这里也采用了虚岁纪年。

你怎么能断定司马迁出生的时间是汉武帝建元六年？

这里不是做考证的地方。但假如不说一点理由，或者会使认真的读者不满。不是说要重证据么？那么，简单陈述两点我的依据，可能是必要的。

依据之一，来自历史。郭沫若的《〈太史公行年考〉有问题》[1]，列举了多种证据。其中一则最为有力，那就是西晋人张华《博物志》所录存的司马迁的一份简历："太史令，茂陵显武里，大夫司马迁，年二十八，三年六月已卯除，六百石。"[2]这则记录的行文格式，如郭沫若所指出的，正是出土汉简中记录人物履历的官方文书的常见格式。张华是以博学著称的晋朝学者，官职又高。因而，倘说这条材料是他照录当时还幸存的西汉官方档案中的记录，那将是完全可能的。根据司马迁的自述，可知他是在父亲司马谈死后接替太史令一职的，而司马谈死于公元前一一〇年即汉武帝元封元年，到第三年即元封三年他守制期满为太史令，与这则记录一致。元封三年当公元前一〇八年，往上推至公元前一三五年即建元六年，首尾正是二十八年。赞同王国维说法的人，曾经反驳郭沫若的考证，但都举不出一条正面材料来否定张华录存的这则记录的可靠性，因此，我认为司马迁生于汉武帝建元六年说是有史可稽的。

依据之二，来自逻辑。王国维也承认司马迁任太史令是在汉武帝元封三年。依据他的考证，那时司马迁已有三十八岁。根据司马迁的自述，在元封元年春，他因父丧而停职前，官职是郎中，在上千名总称为"郎"的皇帝侍卫官中居于末等之列，俸禄级别仅为秩比三百石。他何时任郎中的呢？大概在二十一二岁。倘照王国维的说法，元封元年他三十六岁，则已在这个候补官的位置上呆了十四五年。西汉的郎官多是贵族官员的青年子弟，极少有十年不补正式官员的，否则就被看成"老于郎署"了。而司马迁到三十六岁还与那班青年侍卫官为伍，而且班列末等，他居然没有任何不满的表示，令人不可理解。为什么呢？《史记》里有一篇传记，专门写两名长期任郎而以后证明他们是被埋没的人才的官员，其中一个是十年不调的骑郎，一个担任中郎署长，在作者看来已算不幸了[3]。假如司马迁真是任郎中十几年，他会没有一点牢骚吗？而我们以后将看到，他叙述自己任郎中的经历，倒是颇为得意的。可见，照王国维的说法计算，他的行为便不合逻辑。而照郭沫若的考证来看，则他的得意完全可以理解。

我们看待任何历史问题，必须注意历史与逻辑的一致，这是马克思、恩格斯早就强调过的。不顾历史的逻辑推论与不合逻辑的历史考证，都经不起事实的验证。王国维很有哲学头脑，在某些专门领域获得很大成就，但他信奉的是唯意志论，在学术问题上往往凭主观做结论，而他作《太史公行年考》只用七天便成文。匆促必出错，何况主观性太强，更未免错误。他将司马迁的生年考错了，不过是一例而已。

关于司马迁的卒年，说来话更长。请允许我留在以后的篇章里再说。现在，他的生年在本书作者看来既已确定，那就不妨可说"闲话休提，言归正传"了。

公元前一三五年，时当旧历丙午年，司马迁生于西汉左冯翊夏阳县。

夏阳故城在现在的陕西省韩城市南面。故城西北不远，有个高门原，又称马门原，这就是司马迁出生的地方。那里在唐朝还保存着司马迁的墓碑。它的附近有个芝川镇，至今还有司马迁墓和太史祠，大概是唐宋以后人为纪念他而再建的。

夏阳在黄河西岸，与汾阴隔河相望。[4] 故城东北百余里，有个壮丽的自然景观。自北而南在山峡间盘旋流动的黄河，经过这里，忽然山尽峰开，豁然奔放，声如惊雷，好似胸腔内运足了气而通过狭窄的声带得以引吭高歌。黄河的这条声带，便是两岸石壁峭立而口广仅八十步的龙门。湍急的河水将岸壁岩石摩荡得那样齐整，犹如鬼斧神工将它劈凿开来一样，自然引起古人天真的幻想，产生了夏禹疏导黄河到此凿山通流的传说。

楚汉相争之际，刘邦曾在彭城被项羽打得大败，诸侯王纷纷反汉附楚，尤以魏王豹切断河西通往河东的津渡对汉兵威胁最大，这时刚被刘邦拜为大将的韩信，巧施疑兵计，用木头陶罂结成浮排偷渡了黄河，一举击破魏军，俘虏魏豹，替汉军转败为胜立了大功。这次偷渡的场所，就在夏阳的龙门附近。

英雄的神和英雄的人，都曾在龙门留下过英雄业绩，更增添了龙门的传奇色彩。司马迁为自己能生在这里而感到自豪。他在《史记》自序里报告自己的籍贯，不说是"夏阳人也"，而说是"迁生龙门"，便是这样的心理写照。

但司马迁更引为骄傲的是自己的显赫家世。

《史记·太史公自序》便是证明。在这里，司马迁劈头就报告自己家族的世系，而且追溯到遥远的五帝时代：

> 从前在帝颛顼的时代，他任命重做南正掌管天事，任命黎做北正掌管地事。到唐尧、虞舜两帝之间，立重黎的后代做继承者，使他们重新主持重黎的职事，直到夏商二朝都是如此。所以重黎氏世代记叙天地的事。在周朝，被封为程国之伯的休甫，就是重黎氏的后裔。但休甫的后代，在周宣王时失去了封地，而改氏为司马。司马氏世代主持周朝的史职。[5]

这是司马氏远祖的系谱。假如可信的话，那就可证两点。第一，司马氏的血统来自重黎，而重黎相传是颛顼之孙，颛顼则相传是黄帝正妃嫘祖的少子昌意之子，因而司马氏无疑属于汉代公认的最高贵血统的一个分支。第二，司马氏的远祖由五帝之二帝颛顼时代起[6]，便主持记叙天地变化的消息，也就是代天立言，历经唐、虞、夏、商、西周到东周初期，千余年而不变，因而司马氏无疑属于汉朝统治者承认的最有资格主持史职的家族。

不消说，这段历史固然辉煌，却是传说与真实的混合物。西周初确实有程邑，邑名又作郱，故址在今陕西省咸阳市东面。周文王曾率领周族迁居于此。程伯休甫可能实有其人，但这个采邑主的爵号是否称伯，尚不可知。因此，司马迁关于程伯休甫以下的系谱，看来比较可信，但往上就渺茫难寻了。首先，司马迁这里说重和黎分明是二氏，但到唐虞之际却说成一氏，这个矛盾早被《史记》注释家所指出。其次，司马迁这里说重黎氏后裔在唐虞夏商四代都主持记叙天地变化事，却没有举出任何一代的名字或事迹，而这四代历时一千多年！可见司马迁依据的是一种非常模糊的传说，不足凭信。再次，司马迁这里的说法同《史记》其他篇章的记载也有矛盾，例如《史记·楚世家》就明说重黎原是一人，为颛顼之孙，老童之子，而这里却说原是二人，可见司马迁依据的材料不统一，而他也没有通过考订以自圆其说。

不过，司马迁追述先世，虽有把传说当信史的毛病，却也不是想象之谈。先秦时代不少古书都提到重黎。《尚书·吕刑》是西周穆王时期的作品，其中就提到皇帝"乃命重黎，绝地天通"。这八个字曾引起后人误会，春秋时楚昭王就误解为重黎奉命断了登天之路。他的大夫观射父因此对他做了长篇解释，指出所谓绝地天通，即隔绝地上人民同天上神祇相通的道路，实际是将祭祀天神地祇的权力，由颛顼指定的重、黎二氏所垄断。正是这位博学的观射父，指出重、黎氏在唐尧以后世叙天地，程伯休父即其后，而周宣王时失土变为司马氏[7]。这又表明，司马迁的远祖，可能确实是重黎氏，或者重、黎二氏。他们属于黄帝部落联盟内居支配地位的颛顼族，并且是传说中第一代专职巫师。

远古巫史不分，巫主接神，史序神位。因此，被叫作史的巫师，因为必须记录群神的出没方位、时间、权限和爱好等等的缘故，逐渐将目光由神事转向人事，所以他们便或为兼通自然和社会两类知识的学问家。在记事由于文字发达而形成制度以后，史也就自然而然地变成宗教官兼档案官，如殷代的卜人那样。甲骨文的研究，已经表明卜人是世袭的。因而，司马氏家族，在西周以前的上千年时间里，一直充当沟通天人关系的媒介，也并非不可能。

但是，东周以后的司马氏系谱，就不那么辉煌了，而且大有每况愈下的趋势。

周惠王、襄王之间（公元前六七六年至公元前六一九年），司马氏家族已因周王室内乱，被迫逃亡到晋国。从那时起，这个古老氏族就分散了，有一支去卫国，有一支投赵国，还有一支由晋入秦，居于少梁，即以后的夏阳，这一支就是司马迁的本宗。

这个宗支的第一代，是司马迁的八世祖司马错。他已弃文习武，曾在秦惠文王（公元前三二四年至公元前三一一年称王）面前与著名的纵横家张仪辩论，并且取得胜利，因而得以将兵攻下蜀地，成为秦国蜀郡的首任郡守。司马错之孙司马靳，仍是秦国的武将，曾经辅助白起攻打赵国，在长平战役中取得大胜，坑杀了赵国降卒四十万，但因此与白起同被秦王迫令自杀。在秦国的司马氏家族因而受到颇重的打击。到司马靳的孙子司马昌，便已弃武从工，在秦国担任铁官，是内史（京师长官）或郡守等地方长官的属官，远离朝廷了。而他的儿子司马无泽入仕，已在西汉初期，虽然官位与其父相当，却又弃工从商，职务是市长，不是近代那种主管一个城市的市长，而是管理某个地方某处集市贸易的稽查官。

孟轲在战国时就说过："君子之泽，五世而斩。"（见《孟子·离娄下》）意思说贵族之家的门风，至多维持五世便要中断。这里所说的门风，包括家族的地位、特权和职业的传统等等。古代以三十年为一世，一代人也称一世。从司马错到司马无泽，总共六世，历时不过百余年，便已再易其泽。武将家风只传三世便中断，改业为地方工商行政管理人。但这个职业，也只维持了两代。到司马无泽的儿子，也就是司马迁的祖父司马喜，连工官税吏也没得做了，仅有一个爵衔，叫作五大夫。可见真是一代不如一代，活现出一个古老贵族的后裔在战国秦汉之际迅速没落的过程。

司马喜爵列五大夫，其实还算有点小地位。汉朝沿袭秦朝的制度，不承认战国以前的血统贵族，而以从征作战所立功劳大小为标准，封赏爵位，称为军功爵。军功爵有二十等，一至四等为军士，五至九等为军吏，十至十八等为军将，十九等为没有采邑的关内侯，二十等为采邑大小不同的彻侯。[8] 十八等以下犹如近代的军衔，但没有俸禄，而是按照等次享有一定的荣誉和特权，而且可以传给子孙或兄弟。五大夫属于第九等，地位属于军吏最高一级，仅次于将军，类似近代军队中的上校。平居免除劳役，战时充当军官，在家有僮仆服侍，出门可乘坐公车，在本乡本土也算作有头脸的绅士。但他尽管号称大夫，而且是所谓大夫之长，却终究不同于古代的世袭大夫。古代大夫的身份来自血统，特权来自采邑，而汉代的军功爵，不仅靠在战场厮杀一通便可得到，并且能够用钱购买。司马喜没有从军作战的经历，他的父祖在汉代似乎也没有立过战功，所以，他的爵位，不是父祖花钱买下传给他的，便是他自己出钱买来的，总之名为五大夫，实际身份仍是平民。

司马迁自然了解这一点。因此，他叙述自己家族的世系，说到高祖司马昌在秦朝任铁官以后，忽然插入一段话，介绍东周时入赵的司马氏一支的子孙中，在秦楚之际出过一个大有名气的人物，便是项羽分封的十八诸侯王之一殷王司马卬，其国即汉朝的河内郡云，然后再续写自己的曾祖和祖父的历史，都淡淡地一语带过。这就给读者一个印象，他的家族还是英雄辈出的，假如不是楚败汉胜，那么还是复兴在望的。请读者注意司马迁的这股情绪，因为这对《史记》的写作有明显的影响。

不过，司马迁到底是忠实的历史学家，他没有回避自己家族已由贵族变为平民的事实。《史记·太史公自序》在自述"迁生龙门"之后，紧接着便说"耕牧河山之阳"，就是明证。

所谓"耕牧河山之阳"，从字面上看，好像司马迁因为家境清贫，自幼便参加生产劳动，种过田，做过牧童，地点就在家乡。山南水北都称阳，夏阳位于黄河的西北岸，龙门山的西南面。其实不然，司马迁在这里是含蓄地说明，他出生的时候，家里没有做官的人，祖父只有军官头衔，父亲还没有做官，生活靠农牧兼营，不靠俸禄收入。这里丝毫没有否认他家靠剥削为生的意思，这只要看他在《史记》中记录地主、商人和手工业主，都称为"治生产"者，便可了然。

司马迁的父亲是司马谈。这个家族的命运，到他似乎有转机了。经过长期学习，他在汉武帝前期，担任了太史令，也就是御前首席天文官兼占星官。

汉朝的太史令，是宗教文化大臣太常的属官之一。秦汉的大臣以及各级政府官员，品级都以年俸得谷多少石计算，相当于二千石以上是高级官员，千石以下至秩比六百石是中级官员，四百石以下是低等官员。太史令品秩六百石，即月俸粟谷七十斛，佩的是黑绶带系住印环的铜印，属于中级官员内级别较低的一员。

但太史令的职责却不轻，因为他"掌天官"。天官指天上的星官，也即星座。在秦汉人眼里，天上的星座也组合成一个朝廷，各个星座分别指明天帝和他的臣僚们的行止所在。他们说，天帝叫作"太一"，北极是他的内宫，心宿是他的明堂，大角是他的帝廷，北斗是他的帝车，尾宿是他的后妃，等等。《史记·天官书》共记载北天星座九十一个，包括恒星五百多颗，每座每颗都有官守和职事。这个天上政府，分明是地上王朝在虚空中的投影，但古人却把投影说成原型，认为封建政府就是照天庭模式构成的。因此，他们认定天官与地官有对应关系，星象的任何异常，都预兆着地上朝廷将有大事发生。比如公元前一九五年，汉高祖刘邦生病，天象出现"荧惑守心"（见《汉书·天文志》），就被认为是刘邦非死不可的预兆。因为亮度变化不定的火星即荧惑，在古代被认为是凶星，而心宿是天上的明堂，心宿二代表天王。荧惑运行入心宿所在天区，而且滞留在心宿二旁，不就预示皇帝会有大不吉祥的事发生吗？这种把天象和人事相联系，而从星空异象寻找祸福预兆的学问，就是占星术。在古代，上自国君，下至百姓，极少有人不相信占星术，一次日食或一颗彗星，便可以使举国惶然。因此，没有一名天文家不兼占星家，或者说没有一名天文家不是由学习占星术才获得天文知识的。

不过，太史令除了占星，更重要的职责还是编制历法。以农立国的封建时代，专制皇帝做得牢靠不牢靠，关键在于皇权能不能得到农民的信仰。"天高皇帝远"，怎么才能使农民时刻感到皇帝的威权存在呢？主要办法之一，便是每年颁布新的年历。年历告诉农民，节气与朔望，吉日与禁忌，出现在何旬何日。农民便根据它的预报来安排生产与生活。预报准确，使农民感到风调雨顺，从而感激皇恩浩荡。预报失误，例如晦日见了月亮，望日却只见繁星，惊蛰不闻雷声，白露汗流浃背，如此等等情形发生，即使最老实的农民，也必定由怀疑"皇历"而怀疑在位皇帝是否是"真命天子"。既然历法如此重要，那么负责"观象授时"，也即根据天象来编制农历的主管官员，对于封建王朝来说，当然是不可或缺的。

然而，无论占星或制历，在封建时代必须接受一种不变的衡量尺度，这个尺度就是专制君主的实用需要。与古代欧洲的教皇与国君分权的传统不一样，古代中国的皇帝同时也是教主。从殷代起，帝王就是巫师领袖，秦汉以后的封建皇帝，更是抓住最高神权不放，一切有关鬼神事务，都必须由皇帝裁决才能生效。因此，即使首席天文官兼占星官，也不能违逆皇帝的判断。这就迫使太史令非在理论上通晓占统治地位的封建统治学说不可。

于是，汉代的太史令，便必须履行三项职责。一是占星，凡遇祭祀、征战或婚丧等王朝大礼，必须向皇帝报告星象预兆，选定吉日良辰及注意时禁节忌。二是制历，每逢新年前夕，必须向政府提供新的年历以供颁行。三是记事，春秋时代便有"国之大事，在祀与戎"的说法（见《左传·成公十三年》）。既然太史令要预报和验证有关大事的天意，就必须对种种征兆进行记录，而记录既重在人事，则串起来就是人间的历史。

占星、制历和记事，都是专门学问。司马谈的父祖辈都不通此道，没有家学做底子。那时书籍稀缺，都珍藏于宫廷和私家，要读也极困难。司马谈只能走拜师学艺的道路。

《史记·太史公自序》曾叙述过司马谈的学历："太史公学天官于唐都，受《易》于杨何，习道论于黄子。"就是说他曾经拜过三人为师，而这三人都是当时的名家。

唐都是西汉有名的方士。方士即方术之士，在那时是对有一技之长而又带点巫术气味的人的总称。唐都的职业是占星。占星就必须观测天象，首先要注意天体运行与地上自然变化的对应关系，其次要注意自然事物与人间事物的对应关系，因此占星家一定通天文、晓历法。唐都以后曾参加司马迁主持的改订历法的活动，说明他对天文历法确有研究。司马谈跟随他学天官，也就为日后担任太史令准备了知识基础。

杨何为西汉菑川（治所在今山东寿光）人，有名的《周易》学家。《周易》是古代的一部宗教性著作，内容主要通过象征八种自然事物（天、地、雷、山、火、水、泽、风）的八个基本图形，八卦的重叠变化及其各种解释，教人如何根据卦象来占卜祸福吉凶。相传这部书经过孔子的整理和编定，在汉武帝以后被封建统治者尊为"六经"之一。但在汉武帝以前，它一直被看成卜筮书，所以没有被秦始皇君臣当作儒家著作烧掉，而且被汉武帝当作每逢有大事就要翻查的占卜圣书。西汉传《易》的头一个人是齐国的田何。杨何是田何的再传弟子，他对《易》的解说被认为是这部经典的权威解释。《易》在汉武帝建元六年（公元前一三五年）由朝廷设置博士官以备皇帝随时咨询，他本人也在次年（元光元年，公元前一三四年）被朝廷派人迎到长安，在皇帝身边担任高等顾问，官至秩比二千石的中大夫。司马谈得到杨何的亲传，是他能够晋升为御前首席天文官兼占星官的重要因素。

为什么这样说呢？原来，《周易》这部卜筮书，它的形成与占星术的发展密切相关，它的内容可说是用数来卜休咎的一种占星术[9]。《周易》的占卜方法叫筮法。筮的工具是蓍草或筮竹，共五十策，实际用四十九策。卜筮的时候，将四十九策随意分为两部分，再分组计数，经过一套复杂的程序，得出一个小于九的奇数或者偶数。奇数为阳，偶数为阴，分别用图形—、--象征，叫作阳爻或阴爻。爻就是八卦图形的基本符号。如此重演六次，得到六种爻象，依照筮成的次序，自下而上排列，便构成一个重卦的图形。然后按图索解，从《周易》中寻出每卦每爻的经典解释，将它们当作一种启示，与占问的疑事相附会，以决定未来是吉是凶。《周易》两个最基本的重卦，即全由阳爻组成的乾卦，全由阴爻组成的坤卦，分别象征天和地，而算出它们的策数，分别是二百十六和一百四十四，二数之和为三百六十，正是一年的日数。在筮的时候有两个特殊动作，即从分成两部分的策中各抽出一根夹在小指中，作为最后决定奇偶数的关键一策，据《周易·系辞》说那就象征五年置闰月两次。而重卦有六十四个，最初的含义可能是象征星座，其变化也是象征星座所表现的天象变化，用这种变化来预测人事，就是所谓天人感应。正因为《周易》和天文星占及制历记事关系十分密切，所以它就是掌天官的必备功夫，司马谈非精通它不可。

作为预测天人之际行将发生何种对应关系的太史令，还必须熟悉当时的统治学说。在汉武帝以前，占统治地位的是黄老学说，即所谓道论。司马谈学习道论的老师黄子，又称黄生，就是那时黄老学派的著名人物。他没有留下名字，也没有留下著作，只留下与儒家学派著名人物辕固生在汉景帝面前辩论的一则故事。

黄老学派自称源于黄帝，其实宗奉老子。相传老子做过孔子的老师，写过一部五千字的小书，被后人称作《老子》或《道德经》。西汉前期的统治者对它异常崇拜，认为这部小书揭露了从宇宙生成到治国理民的全部奥秘，甚至要将它带到地下去读。1973 年马王堆汉墓出土的一个西汉小诸侯的陪葬物中竟有两部帛书《老子》便是证明。西汉君臣看重的是老子说的统治术。老子教统治者以卑弱姿态出现，以柔克刚，以静制动，善于权变，后发制人，以"无为"来达到"无不为"。这都很投专制权力还不稳固的西汉前期统治者的胃口，因而黄老学说成为指导当时统治思想的理论形态。但"无为"又可引出维持现状最好的结论。随着汉文帝、汉景帝两代中央权力的加强，君主集权与藩国割据两股力量的冲突日益激烈，这时君主就不情愿再以卑弱自持，而感到儒生们说的话更中听，那话就是君主愈专制便愈神圣。于是，黄老学派的统治地位受到了挑战，信老子和信孔子的两派学者开始大起冲突。

黄生与辕固生的辩论，便是一次短兵相接。辩论的题目是"汤武放杀"，商汤放逐夏桀和周武王杀殷纣王是否接受天命？黄生否定，说那是以臣弑君。"帽子再旧也戴在头上，鞋子再新也踩在脚下，桀纣再坏也是君上，汤武再好也是臣下。臣下不能帮助君主改正过失以推崇天子，反而利用君主的过失将他们杀掉，自己登上天子的宝座，这不是弑君又是什么？"坚持汤武是接受天命以放杀桀纣的观点的辕固生，很难驳斥黄生的逻辑，怎能否认尊君卑臣的大道理呢？况且皇帝正在倾听辩论，但这个老头子顽强坚持唯儒是出名的，理屈而辞不穷，突然捧出刘邦的阴灵，责问黄生道："假如你的话对，那么高帝取代秦皇而登天子位，错了吗？"这使景帝大为尴尬，既不能判黄生对，也不能判辕固生对，否则不是自我否定汉革秦命的合法性，便是必须承认臣下借口君主失道而起来夺取帝位是可能得到上帝批准的。他摆脱两难窘境的办法就是干脆禁止再讨论。不是说马肝有毒，吃了会死么？"食肉不食马肝，不为不知味。言学者无言汤武受命，不为愚！"〔10〕于是，涉及三代历史是非的一个重要理论问题，从此成了"马肝"。

由这则故事可以窥见黄生的道论，一方面主张尊君卑臣，另一方面又主张维持现状。因而他虽然也着眼于巩固君主专制，在理论上却是保守的，实际是说无论现状怎么坏也总比变动现状好，哪怕未来的统治者是大贤大圣。

司马谈生于何时，他的早期经历，《史记》《汉书》同样没有记载〔11〕。

根据他的三个老师的活动时间看，黄生在汉景帝时期（公元前一五六年至公元前一四一年）任博士，再前再后均不见记载，则司马谈从他学习当在这时。杨何于汉武帝元光元年（公元前一三四年）始至长安，在前远在菑川，而司马谈似未到菑川求学，从杨何学《易》当在元光以后。唐都在公元前一〇四年还参加司马迁主持的改历，假定那时已七十岁左右，则生年大概在公元前一七四年（汉文帝六年）前后。依照学生一般小于老师的惯例，那么假定司马谈比唐都小十岁左右，生于公元前一六五年（汉文帝十五年）左右，也许离事实不会太远。黄生与辕固生辩论，大概是汉景帝晚年的事，约在公元前一四五年左右，这时司马谈约二十岁，正是学习的年龄。而杨何到长安时，司马谈约三十一岁，习《易》也不算晚。由于学习以数占星先要有天文星占的基础，因此他跟唐都学天官，应该在二十岁至三十岁之间。这样，他到公元前一一〇年（汉武帝元封元年）去世，大约是五十六岁。

黄生可能是司马谈的第一个师父。司马迁说到他，都称子称生，而不直呼其名，以致使他由于受尊敬而没能留名青史。本师的影响总是很大的。现存的司马谈著作，可以确定出自他一人手笔的，仅有一篇《论六家要指》[12]，就是道地的黄老学派作品。

《论六家要指》，据司马迁介绍说，写在汉武帝建元、元封间。司马谈写它，为的是纠正一种风气，即他所担忧的学者们并不真懂自己所学的东西，而只知效法错误的意见。所谓六家，指阴阳、儒、墨、名、法、道德六大学派，其中道德家即黄老学派。在论文中，司马谈对六家的长短得失，逐一进行了批评。值得注意的是他对儒者的批评，说是儒者"博而寡要，劳而少功"。这是讥笑儒生们关于六经的解说多抓不住要领，关于礼仪的规定烦得毕生学不完，特别是要求君主事必躬亲，搞得君主劳累不堪而臣子不负责任。他认为，同儒者相比，道家的理论虽然微妙，实践起来却很容易，君主只要保住自己的精神，一切顺其自然，让群臣各按本分，照旧章办事，这样看来"无为"，其实"无不为"，所以倘要选择治国之道，当数黄老学说最为完美。

我们注意到司马谈这篇论文的写作时间，正是汉武帝初期。那时朝廷里发生了一场争夺统治权力的斗争。斗争是在两个外戚集团之间进行的，一方是汉武帝的祖母窦太后为首的老贵族集团，一方是汉武帝的母舅田蚡为首的新外戚集团。窦太后是汉文帝的遗孀，在汉文帝死后干预控制朝政二十余年。她喜好《老子》，反对改变现状。田蚡是汉景帝遗孀王太后的异父弟，在汉景帝死后，趁汉武帝年少，企图推翻窦氏集团势力而控制朝政，用的手段便是推崇儒术以贬斥黄老。他的企图先遭到窦太后镇压而一度失败，后因窦太后病死和汉武帝亲政而获得成功。一个显著成功便是用儒家的"五经"代替道家的《老子》成为西汉王朝官定教科书。这就是历史上著名的"罢黜百家，表章六经"事件[13]。

黄老学说失去了统治学说地位，但是黄老学派和信奉其他各家学说的人物并没有被逐出朝廷。相反，从田蚡到汉武帝，对儒术都是又信又不信。就是说，他们认为对于自己垄断政权有用的就相信，反之就不相信。他们对于别的学说或人物也是用这把尺子来衡量。因此，汉武帝时代不仅时常重用非儒者，而且还容忍别的学派批评儒术，只要这批评不妨碍君主专制继续加强。

司马谈的《论六家要指》，便是在这种形势下写的。他说治国之道，以黄老学说最好，其他五家都有短有长，但五家的长处在黄老学说里都囊括进去了，于是剩下的都是短处，用来治国当然都不行。这分明是不承认儒术可以代替黄老，说明他在思想上、政治上都站在受贬斥的黄老学派一边。他的论文正是失败了的黄老学派对胜利了的儒家学派的最后还击。

了解这一点是重要的。因为司马谈的思想见解和政治主张，曾经对他的儿子产生很大影响。我们以后在司马迁的身上将常常见到他父亲的影响。

"太史公仕于建元、元封之间。"关于司马谈的资历，在《史记·太史公自序》只说了这一句话。司马迁说得太简略了，结果在他去世百年之后，便开始出现一系列的传说、猜测、考证和争论，直到今天还在继续。这句话引出的疑问的确也多，比方说，太史公是官名呢，还是尊称？倘是官名，则设置于何时？职权是什么？地位有多高？司马谈出仕于建元间的哪一年？他一开始就做太史公吗？如此等等。如果把东汉以来的各种说法都罗列出来，那将使我们如坠云里雾中。这里只可能说一说我以为比较接近事实的看法。

西汉只有太史令，没有太史公[14]。太史令的职责，前面已介绍过，它是秦汉两朝都设置的官职，并非汉武帝初才设置的新官职。司马谈担任的是太史令。所谓太史公，是司马迁提到他父亲时的一种尊称。在西汉，官名和官署往往不分，正像级别和俸禄不加区别一样。太常既指政府部门，也指部门首脑。同样，太常下属的太史，既指官署，也指官长。但太史的正副长官，分别称为太史令和太史丞，不像"太常"长官的正式职称也就是太常。在当时，"公"一般是对尊者或长者的称呼。太史令是太史的署长，司马谈又是司马迁的父亲，因此司马迁称司马谈为太史公，属于表示地位和辈分的尊称。《史记》中常见"太史公曰"，这四字常用来提示以下是司马迁的话，于是有人以为司马迁也自称太史公，可见太史公是个官名。其实不然，《史记》是司马迁的外孙杨恽首先公之于世的，这四字很可能是杨恽仿照司马迁尊父的先例，为尊重外祖父所改[15]。

司马谈于汉武帝初期到太史官署任职。太史令的副手称太史丞，属傺有典星、治历、望气、掌故等[16]。司马谈初任职，并非官太史令。现已失传的《茂陵中书》，曾记载"司马谈以太史丞为太史令"[17]。据此可知司马谈是先任太史的副职，再晋升为正职的。但司马谈在任太史丞以前，是否还经过更低的属员阶段，因史料缺乏，目前还没法考证。

前已介绍，太史令秩六百石。太史丞的官品有多高呢？东汉官员的职称品秩大都沿袭西汉制度。东汉的太史丞秩二百石，月俸粟谷三十斛。西汉的太史丞，也无非是这样的小官。

不过太史丞总算是个官，而据司马迁说，他生后"耕牧河山之阳"[18]。这句话也可理解为他生时家里还没有做官的人，而他生于汉武帝建元六年，即建元年号纪年的最后一年。因此，司马谈"仕于建元、元封之间"一语，可能指他于建元年间开始出仕，至元封元年终结。而刚出仕时，也许职务太卑微，在那时还不足以光耀门第。

司马谈由太史丞晋升为太史令，时间大概在汉武帝元狩、元鼎年间。因为他做太史令以后，留下的业绩，可考者只有两项，都是元鼎年间的事。我们以后将会看到，司马迁对父亲是很孝敬的，决不会遗漏他父亲的业绩不记。

那两项业绩，都同祭祀鬼神有关。其一是元鼎四年（公元前一一三年），汉武帝到雍举行郊天礼后，忽然感到自己祭皇天而不祭后土，于礼有缺。司马谈和祀官宽舒奉命共议祭后土，大地女神的礼仪，提出了如下设计。在泽中的圆形土丘上筑五个坛，每坛都供奉太牢一份。牛羊豕三牲俱全的祭品称太牢，是天子宴请鬼神的最隆重的席面。但需注意牛要用纯黄的初生之犊。祭毕将五份太牢全部埋入土内，而参与祭祀的人都要穿黄衣。这显然因为黄土高原的地神偏爱黄色，否则就不肯来赴宴。司马谈和宽舒的这一建议，光荣地被汉武帝采纳了。于是在汾水入黄河处的汾阴县的雎丘上，便出现了一座后土祠，使地母同她的丈夫天帝一样，能够定期大吃全牛全羊全猪。其二是元鼎五年（公元前一一二年），汉武帝从冬至日起开始祭祀独一无二的天帝——太一。原来祭祀的上帝有五个，即五方上帝，这时都退居为太一之下的诸侯王。大概是诚则灵吧，据说这个新设置在云阳甘泉宫（故址在今陕西淳化梁武帝村）旁的太一祠，在皇帝祭拜以后，夜间有美光出现，白日见黄气冲天。这象征什么呢？司马谈和宽舒经过郑重讨论，向皇帝报告说："这是神灵的美意，表示要赐福降善。应该依据这里的放光区域建立大畤坛，以彰明皇帝祈祷有效应。神坛由太祝管理，每年秋天和腊月里都举行祭礼。每三年由天子按郊天礼祭祀一次。"这项建议，也光荣地被汉武帝采纳了。[19]

那年秋天，为了出兵讨伐南越，在太一祠举行了盛大仪式，向太一报告即将用兵，并且祈祷天神相助。为此特制了一面旗帜，用牡荆在旗上组成日、月和北斗七星图形，顶端成龙形以象征太一三星，并制出太一的锋芒，叫作"灵旗"[20]。在仪式进行到为用兵顺利而祷告的时刻，就由太史令捧着大旗直指南越。这位奉天伐罪的旗手，不消说就是司马谈。那是何等神气的差使呵！但也正说明太史令的本职就是充当沟通人神关系的媒介，其实是御前巫师。

司马谈是忠于职守的。我们可以指出他迷信，却不可以斥责他作伪，因为他真信有天意，并为此而殉身。

司马迁是司马谈的独子。他出生的时候，父亲已经三十多岁了。

汉朝统治者标榜"以孝治天下"。汉高祖刘邦的儿皇帝、孙皇帝，在死后的谥号上，无不带个"孝"字，孝惠帝，孝文帝，孝景帝，以显示他们都能继承父祖遗志。既然孝是最高的道德，那么不孝当然是最大的罪过。"五刑之属三千，而罪莫大于不孝"，这是写在汉朝人人必读的一部钦定教科书《孝经》上的话，谁敢忽视？还在战国时代，孟轲就宣称，"不孝有三，无后为大"（见《孟子·离娄上》），把不娶妻生子以接续对祖先的祭祀，看得比顺从父母作恶、不愿供养父母的罪过还要大，谁能不听？这类观念的流行，使早婚多产的风气更盛。汉武帝二十八岁没有儿子，便急得要换皇后。可以想见，司马谈年逾"而立"，方才得子，心情多么快活和庆幸！

"伐木丁丁，鸟鸣嘤嘤。出自幽谷，迁于乔木。嘤其鸣矣，求其友声！"[21]古代的贵族诗人，在宴请亲朋旧友的时候，要是吟诵这一诗篇，朋友故旧便能领会他在请求帮助，使得他从深暗的低谷跑出来，攀上高高的大树。司马谈显然也是借诗言志，把振兴祖业的希望倾注在自己的新生儿子身上，"出自幽谷，迁于乔木"，于是给儿子取名为迁，字子长[22]。

司马迁的童年是在夏阳度过的。但是前面引过的司马迁任职履历表，却说他的籍贯是茂陵显武里。茂陵在长安西北的茂乡（今陕西兴平东北），他家是何时移居这里的呢？

有可能是汉武帝元朔二年（公元前一二七年），也就是司马迁九岁那一年。

茂陵是汉武帝的陵墓。古代帝王贵族也真古怪，一方面非常怕死，总在寻求神仙，巴望长生不老，一方面又准备即死，很早就替自己寻葬地，造坟墓，似乎明天就会去地下做鬼。汉武帝即位的第二年，即建元二年（公元前一三九年），年方十七，便开始在茂乡为自己修造坟墓，因称茂陵。按照前代传统，他置了陵县，也要强迫迁徙大批户口去充实那里，于元朔二年下诏"徙郡国豪杰及赀三百万以上于茂陵"[23]。自然，做出这一决定的考虑是很现实的，意在削弱地方割据势力的社会基础，增强三辅地区的经济政治实力。

司马谈家财未必值三百万铜钱。但司马氏家族居于夏阳，倘算到司马迁为止，已达九世。由司马错到司马谈，八代人里有五代人做官，顶不济的司马喜还有五大夫的爵位。因此，他家列入必须迁徙的"郡国豪杰"名单，是够格的。这应该是司马谈移家茂陵的理由，否则我们便不能理解，司马谈在长安做官，何以要把家搬到远离长安数十里的茂陵？即使在今天，一个十七级干部要由兴平到西安上下班，每天往返也是不可能的，何况两千一百年前！

各个郡国的豪强富户，包括现任官员之家，赖以剥削农民的田地在本乡，据以维持特权的力量在本土，一旦被迫迁居异地，无疑受到很大的打击。但移居茂陵，对于少年司马迁来说，则是大幸。

司马迁的故乡夏阳，山水虽好，却离长安有数百里之遥。时至今日，那里在陕西还属于比较闭塞的地区，古代的情形更可想而知。单有良好的自然环境陶冶，在古代也许可以造就抒情诗人和山水画家，但绝对不可能造就历史学家。历史学家不仅需要书本教育，而且需要社会教育。在司马迁的时代，社会教育尤其重要。报刊是没有的，书籍是稀有的，了解时事需听街谈巷议，熟悉故事要靠耳闻目睹。错综纷纭的等级关系，密谋丛生的政治内幕，非亲历其境不能窥其究竟。假定司马迁很迟才跳出龙门，那么他对社会历史的认识能否有后来的深度，便很难说。

正因如此，移家茂陵，就使未来的历史学家司马迁，进入了一个难得的课堂。那里集中了来自全国各地的封建阶级的实力人物，所谓五方杂处，风俗不纯，"其世家则好礼文，富人则商贾为利，豪桀则游侠通奸"。[24]因此，茂陵堪称西汉封建社会的一个缩影。司马迁通过这个缩影，看到了各色人等的脸谱，看到了不同等级的样态，也看到了社会现实的概貌。

"社会生活在本质上是实践的。"[25] 可以说，没有少年时代在茂陵生活的经历，便没有《史记》中将汉代各种人物描绘得栩栩如生的那些画面。

公元前一二六年，汉武帝元朔三年，司马迁十岁了。

司马谈对于儿子抱着那样大的希望，对于儿子的教育自然格外费心。启蒙教育大概是他自己承担的。不过，"人生十年曰幼学"[26]，那时人们认为十岁是接受正规教育的合适年龄。因此，儿子一满十岁，做父亲的便立即替他寻求名师。

名师很快就拜到了。据司马迁自述"年十岁则诵古文"[27]，可知他跟的老师是后来人称古文经学大师的孔安国。

孔安国是孔子的十一世孙，在汉武帝时任博士，官至临淮太守。他是西汉《鲁诗》学派的宗师申培的弟子。申培是受过汉高祖刘邦接见而又活到汉武帝初期的唯一儒者，弟子王臧在汉武帝为太子时曾做过太子少傅，因而那时申培的名声很大，被人尊称为申公。汉武帝时期设置五经博士，专用儒者做顾问官和教育官。申培的弟子担任过博士的便有十多人，孔安国就是其中最著名的一个。

但孔安国的出名，却并非因为他是申公一派《诗经》学的传人，而是因为他开创了《尚书》学中的一个学派。《尚书》是我国上古历史文件和部分追述古代事迹著作的汇编，相传由孔子编选而成，在古代被尊为"五经"之一。经过秦始皇焚书和汉初继续禁书，它同大部分古书一样，在汉代已残缺不全。汉朝官方批准传授的版本，是汉文帝时用通行文字隶书写定的，共二十八篇，以后又有人献出一篇，称为《今文尚书》。但孔安国依据的版本则不同，比《今文尚书》多十六篇，并且是用秦以前的古文字抄写。这个版本，相传是西汉封在曲阜的鲁恭王，为扩大王宫而拆毁孔子旧宅时，在坏壁中发现的，因而称《古文尚书》，又称"孔壁古文"[28]。孔安国得到这部《尚书》，"以今文读之，因以起其家"[29]。但这个版本没有得到朝廷正式承认，所以孔安国虽然官居博士，却不能通过政府招考博士弟子员正式传授，只能私下收徒传授。司马迁就是他传授《古文尚书》的一名高足。

这位著名老师给少年司马迁的影响是很大的。据说孔安国一直想请求汉武帝准许《古文尚书》立于学官，即作为官方教科书正式由博士传授，但汉武帝晚年残酷的宫廷斗争，迫使他中止这个打算[30]。也许出于同样的理由，司马迁在《史记》里也不敢明白说出他十岁就跟孔安国学习《古文尚书》。但是，《史记》关于西周以前上古历史和传说的记载，不少内容不见于《今文尚书》。司马迁对待孔子的态度，是将他看作教育家、史学家，而不是将他说成充满妖气的先知，说成预先替汉朝制定法度的"素王"。这都表明，他的记载有的就得自《古文尚书》，他的倾向更接近于孔安国开创的古文经学派。

司马迁对于孔安国也很尊重。《史记》里有两次写到孔安国。一是《孔子世家》，将孔安国说成孔子一脉相传的嫡系，连他的长子、嫡孙名字都记录在案。二是《儒林列传》，除了介绍孔安国的师承和宦历，特别说明他是《古文尚书》学派的开创者。假如我们知道孔安国仅比司马迁早卒不过几年[31]，那就可以了解司马迁是在尽力使他的这位老师垂名青史。

司马迁还有一位赫赫有名的老师，便是后来人称今文经学大师的董仲舒。他何时拜董仲舒为师，已经无法考证。但在《史记·太史公自序》里，他记录自己与壶遂的对话，强调"余闻董生曰"，表明他确曾面聆董仲舒的教导。董仲舒卒于公元前一一五年（汉武帝元鼎二年），那时司马迁二十一岁，可知他师董仲舒必在二十岁前。

董仲舒（公元前一八〇年至公元前一一五年）是西汉广川人。广川在今河北枣强的东面，原属赵国，因而《史记》称他为赵人。他是《春秋》学专家，但师承不明，在汉景帝时任博士。汉武帝即位后，先升江都国相，又降为中大夫，在司马迁出生那一年还因私著灾异书而被判死刑，幸被汉武帝赦免。元光元年（公元前一三四年），又被举为贤良，重新做官，再度官至胶西国相。不久辞职，家居著书，并充当皇帝大臣的在野顾问。他因早已官至二千石，也徙居茂陵，所以司马迁能在他晚年向他问学。

董仲舒在历史上被赋予过大的名声，常被说成汉武帝"罢黜百家，独尊儒术"的倡议人，那是与事实不符的。但他对于封建经学得以在西汉后期成为封建统治思想的理论形式，起过大作用，则是事实。

他的作用，主要表现在三件事上：

（一）他在元光元年参加汉武帝主持的贤良考试，为答题而写的三篇文章，即所谓"天人三策"[32]，首先从神学与政治相结合的角度，为当时的"罢黜百家，表章六经"的政策，做了理论论证。其中提出"道之大原出于天，天不变，道亦不变"的形而上学观点，特别中封建统治者的意。

（二）他在退休以后，迎合汉武帝君臣通过法律形式推进君主专制的意向，为独裁君主用"合法"形式消灭潜在的或假想的政敌，提供了经典依据，即所谓"以《春秋》决狱"[33]。从秦始皇到汉武帝，封建专制君主都患有一种精神病，即时刻怀疑有人在暗中算计他们，因此总要置被怀疑者于死地。但增强君主个人专制的意向，却不能不受统治阶级整体利益的牵制，后者就常常表现为封建法律。从汉文帝开始，汉朝统治者就经常感到法律不能满足君主愿望的矛盾。[34]这个矛盾，由董仲舒从神学与历史相结合的角度解决了。他不是《春秋》学专家吗？据他说，孔子编写《春秋》，决非写一部以鲁国为主的编年史，而是接受天意，替三百年后的汉朝预制一部宪法，这部宪法的指导原则，叫作"诛心"。倘要判断谁人有犯上作乱的大逆不道罪，不必考虑有无犯罪行为，只要追究有无犯上作乱的居心，也就是后人所说的动机，便可成为量刑治罪的准绳。据他说，孔子在《春秋》中对于历史事件或历史人物所表示的爱憎褒贬态度，其实是替汉朝统治者如何断狱杀人而预先提供的范例，倘有疑难案件，只要对比这些范例，便可裁决。统治者对董仲舒提供的这样的依据，很是重视，因而在董仲舒退休以后，"朝廷每有政议，数遣廷尉张汤亲至陋巷，问其得失"〔35〕。董仲舒用附会《春秋》的办法解决的疑难案件，据说多达二百三十二例，汇编成了一部书，名称就叫《春秋决狱》。〔36〕以后历代封建统治者常常引经据典以置人于死地，董仲舒是难辞其咎的。

（三）他完成了把孔子学说改造成封建经学的过程。经学是关于所谓孔子的经书的学问。这种经书，除了《春秋》，还有《诗经》《尚书》《仪礼》和《周易》，在汉朝合称"五经"。其中《春秋》《诗经》大概经过孔子整理，有的如《周易》则大约在战国时代才成书，但都挂在孔子名下。在战国时代，孔子开创的儒家学派，已在起分化，有的派别逐渐与新的统治阶级合作，将孔子学说改造成封建统治阶级需要的东西。从秦朝到西汉，这样的改造活动集中到一点，就是把儒家学说变成一个新体系，这个体系要能适应封建"大一统"在各方面的需要，既能论证君权神授，又能粉饰君主专制，既能把剥削农民说成合乎天理，又能把压迫人民说成是施行仁政。在西汉，好几个著名儒者在理论上都有推进，但有决定意义的一着，则是董仲舒的发明。他把当时盛行的阴阳五行说同儒家学说结合起来，把普遍迷信的交感巫术同儒家礼仪结合起来，在理论上提出"三统说"，说历史一直在神秘的三个系统里循环，三统分别以黑白赤三色为特征，汉朝帝王所以能得到天命，就因为他们正好属于轮值人间的黑统。在实践上则强调"天人感应"，说是"天"有人格有意志，会通过自然变化来表现自己对于人间统治者所作所为的爱憎，所谓"作善者天降百祥，作不善者天降百殃"（原文为"作善降之百祥，作不善降之百殃"，见《尚书·伊训》），但人间统治者也可采取行动使天回心转意，那行动就是举行各种神秘仪式，表示向天忏悔和顺天之意。他留下了包括八十二篇论文的一部著作，名曰《春秋繁露》，便是新的经学体系的首次较全面的描述。

司马迁并没有完全接受董仲舒的理论，也没有完全反对董仲舒的理论。董仲舒关于《春秋》有两个基本见解，其一是《春秋》为孔子替汉朝预制的宪法，其二是《春秋》为孔子反对犯上作乱而借历史以讲现实的政论。司马迁对于前一见解是不赞成的，由《史记》绝口不提孔子"为汉制法"便可了然，但对于后一见解却是赞成的，由《太史公自序》引用董仲舒的话而高度推崇《春秋》也可了然。

## 注释：

〔1〕〔2〕《历史研究》1955 年第 6 期。

〔3〕参见《史记·张释之冯唐列传》。此传（赞语）的作者是司马谈。

〔4〕参《史记·太史公自序》。

〔5〕《太史公自序》原文如次："昔在颛顼，命南正重以司天，北正黎以司地。唐虞之际，绍重黎之后，使复典之，至于夏商。故重黎氏世序天地。其在周，程伯休甫其后也。当周宣王时，失其守而为司马氏。司马氏世典周史。"

〔6〕《史记·五帝本纪》："黄帝崩，葬桥山。其孙昌意之子高阳立，是为帝颛顼也。"

〔7〕参见《楚昭王问于观射父》。原文见《国语·楚语下》，释文见周予同主编、朱维铮修订《中国历史文选》上册修订三版，上海古籍出版社 1984 年版，54—60 页。

〔8〕参《汉书·百官公卿表》。

〔9〕关于《周易》卦象的原始含义以及这部书的具体性质，学术界的看法很不相同。我同意陈遵妫的说法，即它是用数来占卜的一种占星术。详请参看陈著《中国天文学史》第 1 卷，上海人民出版社 1980 年版，83—94 页。

〔10〕参看《史记·儒林列传》中辕固生的传记。

〔11〕过去有一种推测，以为司马谈生于汉惠帝五年（公元前一九〇年）左右，如此则他死时已八十一岁。这个推测，依据是王国维的《太史公行年考》说司马谈长于司马迁四十五岁左右。但王国维的考证靠不住，一是将司马迁的生年早算了十年，二是根据司马谈曾与张释之、冯唐交往，以冯唐年纪推测司马谈的年纪，但王国维忘记了古人交友不一定限于同龄人，"忘年交"是常有的。因此我不取此说。

〔12〕此文见于《史记·太史公自序》《汉书·司马迁传》。

〔13〕这个事件又称为"罢黜百家，独尊儒术"，但它的真正作用是"罢黜黄老"。整个事件不是单纯的思想学说之争，也不是汉武帝听从董仲舒的建议而搞起来的。有兴趣的读者，请参阅拙著《经学史：儒术独尊的转折过程》，刊于《上海图书馆建馆三十周年纪念论文集》，上海图书馆 1982 年印行，291—305 页。

〔14〕参见《汉书·百官公卿表》。这是西汉官制的最早记录。

〔15〕有人以为，"太史公曰"四字是东方朔所署，但在《史记》《汉书》中找不到旁证。《史记》为杨恽传布于世，见《汉书·杨敞传附子杨恽传》。

〔16〕太史有令、丞，见《汉书·百官公卿表》。太史的属员，散见于《汉书》诸篇的，有大典星、治历、待诏，见《律历志》；望气，见《李广传》；望气佐，见《郊祀志》；太史掌故，见《儒林传》。

〔17〕《茂陵中书》，已佚。由书名看，可能是汉武帝时代宫廷某些档案的汇编。此处记载，见《史记·太史公自序》裴骃集解引臣瓒所录《茂陵中书》。

〔18〕见《史记·太史公自序》。

〔19〕均见《史记·封禅书》。

〔20〕元鼎五年，"其秋，为伐南越，告祷太一。以牡荆画幡日月北斗，登龙以象太一三星，为太一锋，命曰灵旗。为兵祷，则太史奉以指所伐国。"见《史记·封禅书》。牡荆是一种灌木，茎叶新旧形状颜色不同，旧茎圆形褐色，新茎方形绿色，大叶如掌状，小叶有锯齿，夏末开花成穗状，色青或紫。以牡荆画幡，即以这种植物组成图形。

〔21〕《诗经·小雅·伐木》首章。

〔22〕司马迁字子长，《史记·太史公自序》《汉书·司马迁传》均未载，而首见于西汉末扬雄《法言》的《寡见》《君子》诸篇。以后东汉人著作也续有记载，当是可信的。

〔23〕《汉书·武帝纪》。

〔24〕《汉书·地理志下》。此处上文说："汉兴，立都长安，徙齐诸田，楚昭、屈、景及诸功臣家于长陵。后世世徙吏二千石、高訾富人及豪桀并兼之家于诸陵。盖亦以强干弱枝。非独为奉山园也。"

〔25〕《马克思恩格斯全集》第1卷，人民出版社1972年版，18页。

〔26〕《礼记·曲礼上》。

〔27〕《史记·太史公自序》。

〔28〕孔安国传授的《古文尚书》，已经失传，现仅存篇目和少量佚文。今本《尚书》内包括古文二十五篇和孔安国传，经清代学者考定，是东晋出现的伪作，被学术界称作《伪古文尚书》和伪孔传。

〔29〕《史记·儒林列传》。

〔30〕西汉末刘歆《移让太常博士书》，见于《汉书·楚元王传附刘歆传》。

〔31〕孔安国于汉武帝天汉元年（公元前一〇〇年）尚存，见前揭刘歆《移让太常博士书》。

〔32〕见《汉书·董仲舒传》。

〔33〕《汉书·艺文志》六艺略春秋家，有《公羊董仲舒治狱》十六篇。此书已失传。关于董仲舒退休后以《春秋》决狱的记录，可参见《后汉书·应劭传》。

〔34〕汉文帝号称无为而治，其实阳奉黄老，阴尚刑名，但他通过赏罚以增强个人专制的意向，经常受到大臣用法律名义的牵制，这使他感到痛苦。《史

记·张释之冯唐列传》《汉书·张冯汲郑列传》记录张释之用法律遏制他个人判断的事例，可以参看。

〔35〕见《后汉书·应劭传》。

〔36〕《春秋决狱》，《汉书·艺文志》著录，书名作《春秋治狱》。以后的记载，或称《春秋断狱》《春秋决事比》。书已失传，佚文可参见程树德《九朝律考》中的《汉律考》。

## 编者附注：

《司马迁传略稿》的写作晚于《十大史学家·司马迁传》，与《司马迁略传》同为未完稿。《司马迁传略稿》一气呵成，并无章节标题作为区分。书稿只写到司马迁师事董仲舒为止，显然还没有结束。按起首列出章节细目的《司马迁略传·目录》来看，写到司马迁师事董仲舒，只是一半不到的篇幅。朱老师在 1989 年《司马迁传》（收入《十大史学家》）出版后，一直想增订改写成一本独立出版的《司马迁传》，断断续续，稍空即做。附录于此的《司马迁传略稿》《司马迁略传》，以及《司马迁年表》，都是他为自己心目中古今中外最重要史学家树碑立传的不懈努力，惜乎没有完成！

# 【附】司马迁略传<sup>*</sup>

## 提  纲

---

\* 编者按：此文为未完稿。

人固有一死。死有重于泰山，或轻于鸿毛，用之所趋异也。

——司马迁答友人信，摘自《汉书·司马迁传》

不消说，读者一看便知，上面那段话，是中国古时候有个文学家叫作司马迁的所说的。司马迁关于死的意义各有不同的这几句名言，经过毛泽东《为人民服务》的介绍，在我国早已家喻户晓了。

爱好历史的读者，又一定知道，司马迁是公元前二世纪的人。他不仅是一位著名的文学家，更是一位伟大的史学家。他开创的"纪传体"在封建时代被公认为编写历史的最佳体裁。他编写的《史记》，就是成功地运用纪传体写成的第一部中国通史巨著。

《史记》在编写形式上的影响那样巨大，以至它问世以后，就不断有史学家仿效它续写随后出现的历史，数量多得难以统计。到十九世纪初期，仅被历代王朝承认的"正史"，即依照司马迁的编写模式所著成的历史教科书，便达二十四部之多。大家知道，新中国建立以后，在周恩来的关注下，我国学术界通力合作，重新校点出版以《史记》为首的二十四史，便用了将近二十年的功夫。

司马迁在中国文化史上无疑属于巨人的行列，在世界文化史上怎么样呢？早在十九世纪五十年代，《史记》的德文选译本，便开始陆续与西方读者见面。以后，法、英、俄各种文字的译本，也相继出现。据不完全统计，到二十世纪六十年代初，一百年间，仅德、法、英三种文字的《史记》译本，在西方就有二十六种。这个数字，可以当作一种尺度，衡量司马迁在世界文化史上的地位。所以，一九五五年，当司马迁诞辰两千一百周年之际，他被列为世界文化名人，受到世界各国文化界的纪念，就是理所当然的。

但是，读者可知道开头引用的司马迁那段话的来历吗？可知道司马迁在写那几句话的时候，处在怎样的境地吗？这也许还有介绍的必要，就让我们从这里说起。

那是公元前九一年冬天司马迁写给一位旧友的复信里说的话。这位旧友，姓任，名安，字少卿。所以，后人就把司马迁的这件著名复信，称为《报任安书》，或者称为《报任少卿书》。

任安在公元前九六年以后给司马迁写过一封书信。那时他正在做益州部刺史，掌管今天的四川、云南、贵州、甘肃、湖北的部分地区的郡县和藩国的监察事宜。他为什么要写信给司马迁呢？

原来，公元前九一年＊，司马迁被任命为中书令。中书令，又称中书谒者令，是西汉时代管理宫廷事务的少府的高级官员，职责是主管尚书奏事，也就是在皇帝身边传达机要的高等侍从官。那时的皇帝就是赫赫有名的汉武帝。司马迁如此接近汉武帝，"尊宠任职"[1]，在他的亲朋故旧看来，照例应该说点与众不同的话，干点与众不同的事，有点与众不同的风度，这才像个贤明的大臣的样子。岂知司马迁却是例外。他上任以后，非但没有引人注目的言行，比方说向汉武帝推荐可以由平民超升为公卿的贤人之类，相反连大臣的架子都没有，待人接物随和得很，似乎甘愿与那些庸碌官僚同流合污。这是何等令人失望的事啊！

于是任安便以"故人"身份给司马迁写信了，"责以古贤臣之义"[2]。义者，宜也，意思是"应该如此"。在任安看来，处在司马迁的地位，怎样做才合宜呢？他的信，详细内容已无法知道。根据司马迁复信的概述，大意是："教以慎于接物、推贤进士为务，意气勤勤恳恳，若望仆不相师用，

---

＊ 编者按：原文如此，但据朱师在另一篇未完成的文章《司马迁传略稿》和完稿《司马迁传》及《司马迁年表》（均收入本书）里的考订，司马迁任中书令在公元前九六年。

而流俗人之言。"[3]他在信中除了对司马迁缺乏中书令应有的威风表示不满，主要是责备司马迁没有致力于推举任用多才而能干的人做官，似乎还抱怨司马迁不肯这么干，是为了讨好世俗舆论。

这个指责，不消说是严重的，而且是不合实情的。这由《报任安书》开头就声明"仆非敢如是也"，便可了解司马迁的态度。

尽管如此，司马迁却迟迟没有复信辩白。据司马迁说，原因在于自己太忙，也在于想找机会同任安面谈[4]。因为他收到信后，任安已升任监北军使者[5]，与他同在西汉京城长安。

然而，一场意外的政治变故，使得司马迁觉得非回信不可。那场变故，就是汉武帝征和二年（公元前九一年）发生的"巫蛊"案。读过《红楼梦》的人，想必都记得赵姨娘买通巫婆，剪了两个纸人，上写贾宝玉、王熙凤的生辰八字，然后在纸人的心口各钉一钉，于是叔嫂二人便一起害病，险些送命。这个故事说的就是巫蛊，即行使魔法咒人病死。今天谁也不信有此等事，但古人几乎无不信以为真。

汉武帝晚年，就像封建时代常见的情形那样，皇位继承权的问题尖锐起来了。汉武帝早立有太子，就是他二十九岁时与皇后卫子夫所生的长子刘据。但不久，卫子夫即因色衰失宠，刘据的太子地位也跟着动摇。汉武帝本来就迷信鬼神，晚年时常生病，越发疑神疑鬼，总猜疑有人在对他行使魔法。按照专制君主的逻辑，只有想取而代之的人，才会咒他早死。谁能取而代之呢？当然，不是太子便是权臣。他所信用的一个宠臣江充，早看出这一点，决意加以利用。公元前九二年，六十七岁的汉武帝又病了。江充便说是因为有人搞巫蛊，被汉武帝任命为治巫蛊使者。江充首先诬害了丞相公孙贺全家，接着就向皇后太子开刀。他先诬害了卫子夫的亲属，然后就查抄太子宫，声称在太子宫中掘到了皇后和太子对皇帝施行魔法的桐木人。[6]刘据被迫在征和二年（公元前九一年）七月发动兵变，杀死江充，却因遭到丞相刘屈氂率兵反击而失败[7]。他被迫逃亡，他的母亲卫皇后也被迫自杀。

这场兵变，是汉武帝晚年最大的一次统治集团内讧，在长安城内死了几万人。盛怒的汉武帝，下令穷究刘据的党羽，又株连到一批官员。任安便是受株连的三名重要官员之一。

为什么呢？原来刘据发动兵变的时候，指望依靠任安统率的北军作为主力。因此他召见任安，授予赤节，太子专用的红色权杖，命令他出兵响应。任安接受了，却在回营后立即下令紧闭军门，拒绝刘据调遣这支中央禁卫军的精锐部队。刘据发现上当，只好驱使长安市民同刘屈氂率领的正规军作战，结局只能是失败。按照效果，任安实为镇压兵变的功臣，但事后他却受到追究，罪名是"受太子节，有两心"，被判为犯了大逆不道罪，该当腰斩[8]。

就在任安等待处决的时候，司马迁却从狱外给他送来了复信。任安接到这封迟到几年的复信，是怎么想的？我们不知道。但司马迁所以决定复信的理由，则在《报任安书》里说得很明白，也很真诚：

> 今少卿抱不测之罪，涉旬月，迫季冬，仆又薄从上上雍，恐卒然不可讳。是仆终已不得舒愤懑以晓左右，则长逝者魂魄私恨无穷。

汉朝把死刑叫作"重罪"。"不测"是说深，而深就是重的同义语。"涉旬月"，意为定罪已有好几个月。季冬即冬季之末，也就是夏历十二月。汉律规定，死刑犯必须在立春以前处决[9]，所以"迫季冬"就是任安即将受刑的委婉说法，也就是下文说的"恐卒（猝）然不可讳"。引人注意的是后面两句话。它表明，司马迁其实早想回复任安的信，因为他认为任安属于那种可以推心置腹的朋友，在这样的朋友面前能够尽情诉说自己胸中的烦闷。但他又觉得欠了这位朋友一笔债，因为若无机会倾诉自己的衷肠，以澄清朋友对自己的误解，有悖于交友之道。所以，他必须在任安死前说出自己蓄积已久的心里话，给死者的灵魂以最后的安慰。

这样，司马迁就给后人留下了《报任安书》，一封长达三千三百多字的信件[10]。司马迁写信的目的，只是想使朋友理解自己担任中书令前后的处境和心境，并没有想到公之于众。然而正是这个没想到，却使《报任安书》变成了他的自白，从个人历史到内心见解都十分坦率的自白。

正是依赖这份自白，同时参考《史记·太史公自序》《汉书·司马迁传》，以及其他古书中的零散记录，我们才能对于司马迁的生平和思想，有了大概的了解。

不过，说到这里，我还没有回答前面提出的问题，即司马迁是在怎样的处境中写《报任安书》的。因此，性急的读者，也许早就不耐烦了。但我仍然要请求读者原谅。为了说清楚问题，我们还是要从头开始。

> 迁生龙门，耕牧河山之阳。年十岁则诵古文。二十而南游江、淮，上会稽，探禹穴，窥九疑，浮于沅、湘，北涉汶、泗，讲业齐、鲁之都，观孔子之遗风，乡射邹、峄，厄困鄱、薛、彭城，过梁、楚以归。
>
> ——司马迁的《史记》自序

司马迁生得怎么一个模样？他的同时代人，谁也没有描绘过。后来的画家和戏剧家，为了再现他的形象，费过很大力气。可惜，无论古人或者今人，在这方面的尝试，都只能用两个字评论：失败。例如吧，我们现在能看到的最早的司马迁复原像，是明朝弘治年间即十五世纪末到十六世纪初刊行的《历代古人像赞》上的一幅，画的是一个中年人，穿戴着不知是哪个朝代的衣冠，侧身向东，拱着手，皱着眉，却又带着微笑。这已令人觉得与"无韵之《离骚》"[11]的作者太不相称了。但最令人扫兴的是画像上的司马迁居然上唇有两撇胡子，那须尖都受着地心引力的作用，成八字下垂，而画像上的赞语却道是"遭陵之祸，腐刑惨酷"云云。这就露出了画像纯出臆造的马脚。为什么呢？所谓腐刑，是古代专门处置男性罪人的一种肉刑，受刑者被阉割掉生殖器，从此失去男性的生理特征。既然说画的是受了腐刑的司马迁像，那他怎么又会长出胡须呢？

不过，人们尽管无法在艺术上再现司马迁的形象，却可以在历史上讨论司马迁的家世和早年生活。

司马迁给《史记》写过自序，即如今通行的《史记》的最后一篇，题目叫作《太史公自序》。这篇自序一开头，司马迁便自报家门，郑重地追叙了他的祖先的历史，一直追叙到遥远的颛顼高阳氏时代。

相传颛顼是黄帝之孙，号高阳氏，在黄帝死后继立为帝，是司马迁所说的上古五帝之一。帝颛顼曾任命两人担任要职：一个名重，官"南正"，主管天事，职司是会合群神，也就是主持祭祀和降神等宗教事务；一个名黎，官"火正"（司马迁说应作"北正"），主管地事，职司是会集人民，也就是主持农业和贡赋等世俗事务[12]。火正黎（或北正黎）的后裔中间，有个名叫休父（司马迁《自序》作"休甫"）的，在西周初受封于程（今陕西咸阳东），爵位是伯，所以史称程伯休父。据说重、黎二氏的后裔，在唐、虞、夏、商四代，仍然世代主管天地事。[13]但不知是因为两个氏族世代联姻呢，还是因为别的缘故，总之重、黎二氏逐渐混同为一，被称为重黎氏，被司马氏认作是自己家族的共同祖先[14]。大概在西周的传说中，程伯休父及其后裔还世代继承先世官守。然而到周宣王时期（公元前八二七年至公元前七八二年），随着王权的衰落，神权也跟着动摇，程伯休父的后裔失业了，于是改任周王室的武官，氏族名也变成司马氏。[15]此后每况愈下，在东周惠王、襄王之间（公元前六七六年至公元前六一九年），王室内乱，司马氏已存身不牢，先逃到晋国，又迁至少梁（今陕西韩城南）。以后便是子孙分散，其中一个叫司马错的，跑到西方的秦国，曾受秦惠公命令率领秦军征蜀，攻克后即任蜀地郡守。他的孙子司马靳，仍为秦国武将。但到司马靳的孙子司马昌，已弃武从工，在秦朝任铁官长，掌管官营冶铁业。司马昌的儿子司马无泽，又弃工从商，在西汉初担任市长，即主管京城集市贸易的长官。司马无泽的儿子司马喜，就没有官职了，只有一个爵位，可能是袭封父祖的，叫作五大夫，在西汉二十等爵中属于第九级[16]。

在古代，贵族之家都很小心地保存家族的系谱，也就是祖孙父子兄弟的血缘亲疏的关系表。它对于贵族的后代来说，就是世代享有财富和特权的一种证明，因为除了把血统联系神圣化以外，便很难找到理由为他们的世袭特权辩护。既然系谱对贵族世家如此重要，它的中断在贵族看来就是一种真正的不幸。可是，战国初的著名儒者孟轲便说过，"君子之泽，五世而斩"，承认事实上的中断是不可避免的。从上面所引《史记·太史公自序》介绍的司马氏家族的系谱，可以看到司马迁的祖先，在西周曾经是显赫的贵族，但在西周晚期已经没落，到东周初就已子孙星散，以致他们的后裔除了记住共同的始祖是程伯休父以外，把那时的系谱也忘却了。其中一支跑到秦国，出了一个司马错，依靠军功重新成为贵人，他的子孙才又建立起系谱。因此司马错是司马迁家族真正的鼻祖。从司马错到司马喜共七世。仅这七世中间，便有两代没有在系谱上留下名字[17]。到第五世司马昌，这个武将家族就已后继乏人。司马昌、司马无泽父子，便只能做工官或税吏。这两个官职，在当时非但不令人羡慕，而且受达官贵人轻视，因为他们所管的铁匠和商人，都是所谓贱业。到第七世司马喜，其姓名就在西汉王朝现职官员的名册上消失了。

这个司马喜，便是司马迁的祖父。他大概是个庸碌无能的人，像那时的旧家子弟一样，靠着祖先功勋的荫庇，袭封了五大夫的爵位，家居可以免除徭役，外出可以乘坐公家的车辆，就心满意足，糊里糊涂地了此一生。所以，司马迁记叙他的事迹，除了说他生为五大夫，死葬高门原[18]，便没有别的话好说。

不过，由于司马喜没有做官，尽管有世袭爵位，在西汉初期的身份却和一般地主差不多，主要依赖自己田庄上的剥削收入过活。因此，司马迁叙述自己的童年时代，说是"耕牧河山之阳"，其实就是说他出生后家里已经没有做官的人。岂知这句话引起后人误解。他的传记作者，几乎都据此说他的家庭原来以农为业，使他从小就有机会接触农民，了解农民。看来这很难说合乎历史事实。

## 注释：

[1] 《汉书》卷六二《司马迁传》。

[2] 同上引。责有质问、责难的意思。古代交友之道，有"责善"的义务，即相责以善，如以为朋友的言行不宜，也就是不善，便可提出责难，而对方也有回答的义务。

[3] 多才叫"贤"，见许慎《说文解字》。能任事之人为"士"，见班固《白虎通·义爵》。许、班都是东汉初人，他们的解释，自然符合汉人的一般说法。望，怨责，《史记》中多次使用"望"字，都是此意。流俗人之言，谓随着俗人言论而

改变自己的主张。

〔4〕《报任安书》："书辞宜答，会东从上来，又迫贱事，相见日浅，卒卒无须臾之间得竭指意。"上，指汉武帝。据《汉书·武帝纪》，汉武帝在太始三年（公元前九四年）二月东巡，先到东海之滨，次年春三月到泰山封禅，同年五月回长安。可知司马迁收到任安信，不会晚于公元前九三年。此后不久，任安可能已到长安做官，但司马迁因公务烦剧和续写《史记》，也没有时间同他做推心置腹的谈话，所以说"又迫贱事，相见日浅"。

〔5〕任安于前九一年下狱时，正任监北军使者，见《汉书·刘屈氂传》。

〔6〕参见《汉书》卷四五《江充传》、卷六三《戾太子刘据传》、卷九七上《孝武卫皇后传》。

〔7〕参见《汉书》卷六六《刘屈氂传》。

〔8〕参见《汉书》卷六六《刘屈氂传》。奇怪的是，《汉书·武帝纪》征和二年提到株连者，只说到另外二人（暴胜之、田仁），未提任安名。何故？不详。

〔9〕参见范晔《后汉书》卷四六《陈宠传》。

〔10〕原信初见于《汉书》卷六二《司马迁传》。以后多种选本均收入，例如《昭明文选》《古文观止》《全上古秦汉三国两晋南北朝文》等。按此信写作时间，据王国维《太史公行年考》，以为当在太始四年（公元前九三年）。王说误，说详后。

〔11〕鲁迅评《史记》语，见《鲁迅全集》第九卷，人民文学出版社1981年版，420页。

〔12〕《国语·楚语下》，颛顼即位，"乃命南正重司天以属神，命火正黎司地以属民。"正，长官。属，会合。神，本意是充当天和人的媒介。属神，即指专管部落联盟的原始宗教事宜，即任大巫师。火正，司马迁改为北正，见《太史公自序》。

〔13〕说见《国语·楚语下》。

〔14〕参见《史记·太史公自序》《国语·楚语下》。

〔15〕程伯休父之后，"当宣王时，失其官守，而为司马氏"。见《国语·楚语下》。又，《今本竹书纪年》，周宣王二年，"赐命太师皇父、司马休"，六年"王亲率皇父、休父伐徐戎于淮夷"。这里提到的司马休、休父，似可证明司

马氏祖先在宣王时确已任司马。

〔16〕西汉沿袭秦朝制度，行军功爵，凡有功劳分等赐爵。共分二十个等级，一级最低，二十级最高。第五级至第九级均为大夫，五大夫算大夫中最高一级。见《汉书》卷十九上《百官公卿表上》。

〔17〕即第二代（司马错之子），第四代（司马靳之子）。

〔18〕《史记·太史公自序》。张守节正义引《括地志》："高门原，俗名马门原，在同州韩城县西南十八里。汉司马迁墓在韩城县南二十二里。夏阳县故城东南有司马迁冢，在高门原上也。"夏阳，战国秦惠文王改少梁置，治今陕西韩城南。

## 编者附注：

《司马迁略传》的写作晚于《司马迁传略稿》，无日期记载。和前面几次的成稿相比，这次写作不是文字修改，也不是重起炉灶，而是延续下来的再次写作。这一稿准备充分，更有计划，且拟定了详细的章节目录。可惜的是，这次写作仍然被其他杂务打断，竟也没有成稿。按目录所示，《司马迁略传》只写到第一章的第一、二节之间。为司马迁立传，朱师至少三易其稿。为存其真，这里一并附录。

# 【附】司马迁年表

| 135<br>（公元前） | 建元六年 | 生 | 父谈为太史令 | 窦太后死，丞相许昌等免，田蚡复为相 |
|---|---|---|---|---|
| 134 | 元光元年 | 一岁 | | 举贤良，董仲舒、公孙弘出 |
| 133 | 元光二年 | 二岁 | | 大举击匈奴，未通 |
| 132 | 元光三年 | 三岁 | | 黄河改道 |
| 131 | 元光四年 | 四岁 | | 窦婴弃市，田蚡死 |
| 130 | 元光五年 | 五岁 | | 河间献王刘德死，初逐西南夷，废陈皇后，捕巫蛊者，征贤良文学 |
| 129 | 元光六年 | 六岁 | | 凿漕渠，算商车，卫青等击匈奴 |
| 128 | 元朔元年 | 七岁 | | 诏举孝廉，立卫子夫为后，太子刘据生 |
| 127 | 元朔二年 | 八岁 | 始学茂陵 | 行推恩令，卫青等击匈奴，"徙郡县豪杰及赀三百万以上于茂陵"，韩安国死 |
| 126 | 元朔三年 | 九岁（10） | 诵古文，从孔安国学 | 王太后死，罢西夷，主父偃死 |
| 125 | 元朔四年 | 十岁 | | |
| 124 | 元朔五年 | 十一岁 | | 卫青等击匈奴，公孙弘请置博士弟子员 |
| 123 | 元朔六年 | 十二岁 | | 卫青击匈奴大胜 |
| 122 | 元狩元年 | 十三岁 | | 淮南王刘安被杀，获麟改元，立刘据为太子，遣张骞使西域 |

| 121 | 元狩二年 | 十四岁 | | 公孙弘死，霍去病破匈奴，浑邪王降 |
|---|---|---|---|---|
| 120 | 元狩三年 | 十五岁 | | 大水，穿昆明池 |
| 119 | 元狩四年 | 十六岁 | | 造白金皮币，算缗钱，卫青、霍去病破匈奴，李广自杀 |
| 118 | 元狩五年 | 十七岁 | 始冠 | 丞相李蔡自杀，罢半两钱，行五铢钱 |
| 117 | 元狩六年 | 十八岁 | | 霍去病死，遣博士大等六人分循行天下，司马相如死 |
| 116 | 元鼎元年 | 十九岁 | 外出游学 | 得金鼎于汾水，改元 |
| 115 | 元鼎二年 | 二十岁 | 归 | 西域始通，董仲舒、张汤死，丞相庄青翟被处死 |
| 114 | 元鼎三年 | 二十一岁 | | 杨可告缗，张骞死 |
| 113 | 元鼎四年 | 二十二岁 | 为郎 | 立后土祠于汾阴，封周氏为周子南君，方士栾大为侯 |
| 112 | 元鼎五年 | 二十三岁 | | 南越王反，征南越，酎金失侯106人，丞相赵周下狱死，栾大腰斩 |
| 111 | 元鼎六年 | 二十四岁 | 出使西南夷 | 西南夷平，南越平 |
| 110 | 元封元年 | 二十五岁 | 司马谈死，守制 | 东巡封禅 |
| 109 | 元封二年 | 二十六岁 | 守制 | 东巡，祠泰山，击朝鲜 |
| 108 | 元封三年 | 二十七岁 | 服满，任太史令 | 朝鲜平，置四郡 |
| 107 | 元封四年 | 二十八岁 | 太史令 | 北巡 |
| 106 | 元封五年 | 二十九岁 | 太史令 | 南巡，东封泰山，卫青死，置十三州刺史 |
| 105 | 元封六年 | 三十岁 | 建议改历 | 击益州、昆明 |
| 104 | 太初元年 | 三十一岁 | 太初历成 | 改元，幸泰山，起建章宫，李广利征大宛 |
| 103 | 太初二年 | 三十二岁 | 续《史记》 | 丞相石庆死，兒宽死 |
| 102 | 太初三年 | 三十三岁 | 续《史记》 | 泰山封禅，修长城 |

| 101 | 太初四年 | 三十四岁 | 续《史记》 | 大宛平，起明光宫 |
|-----|---------|---------|-----------|------------------|
| 100 | 天汉元年 | 三十五岁 | 续《史记》 | 苏武使匈奴，闭城门大搜 |
| 99 | 天汉二年 | 三十六岁 | 因李陵事下狱 | 李陵兵败降匈奴，禁巫祠道中者，泰山、琅邪民反 |
| 98 | 天汉三年 | 三十七岁 | 在狱 | 幸泰山 |
| 97 | 天汉四年 | 三十八岁 | 在狱 | 李广利击匈奴，九月"令死罪入赎钱五十万减死一等" |
| 96 | 太始元年 | 三十九岁 | 受腐刑出狱，为中书令 | |
| 95 | 太始二年 | 四十岁 | 为中书令，随到回中 | 杜周卒 |
| 94 | 太始三年 | 四十一岁 | 随帝东巡 | |
| 93 | 太始四年 | 四十二岁 | 随帝封禅 | |
| 92 | 征和元年 | 四十三岁 | | 长安戒严，大搜，巫蛊起 |
| 91 | 征和二年 | 四十四岁 | 报任安书 | 戾太子案，任安等牵连 |
| 90 | 征和三年 | 四十五岁 | 被杀 | 李广利降匈奴 |

世系：司马错（1）—？（2）—靳（3）—？（4）—昌（5）—无泽（6）—喜（7）—谈（8）—迁（9）

## 编者附注：

此年表为写作《司马迁传》所作，朱老师考订成列自用。今附录于此，供读者参考。

# 司马迁论贾谊

司马迁十分钦敬贾谊。在《史记》中，他将贾谊比作当代屈原，为贾谊和屈原合立一传，而且总是称"贾生""贾子"，而不称名，那是人们熟悉的。

在汉代，"生"与"先"一样，都是"先生"的省称。从《太史公自序》所列七十列传的篇目可知，《史记》立传的西汉人物，不是以官爵姓氏相称，便是直呼其名。被称为"先生"的，除了贾谊，仅有《郦生陆贾列传》中的郦食其。然而据考证，《郦食其传》可能出自司马谈的手笔。假如那推测可信，则传称"郦生"，只表示司马迁对父亲遗著的尊重，与他称贾谊为先生的含义并不相同。

没有表现于篇目，但在行文中用作者口吻称"生"的，还有一例，便是两见于《刺客列传》和《太史公自序》的"董生"，也即董仲舒。董仲舒做过司马迁的老师。学生著书，提到老师，称先生而不名，原是惯例。奇怪的是，司马迁还在《儒林列传》里替这位老师立过专传，却照样直呼其名，在《十二诸侯年表》《平津侯主父列传》等篇中涉及他时，也是如此。同样，司马迁替自己的经学启蒙老师孔安国立传，也依传主称名氏或官爵例，径书其名。因此，书中两次出现"董生"，显然不是为了向老师表示敬意而破例。什么缘故呢？据前人研究，《刺客列传》说到董生的那段"太史公曰"，可能也是保留司马谈遗稿的原话，而《太史公自序》说到董生，见于司马迁与壶遂的对话。学生在谈话中提到老师，不称名是习惯，没有特殊含义。

当司马迁呱呱坠地的时候[1]，贾谊自伤而死已有三十四年。论行辈，他属于司马迁的祖父一代。论关系，他的嫡孙贾嘉曾与司马迁"通书"，大概是通信讨论学问的朋友。在司马迁作《屈原贾生列传》那时，贾嘉官职是郡守，不可能利用权势干预司马迁的写作意向。况且司马迁也不是那种向权势低头的缺德史学家。

所以，单从称谓上看，司马迁对待贾谊，与他对待为之立传的西汉名流的态度相形，的确抱有非同寻常的由衷敬意。除本传外，他在《秦始皇本纪》《陈涉世家》《张丞相列传》《太史公自序》等篇兼及贾谊时，一律坚持称"先生"。被认为是七十列传序说的《伯夷列传》，引证贾谊语，还标作"贾子曰"。这是司马迁称同时代人为"子"的唯一例证。子本是古代对男子的通称，但到秦汉时代，已常被用作称谓德高望优者，即后世所谓圣贤一类人物。于此可见贾谊在司马迁心目中的地位，远过于董仲舒辈。

顺便说明，今本《史记》有一例外，便是篇目也见于自序的《日者列传》。传中描写贾谊和他的友人宋忠，到长安市井间寻访道术，大受卖卜人司马季奚落，被惊得失魂落魄。全传对贾谊都名氏连称，已与上引诸篇不合，结语强调贾谊、宋忠都不得善终，"此务华绝根者也"，这更不是司马迁对贾谊的评价。因而，东汉以来多数研究者认为此传非司马迁的原作，是可信的，这里姑置不论。

"名者，实之宾也。"司马迁对贾谊的不寻常的称谓，不能不引起我们探索他与贾谊的精神联系的兴味。尤其因为这种联系，不是没有受到研究者应有的重视，便是没有得到符合历史实际的估计。

举例说吧，白寿彝的《史记新论》（求实出版社 1981 年版），可说代表作者研究《史记》的全面见解，却完全没有讨论司马迁与贾谊的关系，甚至没有提到《屈原贾生列传》。李长之的《司马迁之人格与风格》（开明书店 1948 年初版，生活·读书·新知三联书店 1984 年再版），在近人的《史记》研究中堪称佳制，其中注意到司马迁屡引贾谊，却以为原因或者在于贾谊有得于荀学，而司马迁是荀学的承受者，他的荀学便得自贾谊。在我看来，这都可以商量。

《屈原贾生列传》，堪称司马迁的传记文学的代表作。它的艺术价值，早经文学史家反复赞赏，毋庸赘言。从历史角度讨论，我以为可看作最足以表现司马迁做人信念和作文原则的篇章之一。

> 屈平正道直行，竭忠尽智以事其君，谗人间之，可谓穷矣。信而见疑，忠而被谤，能无怨乎！屈平之作《离骚》，盖自怨生也。《国风》好色而不淫，《小雅》怨诽而不乱。若《离骚》者，可谓兼之矣。上称帝喾，下道齐桓，中述汤、武，以刺世事。明道德之广崇，治乱之条贯，靡不毕见。其文约，其辞微，其志洁，其行廉，其称文小而其指极大，举类迩而见义远。其志洁，故其称物芳。其行廉，故死而不容自疏。濯淖污泥之中，蝉蜕于浊秽，以浮游尘埃之外，不获世之滋垢，皭然泥而不滓者也。推此志也，虽与日月争光可也。

在这里，司马迁说的是屈原，说的是《离骚》所表现的屈赋特色，但同时不也是一次自白，不也是自己作《史记》所表达的意向，所取法的形式，所企及的效果么？不信，请以此节比较《报任安书》。

但是，在当代史学史上，《屈原贾生列传》的前半篇，即《屈原传》

的思想艺术特色，终究还有一二篇专门讨论的文字。相形之下，后半篇即《贾谊传》，却至今未见一篇专门论文。假如注意到《史记》研究始终是"显学"，介绍和讨论某些专篇如《项羽本纪》《陈涉世家》《廉颇蔺相如列传》等的文章，都以十数乃至数十计，那么这种现象，就更令人费解。其中或有别的缘故，但就考察司马迁思想的必要性来说，无视他同贾谊思想的联系，则无疑很不正常。

为什么呢？凡论《史记》，人们多半都要引用鲁迅说它是"无韵之《离骚》"的著名比喻，也就是承认司马迁把屈原的文章风操当作楷模是事实。然而，司马迁说得很清楚，他理解屈原，有一个过程，由同情、仰慕、疑惑到释疑的过程，而生疑和释疑，都是受了贾谊的启示。不妨再引司马迁为《屈原贾生列传》所作的赞语：

> 余读《离骚》《天问》《招魂》《哀郢》，悲其志。适长沙，过屈原所自沉渊，未尝不垂涕，想见其为人。及见贾生吊之，又怪屈原以彼其材，游诸侯，何国不容，而自令若是？读《鹏鸟赋》，同死生，轻去就，又爽然自失矣！

倘说这段赞语，是司马迁承认贾谊对他有引导作用的自述，表明正是通过贾谊，他才自觉洞见了屈原的内心，升华了自己的精神，那大约不会背离他的本意。前引他对《离骚》的分析，不待说便是这个过程完成以后的产物。

既然如此，我们讨论司马迁和《史记》，便不能无视贾谊对司马迁的作用，否则有些问题难以解释。

贾谊的论著，《汉书·艺文志》著录有七十二篇，那可能是刘歆《七略》的统计。刘歆校书时已在贾谊去世百年以后。可以推知，司马迁所见贾文，应该更多。

同《汉书》相比，《史记》收录文章辞赋，选择要严得多，引文都是正文的有机构成部分，没有俗谓"理不足，文来续"的毛病。

因此，贾文如彼其多，司马迁却单挑《吊屈原》《鹏鸟》二赋入传，在论赞中又申说感受，显然他从中获得很大启示。

还在西汉末，扬雄就批评司马迁"爱奇"，"以多知为杂"，虽然还称赞迁书为"实录"。将贾谊、司马相如的赋全录入书，显然是扬雄所谓司马迁爱奇而杂的一个依据，因为在他眼里，赋已属雕虫小技，为孔门所不用，而贾谊等赋更属次品，评为"辞人之赋丽以淫"[2]。

扬雄以当世孔子自命，凡不合孔子教义便称"奇"，越出经书框架便叫"杂"。他的这一见解正统，加以用艰深之词文饰浅薄之言，使他在后世博得很大影响。唐代史评家刘知几，便以当世扬雄自命，用扬雄的尺度，比扬雄还严厉，乃至否认《史记》是"实录"，而申斥司马迁败坏《春秋》古法，"务存恢博"，"唯上录言，罕逢载事"，例证便是贾谊等传[3]。号称中国史学史上"两司马"之一的司马光，也是扬雄的崇拜者，而对千年前的本家司马迁很不佩服。他著通史，却以荀况二十代孙荀悦的《汉纪》为楷模，改纪传体为编年体，这未尝不是一个原因。

用孔子与《春秋》作尺度，去裁量司马迁与《史记》，好比指责司马迁记载孔子为私生子是侮辱先圣一样，原属迂腐谬见。但这类谬见，恰好反证司马迁还没有染上"圣人无谬"的顽症，反证《史记》并非孔门经书的注脚。

然而扬雄的声誉在宋以后却一落千丈[4]。原因于此不能细说，有一点颇具讽刺意味，那就是受到自命更"正统"的道学家的攻击。尤其是被朱熹在《通鉴纲目》中用《春秋》笔法大书"莽大夫扬雄死"以后，他的形象更变小了。相反，司马迁的形象，却又变大。不过也变了形，因为称赞他的有明白交代："作辞以讽谏，连类以争义。"后人多半只注意前五字，不注意后五字[5]，于是大谈《诗经》《楚辞》的"讽谏"传统[6]。谈不下去便发"诛心"之论，说是屈原、贾谊不过如《红楼梦》里贾府的焦大，看不惯主子胡作非为，哭喊了几句，反被塞了一嘴马粪。

将屈原比焦大，原是鲁迅的一个比喻。比喻终究是比喻，何况处在封建末世的焦大，除了喝醉酒才忘记自己的奴隶身份，说出几句真话，尚有可取之外，他的眼光只盯住过去，只想乞灵于祖宗显神通以惩罚王熙凤、贾宝玉那班不肖子孙。屈原、贾谊可没有那样乏，他们始终是清醒的，反传统的，以为只有革除传统，楚国才能有救，汉朝才能兴旺。而且，他们本来都处在"主子"地位，他们有牢骚或者愤懑，决不像焦大那样为一己着想。如果说屈原身上还有怀旧情绪，那么贾谊所关心的只是汉朝的未来。

> 贾生以为，汉兴至孝文二十余年，天下和洽，而固当改正朔，易服色，法制度，定官名，兴礼乐，乃悉草具其事仪法，色尚黄，数用五，为官名，悉更秦之法。……诸律令所更定，及列侯悉就国，其说皆自贾生发之。

"天下和洽"，那是假话。刘邦创立汉朝，做皇帝七年，没有一年安宁过，总在为消灭异姓诸侯王势力发急，最终还是死于叛乱的异姓诸侯王给他的箭伤。为了避免重蹈秦亡覆辙，他取消了秦朝不封子弟同姓为侯王的定制，恢复西周初大封同姓亲属的老例，指望血统联系会给刘氏帝位带来安全和保障。岂知这一措施，只限制了他的同床异梦的皇后变刘氏王朝为吕氏王朝，却限制不住刘氏子弟觊觎皇帝宝座的野心。当他的庶子刘恒，由于偶然的机缘，被发动宫廷政变而剪除吕氏势力的将相大臣们，拥立为西汉第二代皇帝即汉文帝以后，同姓诸侯王对帝位的企望情绪更浓烈了。汉文帝登基伊始，便内惧权臣，外惧强藩。*

## 注释：

〔1〕关于司马迁的生年，学术界有汉景帝中元五年（公元前一四五年）和汉武帝建元六年（公元前一三五年）二说。兹取后说，则上距贾谊去世的汉文帝十二年（公元前一六八年），有三十四年。

〔2〕参看《法言》（《诸子集成》本）中的《君子》《问神》《重黎》《吾子》等篇。

〔3〕参看《史通·载言》。

〔4〕服膺桐城派古文的曾国藩，在《圣哲画像记》中有两段话，颇具代表性，"太史公称庄子之书皆寓言。吾观子长所为《史记》，寓言亦居十之六七"，"惟庄周、司马迁、柳宗元三人者，伤悼不遇，怨悱形于简册，其于圣贤自得之乐，稍违异矣。然彼自惜不世才，非夫无实而汲汲时名者比也"。他说这是他仍将司马迁等列入文王、周公、孔子至姚鼐、王念孙等古今三十二"圣哲"中间的理由。他的名单里便没有扬雄。

〔5〕《老残游记》刘鹗自序。

〔6〕此说在二十世纪初还影响到中国小说史的研究，如王无生撰《中国历代小说史论》（刊于吴趼人、许伏民主编的《月月小说》十一号，上海群言社1907年7月出版），便说司马迁诸列传，是"痛斥社会之混浊"一类小说的鼻祖："如《金瓶梅》之写淫，《红楼梦》之写侈，《儒林外史》《梼杌闲评》之写卑劣，读诸书者，或且訾古人以淫冶轻薄导世，不知其人作此书时，皆深极哀痛、血透纸背而成者也。其源出于太史公诸传。"

---

\* 编者按：作者此文为未完稿。

**编者附注：**

　　本文写在上海立信会计纸品厂出品的五百格文稿纸上，著期未详。按文稿纸暴露泛黄和回形针锈蚀的程度，判断为二十世纪九十年代初期的作品。文稿无题，也没有结尾，似乎是司马迁传记写作中的一段札记，编者按现存文稿内容，拟题为《司马迁论贾谊》。

# 班固与《汉书》——一则知人论世的考察 *

## 一

班固出生于公元三二年。

这一年，在王莽的新朝被造反民众颠覆后出现的各路军阀的十年混战，正接近尾声。中国还剩下两个"皇帝"，已控制中原的汉光武帝刘秀，在益州建元"龙兴"的成家皇帝公孙述。夹在两大"皇帝"中间的，是陇右王隗嚣、河西大将军窦融。隗嚣已与公孙述结盟拒刘，因而窦融的向背，便是两帝争胜的关键。三年前，窦融已决策东向。据说"为融画策，使之专意事汉"的，即为班固之父班彪[1]。到这年，刘秀进军陇右，与窦融会师，击败隗嚣，于是说："人若不知足，既平陇，复望蜀。"[2]

又过四年（公元三六年），公孙述亡。依然据守河西五郡的窦融岂能安稳？当年即光武帝建武十二年，窦氏全族和所有官属宾客，都奉诏入朝。其中就有从事班彪。五岁的班固也随入洛阳。

班彪的姑母被汉成帝选为婕妤，于是北方大牧主班家，顿成国戚。他的伯父班斿，得成帝赏识，命助刘向校书，并被授予向皇帝朗诵新校本的阔差，因而获赐宫廷藏书副本，又顿成文化贵族，"好古之士，自远方至，父党扬子云以下，莫不造门"[3]。班彪生得晚，但扬雄死时已

---

* 本文原载《复旦学报（社会科学版）》2004年第6期，今据以收入。

十五岁，而且班婕好仍在，有机会既听扬雄辈高论，又聆近世宫廷秘辛，当然还曾饱读家藏赐书[4]。这对他以后续补《史记》，都有莫大影响。

新末大乱，班彪避难。前往天水投奔隗嚣。他的选择并非盲目。隗嚣年轻时受新朝国师公刘歆器重，被辟为"士"，是国师的属官，可知颇有学问，或许也曾造访班府，参与名流聚会。有一点是无疑的，就是公元二五年隗嚣自称西州大将军，天水立即取代三辅的文化中心地位，吸引了大批名士前往任官入幕，宾客名单里就有班彪[5]。

较诸在西州参政的经学名家郑兴、申屠刚、杜林之流，宾客只是备顾问的角色。班彪等了四年，到隗嚣复汉七年（公元二九年），才蒙主子询问，要他谈谈历史废兴。班彪怀恋家族在故国的荣耀，声称"汉必复兴"。隗嚣怫然，说他知往不知来，"至于但见愚人习识刘氏姓号之故，而谓汉家复兴，疏矣。昔秦失其鹿，刘季逐而羁之，时人复知汉乎"[6]？

这次对话，显然冲击了班彪的信念，以为"狂狡之不息"，是因为群雄都抱有隗嚣同样的心态，"乃著《王命论》以救时难"[7]。这篇文章，古近学者引了又引，无论叹赏或者批判，无不在重述"神器有命，不可以智力求"，以及悖命必折寿伏诛之类詈骂，很少有人注意文内这样一段话："唐据火德，而汉绍之，始起沛泽，则神母夜号，以章赤帝之符。"[8]其意谓何？容后再析。

文章呈给陇右王，回应是拒绝，班彪不得不另投主子。他选择了也是前汉外戚世家的河西大将军窦融，时间即在他与隗嚣辩论的同一年。前述班彪任窦融从事，替窦融划策事汉。不过此事初见于五世纪初叶范晔的《后汉书》，这以前三百年里的史著，如班固的《汉书·叙传》，袁宏《后汉纪·光武纪》等，都没有提及窦融决定支持东帝刘秀，是班彪的建议。司马光《通鉴》，据范晔的《班彪传》，断言班彪在刘秀与公孙述决斗中，起了扭转双方态势的幕后机枢作用，仍属有待证实的疑问。

也如前述，班固生于河西，至五岁方为汉臣班彪之子。有一点也很清楚，那就是隗嚣穷饿自杀，公孙述拒降被杀，窦融也因利用价值已尽而被迫举国迁洛，班彪并没有因著《王命论》，或者可能促使窦融附汉，而受汉廷重用。时人已指出光武帝心胸远不如他自认的汉高祖阔略。这个南阳土财主，帮派意识极浓，大者只信南阳宗族故旧，次者但用称帝前后效忠于己的功狗，而对曾拥兵自保或事二姓的臣僚，酬庸越厚，信用越薄。窦融便是显例[9]。光武帝闻知窦融在河西的文雅章奏，都出于从事班彪的手笔，他还能信用其人吗？所以班彪入汉，得皇帝召见，却初官司徒椽，一任徐令，便长期赋闲，到晚年又任望都长，一个二等县长，就在建武三十年（公元五四年）死了，实龄五十一岁。他的长子班固、次子班超、女儿班昭，都名垂青史[10]。

班彪三易其主，而以事汉终，达十八年，大半岁月在坐冷席，带来的意外好处，便是能够潜心研经讨史。由王充拜他为师，可知也曾收徒讲学。他的著述不多，除《王命论》外，尚存的只有一二篇奏事，以及为《后传》所作总叙性的《略论》[11]。

顾名思义，《后传》就是续写司马迁未及见的汉武帝太初以后的汉史，其实也对司马迁关于前汉史的帝纪列传，做了修补。班彪的目光，专注于从刘邦开国到王莽代汉的前汉兴亡过程。由于刘秀与公孙述争帝，特别借姓氏来宣扬自称汉帝的历史合法性，所谓"吾自继祖而兴，不称受命"[12]，班彪岂敢据实承认王莽建立的"新朝"？不过他对隗嚣，还说王莽曾"即真"，做过真皇帝，而《后传》的"略论"，又避谈此书的下限，一副欲语还休的窘相，透露他实际以为前朝至王莽代汉已亡。因而不论班彪有心或无意，他对《史记》汉史部分的修补续作，都开创了

"断汉为书"的雏形。

## 二

历史编纂由一种形式变为另一种形式，中间总有过渡性论著。司马迁整合古典时代各类历史记录，发现不同形式之间，具有结构的内在联系，可以也应该通过扬长避短而交织互补，借不同形式来分别凸显历史过程的时空连续性和人事差异性。那贯穿的主线，便是生态环境与人类活动的交互影响，怎样导引着往古来今的历史进程，也就是"究天人之际，通古今之变"。由此司马迁实现了"成一家之言"的历史编纂学创造。人们可以追究《史记》五体的每体都早有范型，可以考证司马迁利用过的种种文献资源，可以批评太史公书的陈述矛盾乃至叙史谬误，却无法否认纪、表、书、世家、列传在《史记》中已构成了一种有机组合的全新历史编纂形式。

倘说《史记》的编纂形式有缺陷，就是这种形式着眼于"通古今之变"，难以映现自秦帝国为开端的中世纪王朝更迭运动[13]。这不能责难司马迁，因为他虽曾下了最大功夫探索秦楚汉八年三变的历史动因，结论却是"天道"有循环，而秦亡楚败汉兴的嬗变关键都在君臣将相的策略互动是否协调。造成这一认知失误的最大客观因素，就是到他著史的公元前二世纪初，开创"大一统"态势的王朝更迭运动，才有一轮，在司马迁时代还没有出现新一轮必不可免的整体态势。因而司马迁就史论史，将秦汉更迭归诸某种本可避免的人事因素，情有可原。

在司马迁以后，西汉帝国每况愈下。但历史考察特有的滞后性，使得西汉晚期作者辈出的现代史著，都因袭《史记》的编纂形式，而以续作司马迁书为满足。班彪亲历代汉而立的新朝，目睹刘秀击败群雄而变成唯一"天子"的成王败寇的全过程。他在晚年感到"世运未弘"[14]，退而探寻王莽代汉而昭示的前汉兴亡的历史秘密，不足为奇。奇的是他备览从褚少孙到扬雄、刘歆等人的《史记》诸续作，认为"多鄙俗，不足以踵继其书"[15]。就是说他仍把《史记》当作写历史的最高楷模。他对司马迁的最大不满，就是扬雄《法言》已说的，没有"同圣人之是非"[16]。既然他的志向在于补足司马迁未竟之业，眼睛又盯住司马迁所悖孔子之"义"[17]，同时对于刘秀"一姓再兴"后的统治现状感到失望，他在论前汉的必亡和为后汉继统合法性辩护的两难中间游移，最后实则"断汉为书"，却以续《史记》为名，自称"后篇"，人称"后传"，都可理解。

三

班彪死时，班固虚龄二十三岁，大约已在光武帝之子东平王刘苍的幕府供职。他照例辞职归里居丧。由他上东平王书来看，他将这个皇子比作周公，向这位当代周公推荐精通帝王治术的六人，顺便也显示自己有知人之明，可知此人的确"所学无常师"，预制可附会经传"大义"的多套对策，随时取用[18]。

东汉仍行三年表，孝子需为亡父服表二十七个月。这对班固未免漫长，幸而在居表初，他便发现了父著《后传》遗稿，以为"所续前史未详"，提笔就改，大悖孔子"三年无改于父之道"的遗训，岂会不遭报应？不久，东汉发生开国以来的首轮君主易代，新即位的汉明帝标榜孝道，凡光武帝的制度一概不改，特别"好以耳目隐发为明"[19]。这时见到有人上书告密，指控班固"私改史记"[20]，正值皇帝刚处死了班固同郡一个"伪言图谶"的家伙，立即下诏将其逮捕抄家。多亏班超赶紧诣阙上书替兄长申辩。而明帝也颇知经史，见到班固的改稿，反而好奇，给他一个考验机会，召入宫廷校书，以兰台令史的身份，与几位学者共同写成颂扬光武帝发迹建国的《世祖本纪》，接着任命他为校书郎，撰成开国功臣等的列传二十八篇。看来皇帝对班固的表现感到满意，"乃复使终成前所著书"〔21〕。

这时已是汉明帝永平五年（公元六二年）或之后，也就是班固三十岁或之后。从此班固文名大噪。尤其值得注意的，是班固的史才，得到汉明帝认可以后，在历史编纂学史上引发的如下悠久效应。

第一，由于汉明帝先后任命他为兰台令史、校书郎，负责编撰光武帝一代的本纪、列传，并受命典校秘书，入值东观，即宫廷藏书处，因此开了每轮君主更迭之后便任命史官在东观编撰前代史的先例。从此东汉王朝有了连续不断的官修本朝史，累积而成《东观汉记》。

第二，也从班固开始，兰台令史和校书郎，由临时任命变成专职史官。只是校书郎俸四百石，兰台令史更是二百石的微员，以后常以他官兼任史官，就统称"东观著作"。于是著作渐成史官专称。东晋南朝的史官，正职称著作郎，副职称著作佐郎，即由东汉为起点。

第三，班固获汉明帝特许，完成"断汉为书"的前汉兴亡史，并署名《汉书》。这又开了"隔代修史"的先例，被东汉以后各个大小王朝群起效尤，都要由朝廷组织专官或专门机构给"胜朝"编写一部始兴终亡的断代王朝史，并以前朝国号作为书名。

第四，班固是否首创"正统"概念？仍有疑问。然而他将其父对司马迁未能"依五经之法言"的批评，转化为政治谴责，说这名"史臣"（班固明知太史令非史臣，却称司马迁为西汉"六世史臣"，显然指其不忠于汉），竟将本朝帝业的肇建圣人、上承"尧运"的刘邦，"编于百王之末，厕于秦项之列"，并颠倒史实，将司马迁著史说成"薰胥以刑"之后才开始的[22]，这无非表明只有他班固真正懂得汉德，"膺当天之正统，受克让之归运"[23]。从这一点来看，他堪称中世纪自觉地以"正统"观念指导断代王朝史编纂的官方史学前驱。历代"胜朝史"，都以《汉书》为"正史"圭臬，可谓不忘本。

第五，班彪修改《史记》结构，取消世家，将本纪变成只写汉朝刘氏君主在位时期大事记的专用形式，已表露一种意向，就是"非刘氏而王"的政权，在先如陈胜、项羽，在后如王莽、刘玄、隗嚣、公孙述等，都属于"外不量力，内不知命"的所谓神器僭窃者。班固的《汉书》，不仅把班彪区别纪、传的形态固定化，而且大幅度调整司马迁十表八书的结构。表名未改，篇减为八。删除非汉四表，原合"断汉为书"，但增设《百官公卿表》，已证"汉承秦制"无法否定。又添《古今人表》，更可证班固裁量一切真假历史人物，完全依照东汉统治集团确立的道德名分作为尺度。书改称志，或因班固自署所著为《汉书》，避免篇名干犯总名。然而《汉书》十志，对《史记》八书的体系大加改造，正凸显班固与司马迁处理现行体制源流的认知分歧。司马迁自述："礼乐损益，律历改易，兵权山川鬼神，天人之际，承敝通变，作八书。"[24]可知八书涵泳着司马迁"欲以究天人之际，通古今之变"的底蕴。班固合《律》《历》《礼》《乐》四书成二志，更《天官》为《天文》，易《封禅》为《郊祀》，改《平准》为《食货》，新增《刑法》《五行》《地理》《沟洫》《艺文》五志。分开看每志都有很高的史料价值，以致大半都成为如今各门专史的雏形，合而观之呢？只能说班固已经丧失司马迁（在某种程度上还有班彪）的历史通变认识，把十志的改作，当作论证现有权力结构具有历史合理性的著作，充满着辩护论气味。例如增写《五行志》，多达五篇，分量占十志四分之一强，内容则山崩石裂，鸡啼犬吠，变无巨细，都看作天降灾祥的征兆，虽是早期宗教史研究的重要资源，却表明班固迎合光武帝及其接班人明、章二帝用图谶指导政治的所谓南面术，借历史以谀君。不过，时移境迁，王朝更迭习以为常。人们但看编纂形式，以为同属纪传史，《史记》求通而难学，《汉书》断代而易仿，尤其新王朝通过编纂胜朝史来论证"革命"的历史合法性，已成惯例，于是历代官方史学都认《汉书》是"正史"的鼻祖，而班固的历史地位也水涨鸭子浮。这在中国史学史已是常识。

## 四

班固是东汉的第一代史官。他奉汉明帝特许而写的《汉书》，也可以称作中世纪中国的第一部官修"正史"。

因而，从唐初颜师古为之辩护，而南宋郑樵再度痛诋的班固是否剽窃父书的问题，迟至上个世纪仍属疑案，其实可以理解。

班固在服丧期间便改写班彪遗著，一如班彪续补司马迁书，也是私人修史。因此从东晋的袁宏到南宋的郑樵，用西汉中叶开始膨胀起来的"孝道"当作尺度，讥斥班固袭父书而没父名，顶多适用于班固出任帝国史官之前的那几年。然而，今本《汉书》，分明是汉明帝永平中到汉章帝建初中，由班固奉东汉君主旨意而写作的官修史书。虽然它仍由班固个人署名，虽然它的若干篇章表明袭用《后传》成稿，却不可说是剽窃班彪或司马迁的论著。理由呢？很简单，就是两汉经学家夹缠多年才在东汉初勉强趋同的"三纲六纪"教义所指示的，君为臣纲，既为人臣，便需"移孝作忠"，一切功劳归于君主才算尽忠[25]。《汉书》作为史官奉诏撰写的官书，性质已经变成代天子立言的著作，署班固之名也无非表示书有过错应该由他个人负责。对于专制君主来说，哪有什么版权观念？自秦至清，有几个皇帝或僭主，不将臣子代写的文字据为己有？班固任史官而成《汉书》，倘若在《叙传》等篇中突出亡父的创始功劳，而班彪死于明帝即位之前，如此怎能彰显明帝识拔"良史"的圣知？

这不是说班固的个人品格没有问题。袁宏批评他"好傅会权宠，以文自通"，又与范晔都揭露他放纵诸子和家奴犯法作恶[26]。他同意班彪批评司马迁"是非颇缪于圣人"，"然其论议常排死节，否正直，而不叙杀身成仁之为美，则轻仁义、贱守节，愈矣"！[27]可见他的行为和思想，即使依照中世纪的礼法，也是表里相悖的。

前面说过班彪追随窦融附汉。那以后，班、窦两个家族，结下不解之缘。两家本是同乡，而在窦融决策东向，被刘秀授凉州牧以后，班彪仍任从事，为窦融起草章奏文书。建武六年（公元三〇年）窦融秉承刘秀意旨，致隗嚣书劝降，遭拒后又上疏请刘秀决定讨伐陇右的出兵日期，"帝深嘉美之，乃赐融以外属图，及太史公《五宗》《外戚世家》《魏其侯列传》"，并以长篇诏书，论证刘窦两家先祖早成至戚，勉励窦融再建匡扶刘氏奇功[28]。这是东汉初建，皇帝便附会《史记》以达现实政治目的之首次表达。这对班彪的深刻启发，由他在归汉后不受重用，把主要精力用于续补司马迁述汉史的帝纪列传，可窥一斑。

光武、明帝父子都对窦融家族既拉又打，通过联姻平息这个家族对军政权力丧失的不满，就是主要手段。窦融的对策是以柔对柔，越发表示谦恭，保存家族政治实力。当明帝末匈奴通过西域向东汉西疆进逼，皇帝就想起妹夫窦固自幼就随其父熟悉边事，命其率军西征，而窦固也立即想起父执班彪之子班超，召班超为假司马，使班超从此威震西域。[29]但明帝虽任班固著史，却如汉武帝对待司马相如、东方朔的先例，视作弄臣，终其一世，班固"位不过郎"[30]。章帝即位，窦融的孙女由贵人晋位皇后，没两年皇太后马氏死了。摆脱养母控制的青年皇帝，专宠皇后，照例泽被后族。窦后之父窦宪顿时权势大涨。班固也时来运转，证据就是建初四年（公元七九年），章帝召开著名的白虎观会议，统一五经诠释，"亲称制临决"，而代皇帝写成钦定标准经义的正是班固，其书即为在唐代仍题汉章帝撰的《白虎通义》[31]。

班固时年四十七岁，已任校书郎近二十年，骤然跻身"名儒"行列，未免得陇望蜀。他原来崇拜司马相如、扬雄，这时以为相如临终前作赋建议汉武帝"封禅"，扬雄到晚年作文"剧秦美新"，都有缺陷，前者"靡而不典"，后者"典而不实"，唯他才能合二美而达极致，于是"作《典引》篇，述叙汉德"[32]。《尚书》开篇不是《尧典》吗？他奉诏所作的《汉书》，不是强调"汉承尧后"，并且已写进当今皇帝裁决经义的《白虎通德论》吗？引者，续也。他上续《尧典》，岂非超相如而轶扬雄？于是，《汉书》的核心论点，即由高祖开国到光武中兴，"帝业"直接承袭唐尧，"盖以膺当天之正统，受克让之归运，蓄炎上之烈精，蕴孔佐之弘陈云尔"[33]，便由《典引》作了概括。

或许由于代天子立言，或许由于续作《尧典》而声名更噪，据说班固在受汉明帝诏以后，"研精积累二十余年"的《汉书》，也不胫而走，开始传播，"世甚重其书，学者靡不讽诵焉"[34]。

《汉书》的《扬雄传》赞，对于扬雄自汉成帝时任郎，历哀、平二帝，"三世不徙官"，深表同情，而叙及扬雄入新朝官擢大夫，又绝口不提是在扬雄作《剧秦美新》一文献给王莽以后[35]。这是否班固讳言学晚扬雄的丑态呢？有一点似可作为佐证，即汉章帝元和三年（公元八六年），博士曹褒建议皇帝重订汉礼，"帝知群僚拘挛，难与图始，朝廷礼宪，宜时刊立"，特别向玄武司马班固咨询。章帝当然希望得到皇后家族代言人的支持，没想到班固的回应，却是"宜广招集（诸儒），共议得失"。皇帝生气了[36]，班固随即以母丧去官。由此可知，班固作了《典引》，便官拜秩比千石的玄武司马，还有了政治发言权，便越发在朝廷派别争论中首鼠两端，结果终章帝世也不再起用。

# 五

章和二年（公元八八年）二月，才三十一岁的汉章帝死了，仅十岁的太子继立，即和帝，于是东汉首次出现太后临朝。年轻的窦太后，原是后宫弄权的能手，因而临朝数月，就开创了帝国历史未有的外戚专政局面。但秉政的太后胞兄窦宪，很快树敌满朝，被前朝权贵抓住把柄，逼迫太后绳之以法。正值附汉的南匈奴，愿助汉廷讨伐陷入饥乱的北匈奴，给窦宪提供了立功脱窘的机会，促使太后力排众议，决定发动对北匈奴的战争。

战争在次年（永元元年）夏天开始，窦宪以车骑将军挂帅，原定主帅耿秉改宪副手，而班固也复出了，担任中护军，即行营参谋长。

刚被鲜卑击败的北匈奴，怎禁得起以南匈奴、鲜卑、羌胡为前驱的汉军打击？耿秉是久防匈奴的宿将，一战便大破北匈奴。窦宪、耿秉一路北追，直登塞北三千里的燕然山（今杭爱山）。这可是足以媲美当年霍去病破匈奴而追至狼居胥山的功业，该由班固显身手了。他当即写出华丽典雅的《燕然山铭》，歌颂"有汉元舅"窦宪建立了奇勋，"光祖宗之玄灵""振大汉之天声",刻石立于山顶[37]。既然窦宪功盖卫、霍，奏凯归朝，还能不做位极人臣的大将军吗？

班固还是中护军，但大将军的掾属，权势自非昔比。永元二年（公元九〇年），班固作为汉廷"大使"，出塞迎接愿入朝归顺的北单于，便以大将军中护军"行中郎将"，可知他已位同于朝臣的比二千石[38]。尤其他为窦宪"典文章"[39]，主持起草用大将军名义刊布的朝廷文件，那权力岂是位列二千石的九卿之类高官可比。

当窦太后初用窦宪掌机密，崔骃就致书告诫他牢记历史教训，说是"生而富者骄，生而贵者傲"，西汉外戚二十家，"保族全身四人而已"，而骄横被杀的后族中间，就有窦氏先祖窦婴。崔骃是班固同学，很赏识他的章帝曾嘲笑窦宪："公爱班固而忽崔骃，此叶公之好龙也。"[40]这话可谓不幸而言中，窦宪对崔骃始终敬而远之，最后将他遣出幕府，而对善颂善祷的班固则宠信不衰。

对于外戚专权的最大威胁，在于小皇帝会长大。和帝原非窦太后亲子，五岁成为皇后养子并被立为太子，其生母小梁贵人就被皇后逼死。他十三岁已行冠礼，但太后一党仍然阻遏他亲接朝臣，身旁只有宦官。有名中常侍郑众，职掌安排小皇帝游乐，既亲幸又不遭忌。正是此人向皇帝献策发动政变除掉窦宪，参与密谋的还有身为被废的太子却与皇帝一起读书的清河王刘庆。

具有讽刺意味的，是两名青少年谋杀部署模仿的"故事"，竟出自班固《汉书》已成的列传，主要是《外戚传》和窦婴等传[41]。据说郑众工于心计，计划保密极严。永元四年（公元九二年）夏末，十四岁的和帝突然现身指挥禁卫军发难，将窦宪家族及党羽一网打尽[42]，而郑众擢升总管宫廷事务的大长秋，"中官用权，自众始焉"[43]。这又开了东汉宦官专权的先例。

班固呢？自然不免墙倒众人推，先被免职，继被下狱。"初，固不教儿子，儿子负固势，不遵法度，吏民苦之。洛阳令种兢尝出，固奴干车，诃，奴醉骂辱兢。兢大怒，畏宪，不敢发，心衔之。及宪宾客皆被系，兢因此捕系固，遂死狱中。诏遣责兢，而主者抵罪。"[44] 这时班固六十二岁。

班固死了，留下了一宗疑案，《汉书》写完没有？

照例有二说。一种说法，依据袁宏《后汉纪》和帝永平四年纪、范晔《后汉书·班彪列传附班固传》，都曾说其书建初中已成，受当世推重，学者都相传颂。这话应说不假，前述和帝兄弟曾参照《外戚传》等策划政变可证。

但袁、范二书，也都曾留下异说，可证《汉书》在班固死时尚未完成，并都说未完成的篇章，是八表和《天文志》。

不妨照录范书《班昭传》的两则记载。其一，"兄固著《汉书》，其八表及《天文志》未及竟而卒，和帝诏昭就东观藏书阁踵而成之"。其二，"及邓太后临朝，与闻政事，……时《汉书》始出，多未能通者，同郡马融伏于阁下，从昭受读，后又诏融兄续，继昭成之"[45]。不过，据袁宏说，《汉书》所缺七表和《天文志》，"有录无书，续尽踵而成之"[46]。后来，《史通》的作者刘知几，认为《汉书》有缺篇，却似乎在由谁继作问题上，摇摆于袁、范之间，因此既说班固死后，"其妹曹大家，博学能属文，奉诏校叙，又选高才郎马融等十人，从大家受读"，派给班昭的角色，是整理和传授，并增添受读者十人的细节，又说"其八表及《天文志》等，犹未克成，多是待诏东观马续所作"，用疑词将继作功劳主要归于马续[47]。

这宗疑案，到二十世纪仍有争论。大概地说，《汉书》在班固生前，本纪、列传和十志的大部分，应已完成，并有单篇抄本在上层社会里流传，当属事实。制表非文士所长，大概除《古今人表》用主观尺度给历史人物分等定级或出班固之手，另外七表（袁宏不称八表），也许仅存提要。今本《天文志》，大半篇幅节录司马迁的《天官书》，却将后者论天人古今之变的段落删光，仅突显占星术记录，而所续部分也集中于占星记录，且非常简单，可推知当为马续继作，也有司马彪《续汉书·天文志序》的片语可资旁证[48]。其实，纪传也不全是班固改写。清代学者一再对勘《史记》《汉书》，都已指出《史记》已有诸篇，《汉书》主要做文字增删，新补材料很少，而《史记》所无，也有多篇直抄班彪《后传》，除《元后传》等连赞语都用"司徒椽班彪曰"，元、成二《纪》"赞曰"，一望可知是班固改父论为己作。还有没有别篇如此？难说。比如《王莽传》，有多处叙史就分明是亲见亲闻的口吻，当然不可能是东汉开国后才出生的班固所写。因而，我们不赞成对班固做诛心之论，所谓窃盗父书云云，但也不可陷入辩护论，把《汉书》看作班固生前已具完形的断代王朝史楷模。

班固还是《东观汉记》的作俑者。这部由东汉历代史官接踵写成的东汉史，有纪有传，在唐以前与《史记》《汉书》并称"三史"，但已亡佚。只能在此一提，希望有人认真研究。

## 注释：

[1] 班彪的事迹，见于《汉书》卷一〇〇《叙传上》，袁宏《后汉纪》卷五《光武帝纪》建武六年、卷一三《和帝纪》永元四年，范晔《后汉书》卷四〇《班彪列传上》等。三者的陈述互有矛盾。司马光的《资治通鉴》，《汉纪》由刘敏任初稿，提及班彪有多处，大致依据范本本传，参照袁《纪》，但编年及文字，与二书或有不同。此处引文，见《通鉴》卷四一《汉纪三三》光

武帝建武五年，而《汉书》叙传、袁《纪》均未提及此点。所本范书，亦仅云"彪乃为融画策事汉"，而《通鉴》则改作"彪遂为融画策，使之专意事汉焉"。类似叙述文字不同，尚有其他例证，本文引用，但择言而征，不再逐点详考。

〔2〕前揭范书卷十七《岑彭传》。传谓乃建武八年（公元三二年），光武帝敕岑彭书语。按，岑彭是明帝永元三年（公元六〇年）表彰的"中兴功臣"，所谓云台二十八将之一，以后班固奉旨作功臣列传，或系范书所本。

〔3〕前揭《汉书·叙传上》。

〔4〕班彪卒于光武帝建武三十年（公元五四年），年五十二，见前揭范书本传。据此推算，他当生于西汉平帝元始三年（公元三年），王莽居摄元年（公元六年）年四岁，新朝始建国元年（公元九年）年七岁。天凤五年（公元十八年）扬雄卒，班彪仅十六岁。故《汉书·叙传》称扬雄为"父党"，必为班彪自纪，指扬雄乃其父班稚一代人。班婕妤在成帝中失宠，此后终身陪伴婆母王政君。由《汉书》卷一〇《成帝纪》赞，谓"臣之姑充后宫为婕妤，父子昆弟侍帷幄，数为臣言"云云，可知班彪少年时还曾数见班婕妤，必于新朝中仍在世。又，叙传谓"家有赐书"，乃指班彪次伯父班斿所获成帝赐予的秘书。班斿卒后，由其子班嗣掌管，并决定是否借阅人。

〔5〕隗嚣于公元二五年在天水自称西州上将军，以好士著名，原汉都三辅地区士大夫多奔附。然所任官属名职，袁宏《光武帝纪》建武元年、范书本传大同小异。唯《通鉴·汉纪三二》光武帝建武元年末所记，与袁、范书有较大差异，而称"安陵班彪之属为宾客"，尤为二书所无，当别有所本，今从之。

〔6〕隗、班对话，前揭诸书均载，然《汉书》不言何年，范书同，袁《纪》置于建武六年（公元三〇年），《通鉴》则系于建武五年（公元二九年）四月，今从《通鉴》。

〔7〕此为《汉书》、袁《纪》语，《通鉴》则谓隗嚣称"秦失其鹿"云云，"彪乃为之著《王命论》以风切之"。

〔8〕按《王命论》，《汉书》袁《纪》所载相同，范书仅述提要，《通鉴》则有删节。此据袁《纪》。

〔9〕参看前揭范书卷二三《窦融列传》、卷二四《马援列传》。又袁《纪》、《通鉴》

对于刘秀任人唯亲，好用权术，自称"吾治天下，亦欲以柔道行之"，实则以图谶为圣经，用人决事均依伪造的图谶"神道设教"等等，多有揭露和批评。

〔10〕参看前揭范书本传附《子固传》，又卷四七《班超传》，卷八四《列女·曹世叔妻（班昭）传》。

〔11〕《汉书·叙传》，未载班彪著《后传》事。事见前揭袁《纪》和帝纪永元四年，范书本传。但《略论》之名，见范书，袁《纪》仅称"略曰"，文字只引范书所录前半。

〔12〕见光武帝《与公孙述书》，载清人严可均辑《全后汉文》卷二。《通鉴》汉纪三四建武六年（公元三〇年），曾节录光武帝此书驳公孙述"自陈符命"，谓署曰"公孙皇帝"，可见当时刘秀仍承认公孙述是蜀帝。

〔13〕本师陈守实先生，于二十世纪六十年代初在复旦大学历史系讲授"中国史学史"，首揭汉以后的断代王朝史，意义在于提供封建社会王朝更迭运动的历史实例。说甚确。当年我继承陈先生承乏中国史学史课程讲授，受此义启迪良多。可参看周予同主编、朱维铮修订《中国历史文选》上册《汉书》解题，见该书修订本，上海古籍出版社 1980 年初版，页 147。

〔14〕说见前揭范书本传《班彪传》后"论曰"。

〔15〕同上引传文。

〔16〕同上引传所录《略论》。按，今本《法言》，多次论及司马迁及其书，既称道《史记》是"实录"，"圣人将有取焉"，又批评司马迁"以多知为杂"，"仲尼多爱，爱义也，子长多爱，爱奇也"，凡此均为班彪《略论》所本。以往史学史研究，讨论《史》《汉》关系，多不及此。

〔17〕见前揭范书所载《略论》，其说即本上注所引《法言》。

〔18〕前揭范书《班彪传附子固传》，述班固出身，首谓"永平初，东平王苍以至戚为骠骑将军辅政，开东阁延英雄，时固始弱冠，奏记说苍曰"，下引奏记全文，继谓"苍纳之。父彪卒，归乡里"。按此说时序可疑。班彪卒于光武帝建武三十年（公元五四年），此时班固即归里（右扶风安陵，在今陕西咸阳东北）服丧。越两年，建武中元二年（公元五七年）二月，光武死，明帝即位，同年四月，任命同母兄东平王刘苍为骠骑将军，位在三公上，开府，次年改元永平。这时班固丧期甫满，即被人告发"私改史记"，下狱，约于同年即永平元年（公元五八年）获赦。因而，班固如有向刘苍

奏记事，只能在任兰台令史以后。但他的奏记，将刘苍比作周公，说应"为国得人，以宁本朝"，然后向刘苍推荐桓梁、晋冯、李育、郭基、王雍、殷肃"六子"，末盼刘苍"咨嗟下问"。这是可能的。前揭袁《纪》说他"好傅会权宠，以文自通"，范书本传后论也对他的品格多有讥评，已初见于给刘苍的奏记。

〔19〕前揭范书卷四一《钟离意传》。

〔20〕据前揭袁《纪》和帝纪永元四年。按范书本传作"告固私改作国史"，不确，因两汉之际尚未建立修史制度。《史记》乃司马迁私撰，虽已受到普遍重视，却在东汉一代也没有列为"国史"。倒是作为泛称的"史记"，经过扬雄、刘歆等对司马迁书的称道，给时人以神秘感，似与光武帝迷信的"谶记"同类，才会引发汉明帝对这道告密信的高度关注。至于"国史"之名，当起于魏晋时，容别论。

〔21〕前揭袁《纪》、范书，均谓班固正式著《汉书》，自永平时。

〔22〕《汉书·叙传下》。下列百篇叙："乌呼史迁！薰胥以刑，幽而发愤，乃思乃精，错综群言，古今是经，勒成一家，大略孔明。述《司马迁传》第三十二。"按，司马迁著史，始于汉武帝太初元年（公元前一〇四年），至天汉二年（公元前九九年），方因李陵案，下狱受腐刑。参看前揭《司马迁传》。

〔23〕班固《典引》，前揭范书本传。

〔24〕《史记》卷一三〇《太史公自序》。

〔25〕参看《白虎通义》。关于此书的编撰，参看朱维铮著《中国经学史十讲》附录《中国经学史选读文献提要》，6，《白虎通义》，复旦大学出版社 2002 年版，页 266—268。班固奉诏整理汉章帝裁决的经意标准诠释，对他历史观的影响，由其后所作《典引》可见。

〔26〕见前揭袁《纪》卷十三，范书本传。

〔27〕同上，范书本传赞，即袭用袁宏的评论。

〔28〕见范书卷二三《窦融列传》。按，外属图，当指西汉外戚世次的图表。司马迁的《外戚世家》和窦婴等传，记外戚诸家世次，均出于武帝太初间。此后诸续作，亦未见有绘制"外属图"的记载。此图或为刘秀称帝后命人所制。

〔29〕前揭范书卷四七《班超传》。班超初为文史，至汉明帝永平十六年（公元七三年），窦固以奉车都尉率汉军出天山击匈奴别部，召班超为假司马，

即未经朝廷任命的奉车都尉属官司马。这是班超首次出征西域，可知他与
其兄班固一样，都由窦氏家族提携，始得重用。

〔30〕前揭袁《纪》卷十三。按，班固初为兰台令史，秩仅百石，后迁校书郎，
属于三署（五官中郎将，左、右中郎将）某一署。三署郎秩由比三百石至
比六百石，校书郎秩不详，可能由年次累迁。故班固家贫，其弟班超需替
人抄书养母。

〔31〕见前注〔25〕。

〔32〕同前注〔23〕。按《典引》作于白虎观会议后，班固或以为奉诏成书，代
天子立言，当有以表现。司马相如临终作赋，预颂汉武帝封禅成功，扬雄
投阁不死，反被王莽封为大夫（前此扬雄历成、哀、平三世，均为校书郎，
所谓三世不迁官），因作赋《剧秦美新》。班固批评二人颂帝文章均有缺陷，
如本传云"盖自谓得其致焉"。此篇可看作《汉书》含义的精髓陈述。

〔33〕司马迁尝谓汉得"天统"，乃指汉初"承敝易变，使民不倦"，抓住了天道
的总束。班彪但言"王命"前定，不可以人力求得。班固谓汉朝（本朝）
自唐尧以来就属于一脉相承之"正统"，开中世纪断代王朝史基调。"炎上"
语指赤伏符，由《汉书》高祖纪便提及刘邦受"赤伏之符"，可知刘秀借
此符称帝，必谓此符自刘邦起便秘密流传。孔佐，指纬书谓孔子受天降血
书，"为汉制法"，而作《春秋》。

〔34〕袁《纪》、范书均有此语。

〔35〕《扬雄传》，乃《汉书》中第一长传（《王莽传》例外），几乎尽收扬雄赋，
传独遗《剧秦美新》一赋，如《叙传》不提父作《后传》，均可映现班固心态。

〔36〕见前揭范书卷三五《曹褒传》。

〔37〕其事其铭均载前揭范书《窦宪传》。

〔38〕此事见于范书《窦宪传》，而本传未言班固"行中郎将"。据司马彪《续
汉书·百官志二》，东汉宫廷宿卫有五中郎将，秩均比二千石，位次九卿。
班固本职大将军中护军，非朝臣，而出使匈奴，以朝廷命官身份，即"行
中郎将"，可知这个中护军，地位与中郎将相等。

〔39〕"宪既平匈奴，威名大盛，以耿夔、任尚等为爪牙，邓叠、郭璜为心腹，班固、
傅毅之徒，皆置幕府，以典文章。"见前揭范书《窦宪传》。

〔40〕前揭范书卷五二《崔骃列传》。

〔41〕此事袁《纪》所述略，范书卷五五《章帝八王列传》之《清河孝王庆传》所记较详。

〔42〕汉和帝与郑众策划的这场政变，是东汉首次外戚专政的结束，也是首次宦官擅权的开端，其后诸书均有记述，以《通鉴·汉纪》和帝永元四年（公元九二年）六月所述最为清晰。

〔43〕前揭范书卷七八《宦者列传·郑众传》。

〔44〕前揭袁《纪》卷一三，文字据中华书局 2002 年版张烈点校《两汉纪》本。

〔45〕前揭范书卷八四《列女曹世叔妻传》。

〔46〕前揭袁《纪》卷十九顺帝永和五年（公元一四○年）。按范书卷二四《马援列传》附兄子严传，谓马续、马融均为马严子，但谓马续"博观群籍，善《九章算术》，顺帝时为护羌校尉，迁度辽将军"。未言续《汉书》事。又同书卷六○《马融传》，亦不载马融受班昭讲诵《汉书》事。

〔47〕《史通·外篇二古今正史》。

〔48〕《续汉书·天文志上》："孝明帝使班固叙《汉书》，而马续述《天文志》。"按此语含混，如司马彪意谓马续已在明帝时奉旨述《天文志》，则大误。因其父马严，其时与班固同著作东观。马严七子，续字季则，则为第四子，其时或尚未出生，否则曾与班固同时修史，在永平五年（公元六二年）至少年逾弱冠，而至顺帝（公元一二六年改元）出任军职，已逾八十矣，岂有此理？姑以存疑。

## 编者附注：

按朱老师的观点，司马迁的《史记》开创了总结中国中世纪王朝更替教训（即"通古今之变"）的"正史"传统，而真正完备其体例的则是班固的《汉书》。这一看法继承了陈守实先生在"中国史学史"讲授中的论断，朱老师的研究则更进一步指出班固和《汉书》多受西汉经学的影响，进而奠定了一套儒家正统论，这一论断则是他师从周予同先生"中国经学史"后引出。朱老师综合周先生、陈先生学术，熔中国经学史、中国史学史于一炉，于此研究可见一斑。

# 班昭考 *

## 小 引

哪位中国史学家不知班昭？然而又有几人能够说清楚这位中世纪女性学术大师的生平和遗响？

很惭愧，我从业中国史学史，断续四十多年，所知的班昭，不过限于《后汉书》几篇传记的简短记载，以及《文选》《全后汉文》保存的几篇作品或作品断片，就是说属于知之甚少之列。

近年重新清理《汉书》编纂史，从知人论世角度再看班昭和她的父兄班彪、班固，考察的材料依旧，却感到认知陡新。

新在哪里？原来，除了清代汉学家们从故纸里不辞辛苦地梳理出来的那些旧知以外，也即班昭是《汉书》的续作者和传授者，是东汉四世皇帝的后妃教师，是中世纪妇女伦理教义的集成者等等以外，她在历史上其实发生过更加重要的作用。第一，东汉的女主专权，以和帝遗孀邓绥最长久也最成功。这位青年太后临朝称制十六年，取消"公田"，安置流民，调整权力配置，抑制外戚跋扈，实行右文轻武，减少战争以省赋役等，终于将混乱的帝国整治得相对稳定，她的主要政治顾问就是班昭。第二，邓太后专权时期（公元一〇六年至公元一二一年），把东观

---

\* 本文原载《中华文史论丛》2006年第2期，今据以收入。

建成了帝国文化中心，成为学者整理传统文化遗产和编纂帝国历史的基地，甚至宦官内臣也在东观接受轮训，这个中心的灵魂人物也是班昭。第三，即使对于《汉书》，班昭也不仅从事补缺拾遗，而更将班固的遗稿进行结构调整，因而是中国第一部王朝"正史"的完型作俑者。尽管清朝四库馆臣对《汉书》今本与班固遗本不同这一点矢口否认，班昭的业绩仍然受到偏见较少的民间考史学家肯定。

坦率地说，我从来不欣赏班昭的名作《女诫》，这并非它悖于女权主义，恰好相反，此文七篇，篇篇都用儒家语言，表述老子、韩非早已透彻申说的权术，也就是刘向确切定义的"臣术"。这是无论中外的所有专制体制的共同特色，为臣为子必须获得君父恩宠，为妻为妾必须博取夫嫡欢心，如此才能以柔克刚，由弱转强。所以《女诫》七篇，说是在夫家处理夫妇、婆媳、妻妾、姑嫂种种关系的诀窍，一要卑弱，二要事夫，三要敬顺，四要妇行（德言容功），五要专心（不妒夫再娶），六要曲从（无违舅姑），七要和叔妹（得小姑之心）。这正是妾妇与臣子都要娴熟的阴柔权术。邓绥以曹大家为师，由贵人而皇后而皇太后，"称制终身，号令自出"（见《后汉书·皇后纪·邓皇后纪》），恪守的就是这一套，堪称《女诫》的实践家，或者说《女诫》就是对邓绥在宫廷政治中权力不断扩张的经验总结。我们当然不可以主观爱憎来诠释一千八百多年前的这段历史，而《女诫》可说是厘清这段历史，乃至解开《汉书》何以在中世纪总被官方史家称誉过于《史记》的历史秘密的一把钥匙。

自以为有这点新知，于是对史料背后隐现的历史实相更感兴味。但因为务冗而杂，迟疑数年，才决意借助古旧的历史考证形式，拿范晔《后汉书》关于班昭和她的生存环境的矛盾陈述作为清理对象，先考辨历代记载，包括清代史注、史考、史补的得失，再将自以为可按时序确定的主要史实，列成班昭生平简表。小题大做，未免贻讥于方家；考辨粗略，唯期就正于同行。当然有必要说明，拙作无论上篇下篇，涉及的具体问题或若干判断，海内外学者可能已有成文论及，而拙作失于征引，但盼识者不吝指示。

## 上　班昭传记考辨

### 《后汉书》卷八四《列女传》：

扶风曹世叔妻者，同郡班彪之女也，名昭，字惠班，一名姬，博学高才。

案，同书卷四十上《班彪列传上》，谓班彪晚年为望都长，"建武三十年，年五十二，卒官"。东汉光武帝建武三十年，当公元五四年，可知班昭必生于此年以前。

彪传谓其有二子，固、超。同书卷四七《班梁列传》，载和帝永元十二年（公元一〇〇年），班超年老思土，"而超妹同郡曹寿妻昭亦上书请超曰：'妾同产兄西域都护定远侯超，……今且七十'"。可知班昭为班超同母妹，乃班彪幼女。同传谓班超卒于永元十四年九月，年七十一，上推其生年，当为光武帝建武八年（公元三二年），则班昭生年必在其后。

又据上引彪传附子固传，班固死于和帝永元四年（公元九二年），年六十一，上推可知班固和班超同年生，兄弟必非同产，因而得知班超、班昭兄妹，均系班彪之妾所生。此由《班超传》谓"永平五年（公元六二年），兄固被召诣校书郎，超与母随至洛阳，家贫，常为官佣书以供养。……久之，显宗问固'卿弟安在'，固对'为官写书，受直以养老母'，帝乃除超为兰台令史"云云，可得旁证。如兄弟同母，即超母非妾，而班固不承担"养老母"责任，岂不早被时论斥作不孝？

又，同传王先谦《集解》引清沈钦韩说，谓唐陆龟蒙《小名录》班昭字惠姬，《文选》李善注引范书正作"惠姬"，今本范书误衍"班一名"三字。中华本校勘记已指出。

### 同前《列女传》：

世叔早卒，有节行法度。

案，曹世叔，名寿，见上《班超传》文。

据本传所载班昭《女诫》，序谓："鄙人愚暗，受性不敏，蒙先君之余宠，赖母师之典训。年十有四，执箕帚于曹氏，于今四十余载矣。"由此可证三点。一、班昭出生不久，其父班彪即去世。而班彪二十九岁得子，五十二岁去世，时班固、班超年均二十三岁。假定班昭卒于安帝永宁元年（公元一二〇年，详后考），迟于班超去世十八年，即等于他们的年龄差距，那就可推定班彪死时，班昭年仅五岁。二、因此，班昭由童年至出嫁的十年左右，在家随"母师"受教育。母师，即女师，说见《毛诗·周南·葛覃》"言告师氏"郑笺。典训，即先王经典的教诫，表明班昭从家庭教师那里，所学不仅是"妇德、妇言、妇容、妇功"，还有传统的经籍教育，于是造就了她的"博学高才"。三、班昭十四岁嫁给曹寿，据前揭诸传，应在班超奉母随班固迁居洛阳的永平五年，或班超在移家前夜，先为其妹完婚。

又案，曹寿，《后汉书》无传。昭传谓其"早卒"，未知"早"指几岁。据《女诫》序，班昭自述有子一人，又有"诸女方当适人"。清沈钦韩《后汉书疏证》，以为班昭《女诫》作于安帝永初元年（公元一〇七年），因谓班昭至此"适曹氏三十余年，尚有未嫁之女，世叔不为早卒"。近人刘汝霖《汉晋学术编年》卷五驳沈说，以为永初元年班昭五十八岁，适曹氏已四十五年，"其三十五岁以后所生诸女，至此俱在二十四岁以内，方在可适人而未适人之年，与《女诫》语正合。若世叔与昭年岁相差不远，则当卒于四十岁以内，不可谓不早"。然沈、刘二说均牵强，问题都在于以"早卒"为"早世"，即短寿夭亡。其实看昭传上下文，"早卒"乃指班昭奉和帝诏入东观续补《汉书》之前，曹寿已死，这之后班昭还活了近三十年，所谓先其时曰早，非谓曹寿少壮而亡。至于刘汝霖说班昭"三十五岁以后所生诸女"云云，更纯属臆测。古代妾生子女，均认正室为嫡母，怎知曹寿诸女均班昭所生？假定曹寿较班昭年长二三岁，在和帝永元初已卒，年四十余，所遗诸女俱幼，至永初元年也都可能当至二十待嫁之年，何必硬说曹寿卒于四十岁以内？

又案，曹寿无疑是士人，但出仕与否？据刘知几《史通·外篇二古今正史》："至（桓帝）元嘉元年，复令太中大夫边韶，大军营司马崔寔，议郎朱穆、曹寿，杂作献穆、孝崇二皇后（传本误作'孝穆、崇二皇'，据浦起龙校改）及顺烈皇后传，又增《外戚传》入安思等后，《儒林传》入崔篆诸人。寔、寿又与议郎延笃，杂作《百官表》，顺帝功臣孙程、郭愿，及郑众、蔡伦等传。凡百十有四篇，号曰《汉记》。"清浦起龙《史通通释》卷十二注此节："曹寿，旧注字世叔，即娶班彪女昭者也。"浦氏书首《史通通释举例》，曾谓征引必举书名或篇目，"他若旧注已得者，明书何本，或无书可质者，直注未详。"但此注曹寿，便自违其例，既不明书所引"旧注"为何本，也不注"未详"以示不欺。岂知明眼人一看，便知此注大误。浦氏注此节屡引范晔《后汉书》诸纪传，于此篇前节正文叙及班固死后，"其妹曹大家博学能属文，奉诏校叙"等语，即注引《后汉·列女传》，谓曹大家"扶风曹世叔妻者，同郡班彪之女也，……世叔早卒，有节行"，可证浦氏应知曹寿早在和帝命其妻踵成《汉书》前已死。然而桓帝元嘉元年，当公元一五一年，上距曹大家去世，已历四帝三十一年，而"娶班彪女昭"的曹寿，居然复生，官议郎而与边韶、崔寔等四人共撰《汉记》，岂非奇迹？而浦起龙自序，声称其书改过八次，超过李善"至五乃定"的《文选注》，却对同一篇同一事的"旧注"谬误，竟未核实，岂非怪事？

假如《史通》原著就有汉桓帝元嘉元年与修《汉记》的官员内包括议郎曹寿的记载，那就只能断言此曹寿非彼曹寿，即与曹大家亡夫同姓名的另一曹寿。但除《史通》外，后一曹寿未见他书，不知刘知几何据？姑且存疑。

然令人奇怪的，还有清代考证《东观汉记》编纂过程的几种著作，例如纪昀所撰该书《永乐大典》校辑本序，据此序移录的《四库全书》本提要，以及光绪间姚振宗的《后汉书艺文志》卷二、曾朴的《补后汉书艺文志考》卷五等，都曾全抄《史通·古今正史》篇那几节原文，就是说都曾照录述及桓帝元嘉元年曹寿与修《汉记》的原文，却无一人辨证此曹寿非曹大家之夫。如果这些作者不知浦起龙对此曹寿的注释谬误，倒可说成他们态度审慎，因不详刘知几所本，故而宁信其有。可是纪昀曾著《史通削繁》，扬弃的对象正是浦著《史通通释》，因而他所撰两篇提要，以及《四库全书》史部史评类《史通通释》提要，均无只字道及前揭浦注的那一则"硬伤"，便令人不可思议。

同样不可思议的例证，又见于同样将浦著《史通通释》作为纠谬补苴对象的几种近人考证，譬如陈汉章的《史通补释》，前有戊辰（公元一九二八年）柳诒征、黄侃二序，杨明照的《史通通释补》，其民国二十九年（公元一九四〇年）自记称与陈汉章补无重复，罗常培《史通增释序》，作于民国三十一年（公元一九四二年），乃就其友彭仲铎所著

《史通增释》一书而作的论点摘录（彭书出版与否，不详），盛赞彭书非特刘知几的功臣，实乃郭延年、浦起龙、纪昀、陈汉章的诤友（三篇均收入《史通通释》上海古籍出版社 1978 年校点本附录）。然而作者序者各三人，都称考据名流，也无一人指出浦起龙混淆两曹寿的谬误。

恕我寡闻，不知六十多年来海内难以胜数的《史通》和《史通通释》的论著中间，有没有一种曾揭露过上述问题？

至于范书本传谓"世叔早卒，有节行法度"，后一语系指班昭在其夫死后的表现，如将《女诫》看作班昭晚年的一种自传性作品，便可了然。

### 同前《列女传》：

兄固著《汉书》，其八表及《天文志》未及竟而卒，和帝诏昭就东观藏书阁踵而成之。

案，东晋袁宏《后汉纪·孝和皇帝纪》上卷第十三：和帝永元四年（公元九二年）四月，大将军窦宪被迫自杀，班固免归家。"固党于窦氏也。初，固不教儿子，儿子负固势，不遵法度，吏民苦之。洛阳令种兢尝出，固奴干车，诃，奴醉骂辱兢，兢大怒，畏宪，不敢发，心衔之。及宪宾客皆被系，兢因此捕系固，遂死狱中。诏遣责兢，而主者抵罪。"（文字据北京中华书局 2002 年版《两汉纪》，张烈点校本）范书固传所记略同。班固时年六十一。

同上袁《纪》："固虽笃志于学，以述作为务，然好傅会权宠，以文自通。其序事不激诡，不抑亢，赡而不秽，详而有体，使读之者亹亹而不厌，亦良史之才也。至于排死节，否正直，以苟免为通，伤名教也。史迁之作，皆推之于谈。彪经序其谋，略以举矣，而固尽有功，岂不胜哉！"这里袁宏赞赏班固有史才，却批评他的人品和史识，并讥他抹杀其父班彪《后传》的创始之功，不如司马迁诚实。

其实袁宏此评，相对于在前的傅玄、葛洪等对班固的评论，已属温和。魏末晋初傅玄著《傅子》，就已指责班固"非良史"，谓《汉书》"因父得成"，然而"论国体，则饰主阙而抑忠臣；叙世教，则贵取容而贱直节；述时务，则谨辞章而略事实"（据清人诸辑本所引《天中记》《意林》等，文字与《史通·内篇书事》简截取者有异，请参拙编《传世藏书·诸子2》所收王东杰整理本《傅子》卷三"吾观班固《汉书》"则）。又，东晋初葛洪跋《西京杂记》："洪家世有刘子骏《汉书》百余卷。歆欲撰《汉书》，编录汉事，未得缔构而亡，故书无宗本，只杂记而已。试以此考校班固所作，殆是全取刘书，小有异同耳。固所取不过二万许言。"（北宋范镇《东斋记事》，引文据清顾櫰三《补后汉书艺文志》卷四"班固《前汉书》"则转引）因知中世纪史学家争论不已的班马异同，《史》《汉》优劣，乃至班固是否有学问或是否剽窃父书等等，在两晋已开其端。从而可知清代考史学者，右班左马，却回避班固《汉书》的媚俗取向，当作别解。

又案，汉和帝命班昭入东观藏书阁续作《汉书》八表及《天文志》，今存记载，初见于范书《昭传》。此后萧梁刘昭为西晋司马彪《续汉书》诸志作序，称"续志昭表"。清姚振宗《后汉艺文志》卷二"班固《汉书》"条，谓据南宋王应麟《玉海·艺文》篇引此说，"以是推之，八表其班昭补作"，而《天文志》则为马续所作。

东观修史，也始于班昭。原来东汉初期的宫廷藏书，先集中在御史中丞管理档案的宫内兰台，因而"典校秘书"兼修国史的官员，初阶为兰台令史，稍迁为校书郎，入值地点都在兰台。汉明帝扩建新宫，在光武帝故宫以北，于是洛阳有两宫。皇帝和临朝太后常居北宫，称禁中，而南宫除安置前朝宫人以外，也成为宫廷各机构的驻在场所。随着宫廷藏书日增，旧档古籍渐移向南宫的东观（范书《安帝纪》永初四年李贤注引《洛阳宫殿名》，曰"南宫有东观"）。范书卷四《和帝纪》："（永元）十三年春正月丁丑，帝幸东观，览书林，阅篇籍，博选术艺之士以充其官。"可知最迟在这年（公元一〇一年），东观已代替兰台，成为宫廷藏书中心，从而成为东汉经史研究的官方基地。和帝在班固死后，诏命班昭续撰《汉书》，指定修书地点为东观藏书阁，更可证早在章帝末，东观便已取代兰台而成为宫廷文化的主要地盘。时距和帝驾临东观并扩充其官之前九年。因而这九年间班昭在东观，一面著史，一面聚书，潜移默化，致使东观在和帝死后的邓太后临朝期间，成为帝国现代史编纂制度化的表征。

**同前昭传：**

帝数召入宫，令皇后诸贵人师事焉，号曰"大家"。每有贡献异物，辄诏大家作赋颂。

案，拙撰《班固与〈汉书〉——一则知人论世的历史考察》（见《复旦学报》2004 年第 6 期），已考证永元四年（公元九二年），时年十四的汉和帝与年长两岁的异母兄清河王刘庆，在宦官郑众的策动下，密谋发动宫廷政变，击倒专权的外戚窦氏集团，事前曾由班固已献给宫廷并在王室秘密传抄的《汉书·外戚传》中间，寻觅可供模拟的历史先例。因而，少年皇帝没有料到他钦佩的这位作者，在政变纷乱中会被私敌借机杀害。这由班超家族没有受到株连，可得佐证。始知做皇帝尊贵的和帝，也如当年汉高祖重谢起朝仪的叔孙通的类似心态，并不因班固曾经事敌而对他怀有恶感，相反却感念他的史著于己有用。于是闻知其人尚有一位博学高才的亲妹，立即下诏要班昭入东观续作《汉书》，可谓顺理成章。

那时皇帝居于北宫。班昭在永元四年京师乱后被召入东观，时间不会早于当年秋冬之际。少年好奇，和帝急于一睹班固之妹，也在情理之中。所以班昭首次赴北宫受皇帝召见，也不会迟于同年末次年初。

《女诫》表明，班昭多么懂得那个时代做媳妇、做长嫂、做正妻的人情世故。因而，中年练达的班昭，初入宫便博得年轻皇帝与更年轻的皇后贵人们的欢心。她谙熟《诗》《书》《史》《汉》《楚辞》以及《列女传》，似乎无事不知、无物不晓，而笔和舌都十分了得（可看范书本传和《班超传》所载她的说辞、上书，以及《文选》李善注对她的《东征赋》引经据典出处的注文），这对读书甚少又鲜知外事的那班深宫少妇，怎不引发敬意羡心？

我们不知和帝何时任命班昭做皇后诸贵人的宫廷女师。据范书卷十上《皇后纪上》，和帝永元四年即选表妹阴氏（光武帝妻兄阴识的曾孙女）为贵人，八年（公元九六年）立为皇后，同年冬又封去岁所选美人邓绥（开国功臣邓禹的孙女）为贵人，同时受封而有姓可考的还有周、冯二贵人。

假如将班昭入禁中为女师的时间，定在和帝永元八年冬或九年春，也许离历史实相不远。那时班昭当已四十六七岁。

既任宫廷女师，要专心在东观续补《汉书》，当然很难。和帝卒于元兴元年十二月（公元一○六年初），上距他命班昭入东观修史，至少十二三年了，但他至死没有看到《汉书》完帙。这只能怪他自己。在数召班昭入北宫之后，非但要求班昭教授自己的妻妾，而且效法其父章帝视班固为文学侍从的先例（见前揭袁《纪》永元四年综述班固生平节），每逢内外藩国朝贡，都要这位女史献上诗文赞颂今上功德。如此一来，班昭必须以正业为副业，而班固未成的八表和《天文志》，偏偏又都是非专家不能为。制表必须详考前汉宫廷档案和宰辅记录，志天文也必须通晓占星、谶纬诸术。这在班昭，才华虽高，却必须从搜辑前朝文献做起。因而她耗时十余年，能够在任职禁中的余暇，完成《汉书》八表制作，已经很了不起,而《天文志》只能在她晚年指授其徒马续继作,也可理解。

汉和帝似乎也为《汉书》迟迟未见完帙感到遗憾。前述永元十三年(公元一〇一年),皇帝二十四岁(虚龄),突然在元旦亲幸东观,巡视藏书和察看书稿之后,决定"博选术艺之士以充其官"(见《后汉书·孝和孝殇帝纪》)。那举措透露的信息,可解读为他已感到将班昭调进禁中,使她难以兼顾本朝史的编撰。不过他的指示,似乎在他身后才生效。唯一原因就在于这位皇帝已经沉湎声色,并且备受妻妾争宠的困扰。

**袁宏《后汉纪》和帝永元十四年:**

> 夏六月,封中常侍郑众为列侯。……阉官专权自众始焉。辛卯,皇后阴氏废。……冬十月辛卯,立皇后邓氏。

案,袁宏的时间记录不差,但与后出的范晔《后汉书》同病,丑化阴后而美化邓后。

范书述阴后,称她"少聪慧,善书艺"(见《后汉书·皇后纪·阴皇后纪》),立贵人后"有殊宠"。不幸色未衰,宠已移,因为受到新选美人邓绥的挑战:"后(邓绥)长七尺二寸,姿颜姝丽,绝异于众。……八年冬,入掖庭为贵人。"(见《后汉书·皇后纪·邓皇后纪》)相对于颀长美丽的邓贵人,身材矮小而才学平凡的皇后,在夫君服母丧期满(永元三年辛卯)以后,依靠家族传统势力,正位中宫,却蛾眉善妒,怎不令她夫君移情别恋?论家世高贵,阃教出众,邓贵人不亚于皇后,但才貌绝伦,邓贵人便胜于阴皇后。和帝时年十八岁,出身纨绔,唯色是幸,况且邓贵人固宠有术。于是阴皇后渐成深宫怨妇,由妒生恨,见和帝生病,反而以为将有临朝机会,说"我得意之后,皆当夷灭之"(见《后汉纪·后汉孝和皇帝纪下》)。就是说必将邓贵人举宗歼灭。这怎不给邓贵人一派提供反击的口实?邓贵人表示要自杀殉夫,声称这一来,"上可以报上厚恩，次可解宗亲之祸，下不令阴氏有'人豕'之讥"（见《后汉纪·后汉孝和皇帝纪下》）。末一语很厉害，似乎为了避免使阴后仿效吕后对付戚夫人的手法而贻谤后世，其实提醒读过《汉书·外戚传》的皇帝，警惕阴氏"将复仿吕氏之大事"。如此"诛心"之论，效应不言而喻。和帝病愈，"其后宫人告阴后巫蛊事，后（邓贵人）涕泣救护，无所不至"（见《后汉纪·后汉孝和皇帝纪下》）。这只能促使皇帝更决意废阴后而立邓贵人为皇后。永元十四年（公元一〇二年）六月，阴后被废，她的家族都受"巫蛊"狱株连，或自杀或流放。同年十月，邓贵人入主长秋宫（《通鉴》述此事取材于范书阴、邓二后《纪》，突显阴后与其外族母为巫蛊事。然袁《后汉纪·后汉孝和皇帝纪下》则谓"阴后素妒，见后宠甚，多设方巧欲以危后"云云，叙宫人告阴后巫蛊事，接在邓后扬言自杀而和帝病瘳之后，似较可信，故从袁《纪》）。

又据范书卷七八《宦者列传》：永元十四年，"帝念众功美，封为鄨乡侯，食邑千五百户"。郑众于永元四年反窦宪政变后，已以首谋功迁大长秋（后宫总管）。时过十年，又使皇帝念其"功美"，而首开东汉宦官封侯食邑之例，必因其又立新"功"。至邓后反群臣议，立安帝，诛周章，继续临朝，又奖励仍任大长秋的郑众，"益封三百户"。凡此均透露这名大宦官在废阴后、立邓后并助邓后用权的过程中所起的机枢作用。

班昭于永元十四年任后宫女师已五年左右，无疑对阴、邓二氏矛盾了如指掌，也无疑善于周旋应对，如她自述生平，总是"战战兢兢，常惧黜辱"（见《后汉书·列女传》）。

不过，从阴、邓二氏争宠后宫的攻守对策来看，邓贵人堪称班昭的高徒，而阴皇后则与《女诫》教诲的七章无不相悖。《女诫》成文虽晚（说见下），但既然班昭自称"有助内训"，当然也是她作为女师向皇后诸贵人讲解的要点。文分七章,一《卑弱》,二《夫妇》,三《敬慎》,四《妇行》,五《专心》,六《曲从》,七《和叔妹》。从章题和措辞来看,都合乎所谓儒家经传关于"礼"的说教,但察其含义,却贯注着《老子》以柔克刚、以屈求伸、以卑弱自恃而后发制人一类权术。其文屡引《女宪》"得意一人,是为永毕;失意一人,是为永讫"一语,表明班昭认定妇女对待夫主或舅姑,必须专心致志得其爱心,否则,长久完美就会变成永远完结。这也可知,《女诫》与其如宋人所称是"女孝经",毋宁可正名为"女权经"。假如将它的理论同邓后自入宫到临朝的言行相对照,那便不能不令人惊异,邓后真可说是《女诫》的高明实行家。

### 同前范书《和熹邓后纪》:

元兴元年(十二月,当公元一〇六年一月),帝崩,长子平原王有疾,而诸皇子夭没,前后十数,后生者辄隐秘养于人间。殇帝生始百日,后乃迎立之。尊后为皇太后,太后临朝。

案,同书阴、邓二后《纪》,均未载二人曾经生育。但同样无子,邓后终将阴后逐出长秋宫,一个绝招,便是活学活用班昭的一则教导:"《礼》,夫有再娶之义,妇无二适之文,故曰夫者天也。"(见《女诫·专心》章,下即引《女宪》曰"得意一人"云云)阴后善妒,正是悖逆所天,因而邓后就反其道而行之。同《纪》:"后阴后渐疏,每当御见,辄辞以疾。时帝数失皇子,后忧继嗣不广,恒垂涕叹息,数选进才人,以博帝意。"末语颇俏皮,暗示邓后实采欲取姑与,以明不妒的策略同阴后竞胜。此术果然明效大验,邓后二十三岁如愿母仪天下。两年后二十七岁的皇帝龙驭上宾当夜,她便宣布潜抱入宫的婴儿为嗣君,可知太后准备临朝已久。

又,范书卷五五《平原怀王胜传》谓刘胜"不载母氏,少有痼疾",或因生母微贱,故虽为长子,在和帝生前未立为太子。至于这名少年是否真患不治之症？详下文。

### 同前范书卷三三《周章传》：

[安帝永初元年（公元一〇七年）秋，任司空] 是时中常侍郑众、蔡伦等，皆秉势豫政，章数进直言。初，和帝崩，邓太后以皇子胜有痼疾，不可奉承宗庙，贪殇帝孩抱，养为己子，故立之，以胜为平原王。及殇帝崩，群臣以胜疾非痼，意咸归之。太后以前既不立，恐后为怨，乃立和帝兄清河孝王子祜（当作"祐"，见中华本校勘记），是为安帝。章以众心不附，遂密谋闭宫门，诛车骑将军邓骘兄弟及郑众、蔡伦，劫尚书，废太后于南宫，封帝为远国王，而立平原王胜。事觉，策免，章自杀。

案，自和帝死到安帝立（公元一〇六年九月），短短八九个月，帝国便三易其主，而殇、安二帝即位，因和帝尚有长子在，更凸显邓太后背离祖宗传统，使她一再临朝专政，较诸和帝初窦太后的先例，越发缺乏历史合法性。范书《周章传》这段陈述，与袁《纪》殇帝延平元年七月、安帝永初元年十月的有关记载相符，表明所述过程属实，而邓太后的举措，遭到外朝大臣的普遍不满，并集矢于邓太后的居心，也应说并非苛责。由周章的政变策划，可知邓太后反传统的支持者，是她的家族和宦官领袖。周章设计的政变步骤，一是闭宫门，这是模仿当年郑众助和帝夺权的故技。二是劫尚书，这是因为设在宫内的尚书台，早已握有皇帝诏书的起草、副署等权柄，而周章虽贵为三公，要假传新君圣旨，废太后贬皇帝，非得由尚书以诏板发布（参看杨鸿年《汉魏制度丛考》"尚书"节，武汉大学出版社1985年版）。周章密谋破产，最大问题在于他无视宫廷禁卫军早由宦官首领控制，所以他的密谋一经泄露，便胎死腹中，还赔上老命。

或许受到东汉列朝君主有意抑制外戚的传统影响，邓太后迫使周章自杀，没能吓阻朝议对她擅权的非难。周章失败以后，异见者改变策略，承认安帝的合法性，要求太后归政。永初二年，安帝将行成年礼了，有个郎中杜根与同僚居然上书劝告太后归政，被盛怒的太后下令装进绢囊扑杀，侥幸没死，却起到了警诫作用。从此直到邓太后病死，安帝二十八岁了，朝廷再也没人提出她专政合理合法与否的问题。

**同前范书昭传：**

及邓太后临朝，与闻政事。以出入之勤，特封子成关内侯，官至齐相。

案，据这则记载，从殇帝延平元年（公元一〇六年）初，邓太后就将班昭作为政治顾问。

这不奇怪。同书《邓后纪》："太后自入宫掖，从曹大家受经书，兼天文算数。"袁《纪》和帝永元十四年十月"立皇后邓氏"，追叙她的前史，也说她自入宫后，"遂博览五经，百家图谶无不毕览，善《易》及阴阳占候希有者"。真如她少年时被母亲奚落的："长大宁举博士邪！"

班昭在教授阴后、邓贵人的七年内，无论怎样保持中立，都不能不因材施教，授予好学的贵人的知识，在广度或深度方面必定远过于只重争风吃醋的阴皇后。到阴氏被废桐宫，老师全力倾注教导新任国母，必定更少保留地传授固宠握权的枢要。

奇怪的是，学生已成太后，临朝政事都咨询老师，而老师却从未如宦官郑众、蔡伦那样，受到外朝大臣抨击。这反证班昭深通老子和光同尘的三昧。

随着权力日趋稳定，邓太后总想报答在宫禁"出入之勤"的老师。那时还没有封皇后母亲以外女师爵位的先例（太后死后其继子安帝即开封乳母为女君之例），因按旧例予其子授官赐爵。

班昭唯一子男，即曹成。成字子谷，见《女诫》序，又见赵岐《三辅决录》。在班昭于永元中入宫前，曹成已辟司徒掾，秩比三百石，又以司徒掾身份察孝廉，授长垣（今河南长垣东北）县长，秩四百石（见范书昭传章怀注引《三辅决录》注，参司马彪《续汉书》百官志）。"母为太后师，征拜中散大夫"，秩六百石，乃宫廷顾问官，无常事，唯诏令所使（见同前书）。

然而，萧梁昭明太子编《文选》卷九《纪行上》，录有曹大家《东征赋》，首句谓"惟永初之有七兮，余随子乎东征"。今俗本李善注引《大家集》曰："子谷为陈留长，大家随至官，作《东征赋》。"又引《东观汉记》曰："和帝年号永初。"此注有二疑。一、永初为安帝年号，永初七年当公元一一三年，那时邓太后临朝已近九年，社会仍然不稳，正需班昭"与闻政事"，怎会放她随子至官？二、曹成在其母"为太后师"之后，已被邓太后"特封关内侯"，爵等仅次于有封土的列侯，且官中散大夫，时当在安帝永初年间。陈留虽是陈留郡的首县（今河南开封南），但陈留长秩不过四百石，假如永初七年确有班昭随曹成至陈留长任，那对曹成意味着贬秩，对班昭则意味着变相流放，而此事发生在邓太后宠信班昭时期，岂不令人难以置信？

由于《大家集》是曹成妻丁氏在班昭身后所辑，她不可能将其姑其夫的行状记错，因此赋文"永初之有七"，年号必定有误，而注引"子谷为陈留长"一语，也可能有脱文。据李善注引《东观汉记》，谓"和帝年号永初"，知帝号无误（《东观汉记》和帝朝纪传，即撰于邓太后当政时期），而"永初"当为"永元"之误。盖六朝雅学走红，传抄者于《释诂》开篇初、元互训为始之语耳熟能详，或抄录中误元为初，是可能的。唐代注家（未必是李善）不核史实，见《东征赋》传本误作"永初"，《东观记》又明载和帝"数召入宫"，遂注永初为和帝年号，也是可能的。

那么永元七年（公元九五年），班昭曾否随子至官？曹成又至何地，任何官？据范书卷四《和帝纪》，永元五年正月大赦窦宪党人。时司徒为丁鸿，与司空刘方共同提出复位郡国举孝廉名额（见范书卷三七《丁鸿传》），同年三月和帝下诏重选举。次年初刘方代丁鸿为司徒，三月诏三公及内郡守相举士，选补郎吏。前述永元四年班固下狱死，和帝特诏班昭入东观续补《汉书》，时间或即在五年初大赦前后。她的独子曹成或同时随至洛阳侍母，而由司徒辟为掾，未几以司徒掾被举孝廉，并补郎官，时间当在永元六年三月。这年夏季，有二事对班家有利。其一是和帝亲至洛阳寺平反冤狱，"收洛阳令下狱抵罪"，此令当为囚杀班固的种兢。其二是西域都护班超报捷，降服西域全境五十余国，次年受封定远侯（袁《纪》系班超平西域于封侯的永元七年，误，今从范书和纪、超传）。因此，永元七年和帝诏"有司详选郎官宽博有谋、才任典城者三十人"，"悉以所选郎官出补长、相"。已举孝廉为郎官的曹成，即在选中，自不足奇。他所补官职，当为《三辅决录》注所说的长垣长。长垣是陈留郡的属县。前述《文选》李善注引《大家集》，谓曹成官"陈留长"，引文必有脱误，就此从《东征赋》本文来看，曹成所任，正是"长垣长"。

所谓李善注，除征引《大家集》，还证以挚虞《文章流别论》，谓《东征赋》言"发洛至陈留，述所经历也"。但挚虞并未确指曹成"为陈留长"，但说"至陈留"，可知是以郡名对应帝都。寻绎《东征赋》"述所经历"，恰是始发洛阳，终至长垣，而后述"到长垣之境界"，考察县属蒲城的废墟，城东南蘧伯玉故乡等观感。因此李善注引《大家集》，班昭子媳丁氏的解题，原文或谓"子谷为陈留长垣长"，或"陈留长"当读作"陈留邑长"，不可能径指"陈留长"即郡治所在的县长。

假定班昭与曹寿结缡两年后生子，则永元七年，班昭四十五岁，曹成二十九岁。但曹成即使年近而立，出任时比百里侯的大县长，终究会使唯此一子的班昭，忧其能否胜任。于是"随至官"，并仿亡父班彪《北征赋》，作纪行韵文《东征赋》，归后献诸宫廷，似合她以文自见的一贯作风。

前由范书昭传李贤注转引的《三辅决录》注，谓班昭为太后师，征拜曹成为中散大夫。据司马彪《续汉书·百官志》，中散大夫是宫廷顾问官，秩六百石，虽与长垣长同属低阶文官，却无常事，仅在宫内等待诏命差遣，是个常由世家子弟充任的清要官。班昭于和帝永元八九年已为宫廷女师，但被尊为太后师，则在殇帝延平元年（公元一〇六年）邓太后临朝以后。由此可知，班昭在和帝永元七年孟春随子赴长垣，停留多久，虽不清楚，却不会超过一年。

曹成受封关内侯，非但是荣誉和特权（汉爵可按等次免税赎罪）的表征，也显然表明邓太后照顾班昭的家庭生计。因为正是邓太后临朝第一年，殇帝延平元年（公元一〇六年），她推行廉政，复位官俸。曹成官长垣长，秩四百石，依新例月钱二千五百，米十五斛，征拜中散大夫，秩六百石，月钱三千五百，米二十一斛（见《续汉书·百官志五》"百官受奉例"，章怀注引晋荀绰《晋百官表注》所追述之"汉延平中"云云）。班昭尚有诸女未嫁，仅靠一子任中下级官员养家，境况不免拮据。关内侯虽无土，但寄食所在县瓜分民租，依光武以来成例，月俸二十五斛（见前续志"关内侯"章怀注引伏湛《古今注》）。如此可使曹成月入增多官俸一倍以上。

又，曹成在班昭生前再未升官。证据就是袁《纪》卷十七安帝延光三年（公元一二四年），皇后阎姬与兄阎显，宦官江京、樊丰等废太子后，光禄勋祝讽为首的官员十一人"守阙上书，诉太子之冤"（见《后汉纪·孝安皇帝纪》），那名单中便列有"中散大夫曹成"。那以前四年（建光元年，公元一二一年),邓太后病逝。可知终邓后当政二十年,曹成一直未迁官。待他为班昭服丧,去职二十七月,这期间邓后死,安帝一党杀逐邓氏家族,他未受株连,无疑得其母之赐。

原来,邓太后临朝初期,也同其姑窦太后一样,重用自己的兄弟邓骘等控制军政大权,并在安帝初拜邓骘为大将军。这使班昭担忧邓后重蹈窦氏覆辙。正值永初四年(公元一一○年)太后母亲死了,邓骘兄弟请求解职守制。太后既恐失助又怕违礼,向老师咨询。班昭乘机上疏,引经据典,力劝太后借此向天下显示提倡"礼让为国",并暗示说"以方垂未静,拒而不许,如后有毫毛加于今日,诚恐推让之名不可再得"(疏文见范书昭传)。邓后不愧是东汉曾经先后专制国政的六名太后(章帝窦后、和帝邓后、安帝阎后、顺帝梁后、桓帝窦后、灵帝何后)中间的佼佼者,立即接受班昭建议,同意邓骘兄弟退居二线,"并奉朝请","其有大议,乃诣朝堂,与公卿参谋"(见范书卷十六《邓禹传附孙骘传》),因而颇受史家称道,并不忘曹大家的指点功劳,可参范书《邓后纪》后论,《通鉴·汉纪四一》安帝永初四年等。但不顾史实,彻底否定邓后,将她比作村妇小物俭约、小节退让而得贤名,以论证"母后临朝,未有不乱"的史家更多。如王夫之《读通鉴论》卷七,因憎恶邓后,而指斥司马光肯定邓后,"非良史之辞也"。

班昭既然警觉外戚恃宠弄权的祸害,那她不会由于贵为太后师,而替家族谋取权益,不仅是必然,还可能过分。她在邓太后末年去世,其子官中散大夫将近二十年,当然不能归咎曹成庸碌。但看安帝死前,反对废太子的诸大臣全都屈从宦官威胁,位卑无权的曹成,则因为母居丧二十七月,复任原官未久,便加入为废太子鸣冤的行列,表明他并非明哲保身之流。

曹成参与鸣冤的废太子，在被废的次年，便因其父安帝的骤死而引发的一连串宫廷政争，得宦官孙程等拥戴，奇迹般地登上帝位。这个顺帝，滥封功臣，曾列名"守阙上书"的中散大夫曹成，也被超授齐相，亦合乎逻辑。

齐是光武帝长兄伯升的嫡系子孙的世袭封国。据范书卷十四《宗室四王传》，时为齐王的刘无忌，是伯升的玄孙，其国远在海滨，其相虽秩二千石，备位而已。时距班昭去世，至少已有七八年。

这就涉及《女诫》序谓"圣恩横加，猥赐金紫，实非鄙人庶几所望也"三语的准确诠释。三语上文谓"恒恐子谷负辱清朝"，下文接谓"男能自谋矣"，因而后人对"猥赐金紫"一语，均以为指曹成。同传章怀注引《汉官仪》曰"二千石金印紫绶也"，就明证章怀太子或其幕客，以为班昭生前已见独子官居二千石。

其实章怀注误。错就错在不明六百年前的官制服色。姑且不谈东汉二千石大臣是否佩紫绶（《续汉书·舆服志》谓"青绶"，与应劭《汉官仪》紫绶说异），就说曹成曾佩金印紫绶，也是其母生前所不及见。据《续汉志》，六百石的中散大夫，只可佩铜印黑绶。因而《女诫》序谓"圣恩横加，猥赐金紫"，决非指曹成任齐相，指谁呢？只可能指班昭本人。她生前没有受过任何封号，但既被邓太后尊为"师"，便与后母新野君等视。故范书《邓后纪》后论称她为"班母"，不仅出于美文求对仗工整的需要，也表明班昭晚年在宫廷中仪比公主封君，服紫绶（见《续汉志》）。所谓"猥赐金紫"，下文才会紧接着表白"实非鄙人庶几所望也"。

**同前范书昭传：**

时《汉书》始出，多未能通者，同郡马融伏于阁下，从昭受读，后又诏融兄续，继昭成之。

案，班昭是续补《汉书》的第一人，史无异辞（唯袁宏《后汉纪》绝口不提此事，盖袁以名教卫士自许，《纪》中一概抹杀东汉列女事迹，故全书不出昭名）。据《南史》卷五十《刘虬传附子之遴传》，谓梁鄱阳王曾得班固于汉明帝永平十六年（公元七三年）所上《汉书》古本，昭明太子令刘之遴等参校同异，刘之遴录古本与今本异状十事（《南史》原作"数十事"，然所本《梁书》卷四十《刘之遴传》作"十事"）。清四库全书馆臣不信古本实有，所撰《汉书》提要，几乎通篇驳斥刘说，甚至斥古本乃刘氏伪造。然而晚于《四库提要》刊行的赵翼《陔余丛考》却考证梁时的确发现过《汉书》古本，并据北宋宋祁校刻《汉书》，所校旧本内尚有"曹大家本"，卷帙文字都同于今本，因而判断古本改今本，是班昭续成时重新编定的。赵说见该书卷五"《汉书》古本"条，似较四库馆臣说义长。

然而，前揭拙作《班固与〈汉书〉》已指出，同一范书，于昭传所述班昭授马融读《汉书》事，却不载于《马融传》。而昭传谓"后又诏融兄续，继昭成之"，既不指明何主所诏，《马续传》（见范书卷二四《马援传附兄子严传》，马续、马融均为马严子）中也未载此事。

倒是先于范书行世的袁《纪》，在顺帝永和五年（公元一四〇年）八月叙马融经历，带叙道："兄续，博览古今，同郡班固著《汉书》，缺其七表及《天文志》，有录无书，续尽踵而成之。"（见《后汉纪·后汉孝顺皇帝纪》）此说有一得，即谓班固未完成诸表，非八篇，因后世学者大都认定《古今人表》是班固自作，故所缺为七表。但袁宏既蓄意抹杀班昭的业绩，故此说有三失。一是将班昭续补诸表的辛劳归于马续。二是为将班昭从《纪》中除名，连带否定《汉书》已属官书，非奉诏并入东观不得也不能续撰的史实。三失自不消说，将可能仅补述《天文志》

而或未获专家认同的马续（参看《续汉书·天文志·叙》及刘昭注），奉作踵成《汉书》的功臣。

这就又要说到刘知几。《史通·外篇二古今正史》：班固受明帝诏续作《汉书》，"经二十余载，至章帝建初中乃成。固后坐窦氏事，卒于洛阳狱，书颇散乱，莫能综理。其妹曹大家博学善属文，奉诏校叙。又选高才郎马融等十人，从大家受读。其八表及《天文志》等，犹未克成，多是待诏东观马续所作，而《古今人表》尤不类本书"。前揭拙文已指出刘说在由谁继作问题上，似乎摇摆于袁、范之间。说是似乎，因为刘知几一方面用范书昭传说，还补充了被选从班昭受读的高才郎连马融共十人，可惜未举其他九名高才郎的姓名和史料出处。另一方面又袭袁《纪》，将八表及《天文志》克成的功劳，归于马续，却添加了马续身份是"待诏东观"，可惜也不详所据，况且一个"多"字，暴露刘知几实不知马续"所作"详情。

刘知几鄙视《汉书》《东观汉记》的"表历"，理由是一统时代的公卿王侯既为臣子，不必表其年数（见《史通·内篇卷三》）。这说法的是非当别论，但上举他对《汉书》续补过程的陈述含混不清，恰好是对他好以论带史的一个讽刺。

譬如吧，他说班昭"奉诏校叙"，下诏者可知是和帝，那么"又选高才郎马融等十人从大家受读"的是谁呢？依行文逻辑，也应指和帝，但核以史实，却大谬不然。因为马融在安帝永初二年才应邓骘召入仕，四年（公元一一〇年）才入东观，由校书郎而晋校书郎中（范书卷六十上《马融传》谓此年拜校书郎中诣东观，同传章怀注据谢承《后汉书》、司马彪《续汉书》"并云为校书郎，又拜郎中"，已予纠正）。所以，马融从班昭读《汉书》，必定在永初四年或以后，命"选"者只能是邓太后，而范书卷七十上《文苑·刘珍传》及前引《邓后纪》等都提供了佐证。

又譬如吧，刘知几紧接"从大家受读"语下，说是"其八表及《天文志》犹未克成"，依逻辑当指班昭至死尚未完成，而下文又谓"多是待诏东观马续所作"，则时间必在班昭死后，而"待诏"必有"诏"者，其人又是邓太后么？似又不然。据范书昭传，邓太后曾为班昭之死，"素服举哀"，有可能再命人补缀班昭未竟之业。但据范书《马融传》，安帝元初二年（公元一一五年），马融上《广成颂》，"忤邓氏，滞于东观，十年不得调"，约在安帝永宁元年（公元一二〇年，自永初四年至此年计十年）免官禁锢，到永宁二年邓太后死，安帝亲政之后，才召还郎署。马融因此被排除于永宁元年邓太后诏刘珍等续修《东观汉记》的名单之外（由范书《文苑》刘珍、李尤等传述此事均无马融名可知）。马续是马融之兄，虽未必受马融牵连，却必未在其弟方受禁锢，便由邓太后命其待诏东观，补缀班昭未完成的《汉书》缺篇，否则不近情理。

从和帝、邓后都重用班昭主持东观，至班昭去世，前后约四分之一世纪，东观已成为帝国学术中心，"是时学者称东观为老氏臧室，道家蓬莱山"（见范书卷二三《窦融传附玄孙章传》）。宗室外戚稍有才学的子弟，都以起家东观校书郎为荣。安帝、顺帝都不是好学的君主，但在亲政后都没有改变邓太后的右文传统，不时选取世族名流入东观任史官，既博取称誉又树碑颂德。所以，贵族世家的马融被安帝复召为校书郎，其兄马续也曾在安帝末顺帝初"待诏东观"，因他"善九章算术"（见《后汉书·马援列传》），而要他补成《汉书》的《天文志》，都可谓合乎逻辑又不悖历史。

顺便一说《东观汉记》与班昭的相关度。早在汉明帝永平中，"与班固、贾逵共述汉史"（见《后汉书·宗室四王三侯列传》），并为二次述开国史的兰台掌门人。有个皇亲临邑侯刘复，"复子骈骏及从兄平望侯毅，并有才学"，于邓太后临朝晚期，都被召入东观，"与谒者仆射刘珍著作中兴以下名臣列士传"（见范书卷十四《宗室北海靖王兴附子复传》）。这是东汉已历五世六帝，传国九十多年以后，三度编纂"国史"，而由两名皇亲再度扮演主角。那时班昭已达声望顶峰，深受邓太后器重，因而邓太后决策编纂上起建武、下讫永初的帝国现代史，包括修史人选，无疑听取过主持东观修史的班昭意见。这回修史，如清代辑集《东观汉记》的纪昀所考，正式命名为《汉记》，而因著作处在洛阳南宫的东观，后人就习称为《东观汉记》。假如这个考证属实，那么说这部东汉国史，续修、命名乃至体例，都出自班昭的创制，似乎离历史实相不远。

**同前范书昭传：**

> 永初中，太后兄大将军邓骘以母忧，上书乞身，太后不欲许，以问昭。昭因上疏曰，……太后从而许之，于是骘等各还里第焉。

案，此事见前略考。这里要补说的，有三点。一、邓骘拜大将军，时在安帝永初二年（公元一〇八年）十一月，即其妹邓后临朝的第三年。二、邓母新野君病死于永初四年十月，依礼邓骘兄帝都应去官服丧三年即二十七月。他们未必真诚，而邓后也担忧此举将失去臂助和损害家族既得权益，况且帝国四朝史没有提供外戚服丧以日代月的先例。三、班昭上疏劝告邓后守礼，并非不知此举可能危及太后专政，但权衡利害，以为不许邓氏兄弟守制，对于太后专政的负面影响更大。她精研两汉外戚史，深知从西汉吕后到东汉窦后，外戚家族很少得到保全，毛病都出在贪恋权势，给先帝们提供消灭他们的理由。前已指出，邓后很聪明，接受班昭建议，以退为进，将稳住个人的僭主权力，作为扩张家族权益的保证。她是帝国女主专权终身的唯一例证，应该归功于"班母一说"（范论）。

**同前范书昭传:**

> 昭年七十余卒,皇太后素服举哀,使者监护丧事。

案,前已考班昭五岁丧父,可知她当生于汉光武帝建武二十六年（公元五〇年）。此谓邓太后为她举哀,时间必在汉安帝永宁二年二月（公元一二一年,此年七月安帝改元建光）邓太后"寝疾"并于次月死去以前。此又谓班昭卒年七十余,而她在安帝元初六年（公元一一九年）,虚龄已届七十,故去世当在永宁元年,至迟在永宁二年正月,才可称活了七十余岁（民国二十四年刘汝霖《汉晋学术编年》再版本卷五,已据《女诫》及本传,推算班昭当卒于永宁元年,年七十一,唯考证过于简略,故未见他书引用）。

**同前范书昭传:**

> 所著赋、颂、铭、诔、问、注、哀辞、书、论、上书、遗令,凡十六篇。子妇丁氏为撰集之,又作《大家赞》焉。

案,班昭即曹大家的著述,历代公私书目多有著录,两晋至两宋的不少文集、类书也当有征引。有关流传情形,清代侯康、顾槤三、姚振宗、曾朴诸家辑补的《后汉书艺文志》,均有考证,且均收入《二十五史补编》第二册,兹不赘引。

这里仅列举班昭著述对于中世纪文化史的历史影响,主要有以下方面。第一,关于历史编纂学。人所共知,班彪、班固父子首创"断汉为书",并将《史记》五体改作纪表志传四体,从此中世纪王朝史中的纪传体"正史",都奉之为撰述模式。但如本文所考,《汉书》的完型,应归功于班昭,她不仅基本补足了缺篇( 只差《天文志》未成),还调整了班固成稿的结构。

第二,关于古代妇女史。西汉刘向撰《列女传》八篇,唐宋著录均作十五卷,谓曹大家注,但据北宋曾巩"序录",以为十五卷是班昭重分,并增补了西汉一事，东汉十五事，"非向书本然也"（见前述清诸家补志所引）。因此，班昭也是今本《列女传》的完型作者，不仅作注，还调整了结构，补充了史例。用不着指出她绝非女权主义者，但在中国历史上，由女性按照自己的尺度撰述妇女史，她是第一人。

第三，关于家族伦理。本文已屡引班昭首创的《女诫》，指出此篇七章，讲述了中世纪早期世族妇女怎样处理家族内部复杂的人际关系，使自己成为家族的内在核心。值得注意的，是此篇但讲"妇行"，不讲"三从"，所论实为弱者取得权力的策略。因而它不仅对宫廷"女主"有启示作用，也对所谓"臣道"是一种精致的概括。假如对照刘向《说苑》的"臣术"所谓六正六邪以及所举历史实例，那就可对《女诫》蕴含的意义，有深一度了解。

第四，关于贵族文学史。班昭是《昭明文选》收录的唯一女性作者。尽管她的《东征赋》，是在模仿其父班彪的《北征赋》，在文学形式上缺乏新意，但她的作品迫使男性中心论的现存第一部文学总集的编者承认，也表明即使在中世纪，女性在文学创作中可与男性名家一比高低。直到清代严可均辑《全后汉文》，还收有她的赋颂等作品多篇，可见时逾一千五百年，她的部分作品仍在人间流传。

第五，关于妇女参政史。两汉有太后临朝和擅权的传统，那是宫廷权力斗争的一个重要侧面，不能等同于妇女参政，并且多半贻祸家族。比较地说，班昭从邓太后临朝初便"与闻政事"（见《后汉书·列女传·曹世叔妻》），显然对邓太后专制朝政二十年，起了运筹帷幄的作用，却没有受到朝廷党争连累，并在去世不久政局出现翻覆中间，也没有因邓氏家族垮台，而影响班、曹二家族。这可能另有原因，但无疑与班昭力避借参政以谋取私利，以致独子任散官二十年不调，有直接联系。这或许由于班昭从班固"不教儿子"致杀身之祸中间引起警觉，但人尊言重，却能"战战兢兢"，至死不渝，在东汉宫廷女师中，也仅此一例。

## 下 班昭生平简表

［说明］本表编年，凡公元纪年仅标阿拉伯数字，王朝纪年依次标出东汉诸帝号、年号和近人推算的干支纪年，而年龄则依中国传统算法。

### 50 光武帝建武二十六年庚戌一岁

班昭生。昭字惠姬，东汉右扶风安陵（今陕西咸阳东北）人。

父班彪，字叔皮，是西汉成帝婕妤班氏的内侄。伯父班斿，曾参与刘向校书，得成帝赏赐宫廷藏书副本。班彪得以博览群书，聆听父党扬雄等的议论，并得闻姑母班婕妤所谈宫廷密辛。新朝末三辅大乱，班彪先往天水，在西州大将军隗嚣幕府为宾客，继改投河西大将军窦融，掌书记。窦融降汉。班彪于建武十二年（公元三六年）随窦融入新都洛阳，初任司徒椽，再任徐令，接着赋闲家居，著《后传》，晚年任望都长。班昭大约即生于望都（今河北望都西北）。

有兄二人，长班固，字孟坚，次班超，字仲升，同生于建武八年（公元三二年），时年均十八岁。班昭与班超同母，当均为班彪次妻所生。

### 54 光武帝建武三十年甲寅五岁

班彪卒，年五十二。有遗稿《后传》百篇。弟子王充曾读其稿。

班固先在东京太学就读，并结交贵胄名士，此时归家居丧，开始改写《后传》。

班昭约于是年从母师读书。

### 58 明帝永平元年戊午九岁

去年（建武中元二年）初，光武帝因夜读图谶中风寒猝死，子明帝即位，唯恐臣民利用图谶惑众。右扶风发生伪造图谶案，明帝接获密报，谓班固"私改国史"，遂逮固下狱。班超立即诣阙上书陈情，值右扶风郡守亦将抄没的书稿呈献。明帝读后"甚奇之"，赦班固出狱，令充兰台令史，与特选官员陈宗、尹敏、孟冀等，共撰《世祖本纪》和开国功臣诸传。

此家庭大变，对少女班昭刺激很深，她越发"战战兢兢，常惧黜辱，以增父母之羞，以益中外之累"。

### 63 明帝永平六年癸亥十四岁

出嫁。夫为同郡曹寿，字世叔。

这年或稍前，班固已由兰台令史晋职校书郎。班超因家贫，奉母迁居洛阳，与兄同住，或因此在移家前，先行嫁妹。

曹寿事迹无考，行年亦不详。仅由班昭晚年所著《女诫》及范晔《后汉书·列女传·曹世叔妻》，可知他"早卒"，生前与班昭育有一子，名成，字子谷，另与班昭或妾媵育有数女。唐代刘知几《史通》，述东汉桓帝时《东观汉记》续撰史官，屡举曹寿名。清代浦起龙等遂谓此曹寿"即娶班彪女昭者也"，大误。本考上篇已详辨其非。

### 73 明帝永平十六年癸酉二十四岁

这年五月，班固向明帝献上《汉书》，大约只是本纪、列传和部分表志稿，编次也与今本有异。明帝没有准予颁行，但在贵族大臣中已有私传抄本。

同年次兄班超也时来运转。原来，班超奉母至洛阳，因班固位卑秩低，家贫如故，不得不给官府抄写文书，得点佣资养母。后来偶然被明帝得知，授兰台令史，又"坐事免官"。不知失业多久，却在这一年，父彪故主窦融之侄窦固担任征匈奴统帅，任命班超为假司马，率吏士三十六人，出使西域，以断匈奴后路。从此班超在西域诸国纵横捭阖三十一年。

班昭二兄，同一年在帝国文武两方面，开始崭露头角，怎不令宫廷内外注意到他们那位"博学高才"的小妹？

### 92 和帝永元四年壬辰四十三岁

这年四月，年仅十四岁的汉和帝，与也仅十六岁的异母兄清河王，由宦官郑众策划，发动宫廷武装政变，一举摧毁了大将军窦宪为首的外戚专政。

政变导致朝廷大乱。首都洛阳的县令种兢，曾受班固家奴侮辱，乘机报复，私自将班固逮捕入县狱迫害致死。待动乱尘埃落定，小皇帝念及私淑的《汉书·外戚传》作者，发现其人已死，追究擅杀之罪，洛阳令却推诿给狱吏。

### 93 和帝永元五年癸巳四十四岁

这年或稍前，和帝得知班固所著《汉书》，还有七表和《天文志》未毕，其他遗稿也凌乱，于是特诏其妹班昭，"就东观藏书阁踵而成之"。东观在洛阳南宫，它的藏书阁成为国史编纂场所，自班昭始。

### 94 和帝永元六年甲午四十五岁

子曹成，字子谷，以司徒椽察孝廉，补郎官。

夏，和帝至洛阳寺（首都官舍），平反冤狱，收洛阳令下狱抵罪。此令盖即种兢。

西域都护班超，收服西域全境五十余国，向汉廷报捷。

### 95 和帝永元七年乙未四十六岁

春，班超以平西域功，封定远侯。

曹成出补长垣长。长垣属陈留郡，故城在今河南长垣东北。

班昭随子赴任，仿班彪《北征赋》，作《东征赋》纪行，内叙由洛阳出发，途经河南、陈留二郡的名城胜地，到达长垣并观境内古迹的历程和感受。萧梁昭明太子编《文选》，据曹成妻丁氏辑《大家集》收入此赋，为《文选》所收先秦至南朝的唯一女性作品。然或因传抄致讹，唐初所传文本，已将和帝年号"永元"误作安帝年号"永初"，李善注或六臣注失考，遂传讹至今。辨详本考上篇。

## 96 和帝永元八年丙申四十七岁

这年十八岁的汉和帝，立皇后阴氏，又纳邓、周、冯诸贵人。邓贵人名绥，年十六，乃开国功臣邓禹的孙女，才美均冠于后宫。

班昭已返洛阳（离长垣时间不详），因得青年皇帝赏识，屡次被召入后宫。由和帝令，皇后和诸贵人均拜她为师，在宫中号称"大家"。大家者，大姑也，汉代子媳称公婆为舅姑，可知班昭任宫廷女师，地位比于后母。

班昭娴熟经史，练达人情，似乎于物无所不识，而言辞典雅，文章华丽，深受尚属少男少女的皇帝及其妻妾的爱敬，因而"每有贡献异物，辄诏大家作赋颂"。清人考班昭遗篇，有《大雀赋》《针缕赋》《蝉赋》《欹器颂》等名目，或即应和帝诏所作。

## 100 和帝永元十二年庚子五十一岁

上书皇帝乞征还班超。

班超在西域已三十年，将七十岁，年老思乡，三年来一再求朝廷允卸西域都护任，此时遣子班勇随安息使节入塞，再度上疏"但愿生入玉门关"。班昭也上书代请。书载范书超传，情文并茂，终于打动和帝，同意征还班超。

### 101 和帝永元十三年辛丑五十二岁

正月，和帝前往东观，观书阅稿，或许发现班昭因任宫廷女师，以致《汉书》续补进度迟缓，决定为她增派助手，"博选术艺之士以充其官"。从此奉诏任校书郎等职，入东观参与编纂"国史"，便成为文士的荣耀。东观因此号称"老氏臧府，道家蓬莱山"。

### 102 和帝永元十四年壬寅五十三岁

六月，皇后阴氏，被宫人告发在皇帝生病期间，与外祖母行巫蛊事，迫使皇帝最宠爱的邓贵人企图自杀殉夫，激怒的和帝下诏废后。

八月，次兄班超回到洛阳，凡在西域三十一年，返朝后拜为射声校尉，但仅过一个月，便因旧病复发而卒。或因迎护兄长及助理丧事，班昭得以在宫廷内斗白炽化期间抽身远离。

十月，和帝册立邓贵人为皇后。她与皇帝"同体"，入主长秋宫，年二十三岁。十年前曾为和帝策划向外戚夺权政变的大宦官郑众，这时因功封侯，开了东汉宦官封侯食邑先例，彰显此人在此次"国母"废立过程中又起了转捩作用。另一位中常侍蔡伦，即以改良造纸技术而流芳百世的宦官，在邓后专政后也被封侯，可知他在事变中更直接与邓后为伍。

### 103 和帝永元十五年癸卯五十四岁

仍任宫廷女师。

班昭没有卷入长秋宫之争，未必没有偏向。邓贵人入主中宫，越发表示谦卑，禁绝方国贡献珍宝，更以皇嗣为忧，继续替皇帝选美，凸显不妒，"帝每欲官爵邓氏，后辄哀请谦让，故兄骘终帝世不过虎贲中郎将"（见《后汉书·皇后纪·邓皇后纪》）。凡此权术，均与班昭后来形诸文字的"女诫"吻合。

### 105 和帝元兴元年乙巳五十六岁

四月，经过朝廷大臣激烈争论，封皇后亡父为列侯，下诏大赦，改元。至十二月（公元106年初）皇帝便驾崩。皇后早有准备，借口皇长子患不治之症，从民间抱回和帝的私生子，一名出生仅百日的婴儿，在皇帝咽气当夜，就立其为嗣君，宣布自己以太后临朝。

范书昭传谓，"及邓太后临朝，与闻政事"，这是不是透露班昭在和帝死时曾参与定策禁中呢？应说可疑。

### 106 殇帝延平元年丙午五十七岁

邓太后所立婴儿皇帝，在位仅八个月，便夭折了。邓太后不顾大臣反对，仍拒绝立和帝长子，而将和帝兄清河王的一个十三岁的王子，收作嗣子。这位新君，就是汉安帝。

这以前，邓太后对帝国官制做了重要改革。改革重点是明定中外官俸，使公卿到中外官吏，职秩和禄俸相符，任何官员都明白职称品秩应得钱谷多少，从此终止了帝国建立八十年来官俸有多重计量尺度的混乱，有利于廉政。

作为太后的政治顾问，班昭在这两大决策中起了怎样的作用？史无明文，也且存疑。

### 107 安帝永初元年丁未五十八岁

十月，邓太后擢拔的司空周章，密谋发动政变，杀掉宦官首领郑众、蔡伦和邓骘兄弟，劫持尚书草诏，废除太后和安帝，而拥立和帝长子为新君。东汉三公早就虚有宰执之名，调不动禁军一兵一卒，因而周章密谋迅即流产，本人自杀。经此事变，邓太后专政越发稳定。

班昭深隐不露。但邓太后以她为师作理由，召其子曹成入朝，官中散大夫，特封关内侯，使班昭可因独子享有秩六百石和关内侯食租同千石的双重待遇而家境宽裕，因此表明她"出入之勤"，所"勤"何事。

## 108 安帝永初二年戊申五十九岁

邓太后因全国自然灾害，决定将王室和郡国的"公田"，分给贫民，以制止流民日增。又仿和帝故事，亲至洛阳寺重审囚徒，发现冤狱，立即将洛阳令逮捕法办。接着撤退征西羌大军，制止军费膨胀和劳役繁剧。但同时拜征羌失败的长兄邓骘为大将军。

邓骘兄帝四人辅政，权势显赫，但较诸东汉先后临朝的六位太后的家族，邓氏兄弟可谓安分，颇能礼贤下士，推荐的朝臣，辟举的幕客，多有清名。马融于此年应邓骘召，为大将军府舍人。张衡也受邓骘激赏，累召不应。邓氏兄弟不敢恃宠弄权，是班昭规劝邓太后约束母家的效应，已由范晔的《班昭传论》指出。

## 110 安帝永初四年庚戌六十一岁

十月，邓太后母亲新野君病死。邓骘四兄弟照例请求解职服丧，引起邓太后对于权力稳定的担忧，向班昭咨询，应该守礼还是从权？班昭上疏力陈借此提倡"谦让"美德的必要，以为如托词拒而不许，将使潜在政敌引为假"忠孝"、真僭权的口实，"如后有毫毛加于今日，诚恐推让之名不可得也"（见《后汉书·列女传·曹世叔妻》）。邓太后醒悟，许之。邓氏家族从此不再直接出任朝廷要职。

马融入东观，为校书郎，后拜校书郎中。这时班昭续补并调整结构的《汉书》基本完成。她得邓太后旨意，在东观向马融（或许还有共同校书的其他高才郎官）授读《汉书》，从此《汉书》开始在宫廷以外流传，成为中世纪王朝史编纂的范型。

据范书，本年邓太后重组东观校书人选，命谒者仆射刘珍，与校书郎、五经博士、议郎、四府（太傅、太尉、司徒、司空）橡吏，共五十余人，校定东观所藏五经、诸子传记、百家艺术（术数技艺），"整齐脱误，是正文字"（《邓后纪》《文苑·刘珍传》，编年依《安帝纪》），参与者有校书郎刘𫘧骁、马融（珍传），博士良史（《宦者·蔡伦传》）。邓后又特命长乐太仆蔡伦"监典其事"（伦传），开东汉宦官干预文化事业的先例。

约在本年或稍后，邓太后"又诏中官近臣于东观受读经传，以教授宫人，左右习诵，朝夕济济"（《邓后纪》）。或因邓后相信孔子所谓"小人学道则易使"（见《论语·阳货》）。

凡此均表明，邓太后"从曹大家受经书，兼天文算数"以来（《邓后纪》），越来越重视文化教育，并以班昭长驻的东观为基地。

### 111 安帝永初五年辛亥六十二岁

《女诫》七篇，约在此年前后作成。

篇前班昭自叙，谓十四岁嫁至曹家，"于今四十余载"，则这篇写给曹寿"诸女"（非必班昭本人所生）诵习的文章，必作于五十六岁至六十三岁之间。昭传谓"马融善之，令妻女习焉"，而马融于去岁初入东观，成为班昭的亲授弟子，得有机会首先读到此文，故《女诫》之作，当在班昭六十二三岁之际。

昭传又谓曹寿有妹，名丰生，也有才慧，见《女诫》，"为书以难之，辞有可观"。然曹丰生致其嫂书，已失传，诘责内容不详。

### 115 安帝元初二年乙卯六十六岁

马融上《广成颂》，寓谏于颂，以为邓太后临朝十二年，重文轻武，忽视四夷侵侮的危机，有悖"安不忘危，治不忘乱"的帝王之道。"颂奏，忤邓氏，滞于东观，十年不得调。"（范书融传）其寓意仿《汉书》所载贾谊《治安策》。

### 118 安帝元初五年戊午六十九岁

帝室平望侯刘毅，在和帝时被褫夺爵位，安帝初上《汉德颂》，得官议郎。本年又上书安帝，赞美邓太后德政远胜于古人，"宜令史官著《长乐宫注》《圣德颂》"。安帝立即听从。这时安帝早听信乳母和贴身宦官的密议，认为邓太后诸兄准备废其帝位，"每忿惧"，故命史臣为邓太后撰史著颂，可谓包藏祸心。或因班昭老病，使邓太后不再闻其诤言，无视隐患就在禁中（《邓后纪》《宦者·孙程传》）。

### 119 安帝元初六年己未七十岁

马融以兄子死于自己官舍为由，自劾归里。邓太后闻奏发怒，下制谓马融"典校秘书，不推忠尽节，而羞薄诏除，希望欲仕州郡"（见《后汉书·马融列传》章怀注引），令免官禁锢。这是东汉君主明令禁锢名士做官的首例。对于弟子的厄运，班昭没有响应。

本年，邓太后诏征和帝侄男侄女五岁以上四十余人，邓氏近亲子孙三十余人，开设专门学校，"教学经书，躬自监试"（见《后汉书·皇后纪·邓皇后纪》），并在宫中为更年幼的亲族子孙置师保教导。她诏告二堂兄说，所以如此做的理由："今末世贵戚食禄之家，温衣美饭，乘坚驱良，而面墙术学，不识臧否，斯故祸败所从来也。"（见《后汉书》·皇后纪·邓皇后纪》）

### 120 安帝永宁元年庚申七十一岁

邓太后下诏，命刘珍、刘骓骈和谏议大夫李尤等，同撰建武以来名臣传（文苑珍、尤传）。而据刘知几说，乃命珍、尤，"杂作纪、表、名臣、节士、儒林、外戚诸传，起自建武，讫乎永初，事业垂竟，而珍、尤继卒"（《史通·古今正史》）。按范书谓，刘珍卒于顺帝永建元年（公元一二六年）之后，李尤则卒于顺帝时（公元一四四年前），年八十三（《文苑》

本传）。因而刘说含糊，当以范书所载为是。又据清四库馆辑《永乐大典》本《东观汉记》纪昀序所考，至永宁元年刘珍、李尤奉诏撰建武以来名臣传，始连同以往班固等所作东汉君臣纪传，命名《汉记》，或此名即邓太后所定。

班昭在本年冬或次年初去世，因范书本传谓，昭卒，邓太后为她举行隆重丧礼，而邓太后即于永宁二年三月病死，故昭卒必在此前，考证已见上篇。

## 编者附注：

文中"小引"有称"从业史学史，断续四十多年"，指朱老师自1963 年在复旦大学历史系开设"中国史学史"课程，经"文革"而中断，到 2004 年已达四十多年。朱师有《从业中国史学史四十年》（2004年，未发表），作于香港城市大学跨文化研究中心，则本文亦应该是作于 2004 年。